R&B

Nigel Rodgers und Mel Thompson

Philosophen wie wir

Große Denker menschlich betrachtet

Aus dem Englischen von
Yamin von Rauch

ROGNER & BERNHARD

2. Auflage, Januar 2008

Die Originalausgabe erschien 2005
unter dem Titel *Philosphers Behaving Badly*
bei Peter Owen Publishers, London.
Für die deutsche Ausgabe

ISBN 978-3-8077-1029-7
www.rogner-bernhard.de

Umschlaggestaltung: Philippa Walz und Andreas Opiolka, Stuttgart
Mitarbeit: Rainer Kolbe, Tating / Eiderstedt, sachregister.de
Layout und Herstellung: Leslie Driesener, Berlin
Gesetzt aus der Stempel Garamond
durch deutsch-türkischer fotosatz, Berlin
Druck und Bindung: CPI – Clausen & Bosse, Leck
Printed in Germany 2008

Inhalt

Ein Warnhinweis

Die Autoren versichern hiermit, dass sie sich nach Kräften bemüht haben, allen in diesem Buch behandelten Philosophen mit der gleichen gewissenhaften Voreingenommenheit zu begegnen, und dass sie ferner hochgradig subjektiv bei der Auswahl des Materials verfahren sind, welches Gegenstand der Untersuchung war. Außerdem sollte die Tatsache, dass jemand nicht in diesem Buch erwähnt wird, keinesfalls zu der Annahme führen, der- oder diejenige besäße einen guten Charakter.

Weiterhin haben wir der Versuchung widerstanden, sorgsam zwischen schlechtem Benehmen, reiner Idiotie und schlichtem sozialen Unvermögen zu trennen. Solche Unterscheidungen sind allein für die moralische Bewertung von Handlungen relevant, während unser Anliegen lediglich darin besteht, die Torheiten der Weisen vorzustellen, um so ihr Andenken vor peinlicher Heiligsprechung zu bewahren.

Dabei sind wir uns allerdings bewusst, dass Integrität häufig als ein Hauptmerkmal des im moralischen Sinne guten Lebens angesehen wird. Daher war es nötig, für jeden der von uns untersuchten Philosophen einen kurzen Abriss seiner Biografie sowie seines wesentlichen Beitrags zur Ideengeschichte hinzuzufügen. Denn wir sind der Ansicht, dass die verwerflichste Art zu handeln diejenige ist, die dem widerspricht, was man selbst als gut und richtig erkannt hat. Der vorliegende Band beinhaltet eine Einführung in Leben und

Werk von acht Denkern der Neuzeit. Die Neuzeit bezeichnet in der Philosophie die Epoche seit René Descartes. Es gab natürlich sowohl in der Antike als auch im Mittelalter Verfehlungen, Laster und Ausschweifungen zur Genüge, aber diese sind nicht Teil der vorliegenden Untersuchung.

Vorwort

»Allmählich hat sich mir herausgestellt, was jede große Philosophie bisher war: nämlich das Selbstbekenntnis ihres Urhebers und eine Art ungewollter und unvermerkter mémoires.«
Friedrich Nietzsche

»Wer groß denkt, irrt groß.« *Martin Heidegger*

Seit 2500 Jahren sehen sich Philosophen immer wieder mit der Frage konfrontiert, welchen Einfluss das rationale Denken auf das Leben jenseits des Hörsaals haben kann. Sokrates, dessen Schüler Platon gemeinhin als der bedeutendste abendländische Philosoph gilt, behauptete, dass »ein Leben ohne Prüfung für den Menschen nicht lebenswert« sei, und verbrachte seine Tage damit, durch die Straßen von Athen zu streifen und seine Mitbürger davon zu überzeugen, ihr Leben zu überdenken und somit zu verändern. Sein Beispiel ist allerdings wenig ermutigend. Die Athener wurden seine insistierenden Fragen schließlich leid und verurteilten ihn 399 v.Chr. zum Tode.

Von Sokrates' Schicksal erschüttert, zogen sich die Philosophen unter Platons Führung in die akademische Welt zurück – Platon gründete die erste Akademie absichtlich außerhalb von Athen –, entschlossen, sich nicht mit der Tagespolitik einzulassen. In *Politeia*, seinem Entwurf einer gerechten Gesellschaft, vertrat Platon die Ansicht, dass nur die Philosophen regieren sollten, da sie allein rational denken könnten und in der Lage seien, ihre niederen Leidenschaften zu unterdrücken und die Idee des Guten zu erkennen. *Politeia* war als Utopie angelegt, die auf Erden nicht zu verwirklichen wäre, doch Platon konnte es nicht lassen, sich wieder in das politische Geschehen einzumischen. Er sprach nicht weniger als drei Mal am Hofe des Tyrannen Dionysos von Syrakus auf Sizilien vor, in der Hoffnung, den Funken der Erkenntnis in Dionysos' Sohn, Dionysos II., zu entfachen. Das Ergebnis war desaströs. Dionysos der Jüngere wuchs zu einem Tyrannen mit philosophischem Anstrich heran und verlor seinen Thron nicht zuletzt deshalb, weil er seinen sexuellen Appetit nicht zügeln konnte. (Sein Vater hatte ihn weitsichtig vor den Frauen anderer Männer gewarnt – vergebens.) Platon kam gerade noch mit dem Leben davon, während Syrakus in anhaltenden Bürgerkriegen versank. Danach hielten sich die Philosophen für lange Zeit von der Politik fern – abgesehen von solch abstrusen Ausnahmen wie Demetrios von Phaleron, dem zeitweiligen Herrscher von Athen, die nur bestätigten, dass Philosophie und Politik nicht zusammenpassen.

Philosophen sind keine Weisen oder Heiligen, die ein untadeliges, tugendhaftes Leben führen – und haben auch nie vorgegeben, es zu sein. Ihre Erörterungen sind theoretischer Natur, und ihre individuellen Marotten machen ihre Erkenntnisse nicht per se zunichte. Genauso wenig wie Priester sind Philosophen Künstler, die sich auf eine vollständige Trennung von Leben und Werk berufen können – ein solcher Anspruch wäre zumindest zu hinterfragen. Maler, Musiker und Dichter können sich danebenbenehmen und trotzdem als große Künstler gelten – tatsächlich fördern ihre Eskapaden meist ihr Ansehen bei der Nachwelt. Lord Byrons Ruhm wäre es sicherlich abträglich gewesen, hätte er eine glückliche Ehe geführt und wäre rechtzeitig und nüchtern zu Bett gegangen, anstatt ein pikareskes Leben zu führen, wie er es nun mal tat. Wenn Picasso seiner ersten Frau treu geblieben wäre, hätte wohl nicht nur sein Renommee, sondern auch seine Kunst darunter gelitten. Und Wagner ... Wagner verführte die Frauen seiner Freunde und Gönner, und hielt die Hand bei jedem auf, der ihm sein Leben in sybaritischem Luxus ermöglichen konnte. Darunter befanden sich auch jüdische Bewunderer, obgleich Wagner ein Vorreiter des radikalen Antisemitismus war. Dennoch komponierte er Musik, die ihn nach W. H. Auden zum »vielleicht größten Genie, das je gelebt hat« machte und die trotz der folgenden historischen Ereignisse auch von jüdischen Musikern von Mahler bis Barenboim aufgeführt und verehrt wurde.

Von Philosophen erwartet man allerdings nicht ganz unberechtigt edleres und vernünftigeres Verhalten, das zumindest das Bestreben erkennen lassen sollte, den eigenen Idealen auch zu entsprechen. Das Wort ›Philosoph‹ bezeichnet den Freund der Weisheit und suggeriert so intellektuelles, uneigennütziges Streben nach Tugend oder Wahrheit, wie auch immer diese definiert sein mögen. Viele haben diesem Ideal entsprochen. Im antiken Griechenland führten Zenon von Kition, der erste Stoiker, und Epikur, der Begründer des Epikureismus, trotz ihrer sehr unterschiedlichen Auffassungen beispiellos tugendhafte Leben. Spinoza im Holland des 17. Jahrhunderts und Kant im Deutschland des 18. Jahrhunderts waren beide bemerkenswert integre Persönlichkeiten. Wenn Spinoza etwas von einem Eremiten an sich hatte, so lag das daran, dass ihm die Einsamkeit wegen seiner gewagten häretischen Ansichten geradezu aufgezwungen wurde, die seine Zeitgenossen empörten. Kant, der in einem freundlicheren Jahrhundert lebte, war ein ausgesprochen geselliger Mensch, der regelmäßig einen kleinen Kreis von Kollegen und Freunden unterhielt. Beide Männer waren klug genug, den Versuchungen des öffentlichen Lebens zu widerstehen. Obwohl man ihnen prestigeträchtige Universitätsposten angeboten hatte, zogen sie das Lob oder die Kritik von Gleichgesinnten und Schülern den Schmeicheleien der Mächtigen – heute würde man sagen: der Beweihräucherung durch die Medien – vor.

Andere jedoch – und darunter einige der berühmtesten Philosophen – sind der Versuchung erlegen. Ruhm, Sex oder Macht und manchmal alle drei – wobei Geld eine erfreulich marginale Rolle spielt – haben sie aus ihren Elfenbeintürmen gelockt und zu dem Versuch verleitet, ihre intellektuelle Brillanz an eine Welt zu verschwenden, die nur wenig übrig hatte für jegliche Form von Gelehrsamkeit. Manchmal war ihr Verhalten bedenklich und manchmal bedauerlich, denn Philosophen, so göttergleich sie in der Welt des Geistes sein mögen, sind Stiefkinder in der Welt von Macht und Geld. Bedenklich ist zum Beispiel der Fall von Martin Heidegger, der seine Einsiedelei im Schwarzwald 1933 verließ, um ein berüchtigter Propagandist für das Naziregime zu werden. Seine Begeisterung für die Diktatur wurde sogar den Nationalsozialisten zu viel, die wie die meisten Gewaltherrscher fügsame Mittelmäßigkeit überragender Genialität vorzogen. Heideggers Reputation litt nachhaltig unter seiner kurzen Tätigkeit als Rektor der Freiburger Universität im Jahre 1933, aber in den einunddreißig Jahren, die er nach dem Niedergang des »Dritten Reichs« noch lebte, hat er seinen Irrtum nicht ein einziges Mal zugegeben. Und am anderen Ende des politischen Spektrums steht Jean-Paul Sartre, der den Existenzialismus zur Leitlinie für so viele in der Mitte des 20. Jahrhunderts machte und doch einige Jahre ein Fürsprecher des Sowjetkommunismus war, lange nachdem die in den Gulags begangenen Gräueltaten ans Licht gekommen waren.

Politik ist nicht der einzige Lebensbereich, der sich oft als inkompatibel mit Philosophie erweist. Nachdem Bertrand Russell 1913 sein Hauptwerk *Principia Mathematica* in Zusammenarbeit mit Alfred North Whitehead abgeschlossen hatte, fühlte er sich bemüßigt, fortan auch zu den unbedeutenderen Fragen des menschlichen Lebens Stellung zu beziehen, vor allem zu den Themen Ehe, Kindererziehung und Sexualleben. Er schrieb etwa 2000 Wörter täglich an seinem umfassenden Werk, das die Ansichten eines fortschrittlichen Mannes des frühen 20. Jahrhunderts wiedergibt. Aber sein eigenes Eheleben war alles andere als vorbildlich. Drei bittere Scheidungen hatten gebrochene Herzen und aufgelöste Haushalte hinterlassen und einige seiner Nachkommen so angegriffen, dass ihre Leben buchstäblich zerstört waren. Seine weiteren Liebesabenteuer brachten ihm die Spitznamen »philosophischer Wüstling« oder »Dirty Bertie« ein. Auch in seinen politischen Ansichten war er nicht frei von Fehleinschätzungen. Zwar war er berühmt für sein Engagement gegen Atomwaffen und vormals ein Kriegsdienstverweigerer im Ersten Weltkrieg, aber die Tatsache, dass er in den vierziger Jahren den präventiven Atomkrieg gegen die Sowjetunion befürwortete, als die UdSSR keine eigenen Atomwaffen besaß, ist weniger bekannt.

Andere wiederum, die keinerlei Interesse an Politik oder öffentlichem Leben hatten, haben Ansichten vertreten, die auf dem Papier aufregend und überzeugend wirken und scheinbar ganz neue Perspektiven eröffnen. Ihre halb hypnotisierten Anhänger neigen dazu, sie als unfehlbare Propheten oder Gurus zu verehren. Ludwig Wittgenstein dominierte das philosophische Leben in Cambridge während der dreißiger und vierziger Jahre mit charismatischer Autorität; seine Schüler waren so fasziniert von ihm, dass sie sogar seine Art, sich zu kleiden, nachahmten. Wittgenstein führte ganz bewusst ein entsagungsvolles Leben. Er lehnte sein immenses Erbe ab und verzichtete sogar auf die kleinen Annehmlichkeiten des akademischen Lebens, um beinahe mönchische Askese zu praktizieren. Einen solche Haltung ist durchaus vertretbar – viele Mystiker und Heilige haben persönlichen Bindungen und Wohlstand entsagt, um sich ganz auf ihre Visionen zu konzentrieren, und Wittgenstein ist schon seinem Temperament nach sicherlich zu den großen Asketen der Geschichte zu zählen. Doch in einem realen Mönchsorden unterliegt ein solcher selbstgeißelnder Exhibitionismus bestimmten Regeln und dient – *ad majorem gloriam Dei* – der Lobpreisung Gottes und nicht der des Mönchs. Für Wittgenstein, der einst in ein Kloster eintreten wollte, aber als ungeeignet abgewiesen wurde, führte diese Askese zu einem in vielerlei Hinsicht freudlosen und unfruchtbaren Privatleben. Sein Fanatismus und die manchmal geradezu gewalttätige Art, in der er seine äußerst scharfsinnigen und tiefgründigen Erkenntnisse darlegte, entsprangen zumindest teilweise seinem verkorksten Innenleben. Weit davon entfernt, »der Fliege den Weg aus dem Fliegenglas [zu] zeigen«, wie er es in einer seiner unvergleichlichen Metaphern formuliert hat, ruinierte er das Leben vieler seiner Schüler, von denen nur wenige tatsächlich Philosophen wurden, nachdem sie von ihrem Idol eingeschüchtert, schikaniert und drangsaliert worden waren.

Philosophen ziehen es vor, jegliche Verbindung zwischen Leben und Werk zu ignorieren – oder zumindest zu missbilligen. Solange sich die Philosophie auf epistemologische Fragestellungen konzentriert hat (was wir wissen und wie wir es wissen), auf Logik und Linguistik, konnte sie rein akademisch bleiben. Aber im Zuge neu entbrannter Ethikdiskussionen ist sie wieder aus ihrem Elfenbeinturm herausgetreten. Gleichzeitig suggerieren Bücher und Fernsehshows, dass Philosophie eine Art Selbsthilfe-Ratgeber sei, den Pilates-Turnübungen und der Iss-dich-Schlank-Diät nicht unähnlich. Aber dem ist nicht so. Philosophie ist ein doppelbödiges und für Unachtsame potenziell gefahrvolles Terrain und sicherlich kein Seelentröster.

Und kaum ein Philosoph könnte gefährlicher für den Unachtsamen sein als Friedrich Nietzsche. Kein anderer Philosoph ist heute so populär, sogar *trendy* wie er. Seine Berühmtheit stellt längst Denker wie Marx in den Schatten, und Bücher über sein Leben und Werk überschwemmen den Markt. Psychologe und Philosoph zugleich, dezidiert kein Systematiker, sondern ein Aphorist, brüstete sich dieser intellektuelle Seiltänzer (um eines seiner Lieblingsbilder zu verwenden) damit, die Gesetzestafeln zerschlagen zu haben. Er betonte stets, dass er ein Ja-Sagender sei, im Gegensatz zu den Lebensverächtern nicht nur der jüdisch-christlichen, sondern auch der platonischen, buddhistischen und der meisten anderen Traditionen. Diese Ablehnung formulierte er oftmals sehr schonungslos, indem er Despoten wie Cesare Borgia pries, die für ihn das aristokratische, übermenschliche Ideal verkörperten. Nietzsche verdammte die christliche Glaubenslehre seiner Vorväter besonders heftig und attackierte gerne die negative Einstellung der Kirche zum Sex.

Nietzsche wurde vieler Dinge bezichtigt, unter ihnen der immer wieder auftauchende Vorwurf, er sei der »Pate des Faschismus« gewesen. Aber Promiskuität kann man ihm nicht vorwerfen, denn sein Sexleben war praktisch nicht existent. Seine einzige ernsthafte Affäre mit Lou Salomé – die über einen Kuss auf die Wange nicht hinauskam – endete beschämenderweise damit, dass sie ihn fallen ließ. Wenn es nicht nahezu sicher wäre, dass er an Syphilis starb, dann hätte man ihn auch für eine Jungfrau halten können.

»Die größten Geister sind der größten Laster so gut wie der größten Tugenden fähig«, bemerkte Descartes. Diejenigen, die einen Ausweg aus ihrer Verwirrung suchen, sollten sich darüber im Klaren sein, dass Philosophie nicht nur Erkenntnisse, sondern auch Irrwege und Täuschungen mit sich bringen kann. Philosophen verhalten sich bedenklich, bedauerlich und gelegentlich ausgesprochen bizarr, und auch wenn das nicht immer auf »eine Art ungewollter und unvermerkter mémoires« in ihrem Werk hindeutet, so ist ihr Leben doch selten vollständig losgelöst von ihrem Denken. Und manchmal beeinflusst ihr Leben ihre Thesen ganz unmittelbar.

Also sollten wir einen Blick auf einige der großen Philosophen werfen – und sie waren alle große Philosophen –, auf die Art, wie sie ihr Leben gestalteten und wie ihre Handlungen ihr Denken bestätigt oder negiert haben, bevor wir uns dazu entschließen, ihren Rat anzunehmen.

1
Jean-Jacques Rousseau (1712–78): Der Philosoph als Opfer

»Alles ist gut, wie es aus den Händen des Schöpfers kommt; alles entartet unter den Händen des Menschen.«

Jean-Jacques Rousseau, Emile

»Der Mensch ist frei geboren, und liegt doch überall in Ketten.« Mit diesem Aufruf zu politischer, kultureller und sozialer Veränderung qualifizierte sich Rousseau sowohl als Hauspatron für die Französische Revolution als auch für die romantische Bewegung. Von Robespierre und den Jakobinern verehrt für seine Ablehnung einer korrupten Gesellschaft und sein Konzept des Gemeinwillens, der sich auf mystische Weise in großen Menschenansammlungen manifestiert, hat Rousseaus Einfluss nach seinem Tod immens zugenommen. Für jene, die ihre Freude an radikalen Diktaturen – linken oder rechten – haben, ist er ausnahmslos ein Held; für andere, mögen sie liberal, konservativ oder einfach nur skeptisch veranlagt sein, ein rotes Tuch. Noch bedeutsamer – und weniger umstritten – ist seine entschiedene Überzeugung, dass der Mensch ursprünglich gut ist, bevor er durch die Gesellschaft korrumpiert wird. Seine Thesen hatten eine überwältigende Wirkung, besonders auf Fragen der Kindererziehung, aber auch auf weiter reichende Vorstellungen von individueller Verantwortung. Jeder Lehrer, der heute dazu angehalten ist, Kinder ihrer eigenen Ausdrucksfähigkeit zu überlassen, anstatt sie mit bereits bestehendem Wissen zu füttern, ist indirekt dem nachhaltigen Einfluss von Rousseau ausgesetzt. Und jeder Straftäter, der sich darauf beruft, ein Opfer der Gesellschaft zu sein und daher nicht verantwortlich für seine Taten, gibt unbewusst Rousseaus Überzeugung wieder, dass das Individuum in seiner *amour de soi* (Selbstliebe) von Natur aus tugendhaft ist und Missetaten nur der falschen Umgebung zuzuschreiben sind.

Aber der Mensch Rousseau, der naturliebende Revolutionär, der die meisten kulturellen Errungenschaften des 18. Jahrhunderts und vorangegangener Epochen ablehnte und sich danach sehnte, zu einem ursprünglichen Naturzustand zurückzukehren, führte ein Leben, das sehr weit entfernt von einfacher, heroischer Naturverbundenheit war. Man braucht nicht lange nach den Skandalen in Rousseaus Leben zu fahnden, denn er enthüllt die meisten in seinen *Bekenntnissen* (*Les Confessions*, 1782), einem larmoyanten literarischen Meisterwerk voller Rechtfertigungen, das beispiellos in seiner vermeintlichen Offenherzigkeit ist. Es entspricht jedoch weit weniger den Tatsachen, als er behauptet hat. Für jemanden, der ganz offen die Standesunterschiede seiner Epoche ablehnte, zeigte sich Rousseau durchaus geschickt darin, sich von den Reichen und Mächtigen aushalten zu lassen, auch wenn er wiederholt die aristokratische, oftmals weibliche Hand biss, die ihn fütterte und hätschelte. Schlimmer noch – denn manches mag man einem Menschen durchgehen lassen, der mit wenigen Privilegien geboren wurde –, der Philosoph, der die entscheidende Bedeutung guter Elternschaft predigte, erwies sich als kaltherzig genug, alle seine fünf Kinder ins Findelhaus zu geben, wo sie, wie es damals die Regel war, fast alle bald starben. Auch nach den Maßstäben des 18. Jahrhunderts handelte er damit ausnehmend grausam und scheinheilig.

Schon bald nach seinem Tod wurde Rousseau allgemein verehrt, sogar von den Aristokraten, die allerdings weniger seine philosophischen Abhandlungen zu schätzen wussten als seine immens einflussreichen Romane. In atemlosem, oft reißerischem Stil vermischte er Philosophisches, Sensualistisches und Sentimentales in einer neuen, »romantischen« Weise, die die Zeitgenossen bewunderten. Sein Ruhm als politischer und sozialer Visionär verbreitete sich bis ins 19. Jahrhundert. Als früher Verfechter der Rückkehr zur Natur und Kritiker der Beschränkungen und Bigotterien der Zivilisation war Rousseau auch der Vater einer der bis heute einflussreichsten kultur- und ideengeschichtlichen Epochen: der Romantik. Jeder, der sich dafür entscheidet, eine Flasche »natürliches Quellwasser« zu erstehen, huldigt damit unwissentlich Rousseaus Überzeugung, dass das Natürliche immer dem Künstlichen vorzuziehen sei – und gleichzeitig auch seinem oftmals konfusen Denken, das man bestenfalls als anspruchsvolle Sentimentalität bezeichnen kann. (Aus was sollte *unnatürliches* Wasser bestehen, mag der Skeptiker fragen.) Vielleicht zeigt sich Rousseaus Wirkung am deutlichsten in unserem naiven Glauben an die Misere des unschuldigen – und dabei oftmals überraschend eloquenten – Opfers. Diese Rolle spielte Rousseau zeit seines Lebens mit größter Bravour. Die Revolution der Gefühle, die er somit angestoßen hat, wirkt noch heute nach.

Jean-Jacques Rousseau wurde am 28. Juni 1712 in Genf geboren. Genf war damals mit seinen weniger als 10 000 Einwohnern ein zwar kleiner, aber unabhängiger Stadtstaat, der zu der Schweizerischen Eidgenossenschaft gehörte und stolz auf seine streng calvinistische Tradition war – was auf Rousseau abfärben sollte. Obwohl Genf im 18. Jahrhundert von einer kleinen, reichen Oberschicht regiert wurde, war es eine verhältnismäßig freie Stadt im Vergleich zu seinen Nachbarn, den absolutistischen Monarchien Frankreich und Piemont-Sardinien. Rousseau blieb in Frankreich immer ein Außenseiter, er misstraute den großen Städten und der kosmopolitischen Gesellschaft und sehnte sich stattdessen wie Platon nach nahezu autarker Ursprünglichkeit.

Rousseaus Mutter stammte aus einer relativ wohlhabenden und eleganten Familie, aber sie starb kurz nach seiner Geburt, und eine Tante nahm sich seiner an. Sein Vater, ein verschwenderischer Uhrmacher, der sein Einkommen mit Tanzunterricht aufbesserte, floh nach einem Ehrenhändel aus der Stadt, um sich nicht vor Gericht verantworten zu müssen. Er überließ seinen zehnjährigen Sohn einem Onkel, der ihn von einem ansässigen Geistlichen, Pastor Lambercier, und dessen Schwester erziehen ließ. Hier lernte Rousseau durch Mlle Lambercier, eine attraktive Dreißigjährige, die Freuden der körperlichen Züchtigung kennen. Er gestand, dass diese Erfahrung seine erotischen Vorlieben für immer prägte. »Selbst nach erreichter Mannbarkeit hat mir dieser wunderliche, bleibende und bis zur Verderbtheit, ja Narretei gehende Geschmack die ehrbaren Sitten erhalten, die er mir dem Anschein nach eher hätte rauben müssen ... Zu den Füßen einer herrischen Geliebten zu liegen, ihren Befehlen zu gehorchen, sie um Verzeihung zu bitten, waren für mich süßeste Freuden, und je mehr meine lebhafte Einbildung mir das Blut erhitzte, desto mehr hatte ich das Aussehen eines verzückten Liebhabers«, gestand er später.

Rousseaus lebenslanger Masochismus hat sich vermutlich fast ausschließlich in Masturbationsfantasien manifestiert. Wahrscheinlich drückt sich darin eine infantile Sehnsucht nach umfassender Beachtung und Bestätigung aus, die auf seine vernachlässigte Kindheit zurückzuführen ist. Er selbst sagte von sich: »Obwohl ich in gewisser Hinsicht fast als Mann zur Welt gekommen bin, blieb ich andererseits lange ein Kind und bin es in vielem heute noch.«

Auch wenn er es zeitlebens zu schätzen wusste, wenn herrische, vorzugsweise aristokratische Frauen ihn herumkommandierten, war er doch niemals ein bekennender Flagellant und sicherlich keine Konkurrenz für den Marquis de Sade, obgleich dessen Sicht auf die wahre Natur des Menschen – die de Sade grundsätzlich für verderbt und bösartig hielt – später auch Rousseaus Menschenbild prägen sollte. Außerhalb des Schlafzimmers vertrat Rousseau jedoch die Meinung, Frauen sollten wie im alten Rom oder im antiken Griechenland eine untergeordnete Stellung einnehmen. Er musste sich nie vorwerfen lassen, dass er Frauen als politisch oder sozial ebenbürtige Wesen betrachtete.

Rousseau hatte über die alten Römer und Griechen in Plutarchs *Lebensbeschreibungen* gelesen, ein Buch, das seiner Mutter gehörte. »Mit zwölf Jahren war ich ein Römer«, prahlte er, obwohl es Sparta war, jene primitive und archetypische geschlossene Gesellschaft, die er später bewunderte. Seine Studienzeit endete, als er mit dreizehn zu einem Graveur in die Lehre gegeben wurde. Aber solch ein profanes Leben hatte für ihn keinen Reiz, und drei Jahre später verließ er Genf. In den *Bekenntnissen* beschreibt er sein Exil als ein mehr oder weniger zufälliges. Als er an einem Sonntag, den er damit verbracht hatte, durch die Wiesen und Felder zu streifen, plötzlich bemerkte, dass die Tore der Stadt bereits geschlossen waren, wanderte er einfach weiter. Kurz hinter der Stadtgrenze von Genf lag das glamourösere katholische Königreich Piemont-Sardinien. Rousseau konvertierte umstandslos zum Katholizismus und erhoffte sich eine Anstellung beim savoyischen Adel. Stattdessen fand er die Unterstützung von

Madame de Warens, einer Adligen und ehemaligen Schweizer Protestantin, die es sich zur Aufgabe gemacht hatte, junge männliche Konvertiten zu ›ermutigen‹. In Turin, der Hauptstadt von Piemont, kam er als Lakai in das Haus eines Adligen. Dort stahl er ein rosa Seidenband, ein Bagatelldelikt, das er allerdings dem Dienstmädchen Marion in die Schuhe schob. Marion beteuerte standhaft ihre Unschuld und appellierte an Rousseaus edlere Gefühle – vergeblich, denn er blieb bei seiner Beschuldigung. Am Ende entließ der verwirrte Hausherr sie beide. »Nie war mir die Bosheit ferner als in jenem grausamen Augenblick …, als ich das unglückliche Mädchen beschuldigte«, behauptete Rousseau später und erklärte, dass ihre Freundschaft der Grund für seine Anschuldigung war, denn als er ertappt wurde, beschuldigte er einfach die erste Person, die ihm in den Sinn kam, um der peinlichen Situation zu entgehen. Solche Diebstähle und seine Weigerung, sie einzugestehen oder etwa Reue zu zeigen, selbst wenn es sich um unbestreitbare Verfehlungen handelte, zogen sich durch sein ganzes Leben.

Anschließend spielte Rousseau mit der Idee, Priester zu werden, und verbrachte kurze Zeit im Seminar, bevor er in eine Chorschule eintrat, die mehr seinen Fähigkeiten entsprach. Er hielt sich mit Gelegenheitsarbeiten über Wasser. Zeitweilig war er der Sekretär eines betrügerischen Archimandriten, der vorgab, Spenden für die Restaurierung der Grabeskirche in Jerusalem zu sammeln, dann wurde er der Gigolo einer reichen Dame, indem er sich als schottischer Edelmann und Jakobiter ausgab. Etwas wie eine Heimat fand er in Madame de Warens' Haus in den Bergen von Chambéry, nannte sie *maman* und verbrachte dort die glücklichste Zeit seines Lebens. Und als er das Alter von einundzwanzig erreicht hatte, ließ sie ihn auch in ihr Bett, und er lebte weiterhin zufrieden mit dieser etwas pummeligen Ersatzmutter, las eifrig und entwickelte sein angeborenes musikalisches Talent, wenn er nicht gerade seiner Herrin zu Diensten war. Rousseau machte es auch nichts aus, die Zuneigung von Madame de Warens mit ihrem anderen, schon etwas in die Jahre gekommenen Günstling zu teilen, und er war auch zufrieden damit, die Kleider seines Rivalen nach dessen Ableben zu erben.

Diese Idylle kam 1742 zu einem Ende, als der dreißigjährige Rousseau sich schließlich nach Paris aufmachte, um dort berühmt zu werden. Ein Jahr später fand er sich dank einer anderen reichen Gönnerin in Venedig wieder, als Sekretär des französischen Botschafters, eines Trunkenbolds, der zwar ständig vergaß, Rousseau seinen Lohn zu zahlen, ihn dafür aber mit erstklassigen Prostituierten versorgte, die in Gondeln in sein Leben schaukelten. Venedig war damals berühmt für seine Kurtisanen und *la dolce vita*, aber für Rousseau hielt dessen Wirkung nicht lange an, denn er hatte Angst vor der Syphilis. Eine der Dirnen, Zulietta, verursachte einen Tränenausbruch, als sie ihm eröffnete, dass sie nur eine Brustwarze hatte. Verärgert und bemerkenswert klarsichtig sagte sie ihm: »Zanetto, hör auf, den Frauen nachzustellen, und studiere stattdessen Mathematik!«

1744 beschloss Rousseau schließlich, seinen noch ausstehenden Lohn bei der Regierung in Paris einzufordern. Er hoffte außerdem, dass er dort seine Oper herausbringen könnte, die er in einer neuen, von ihm erfundenen Form von musikalischer Notation geschrieben hatte, indem er Zahlen zur Bezeichnung der Notenwerte verwendete. Keines dieser Unternehmen war erfolgreich – auch wenn er viel später einen Teil seines Lohns doch noch erhalten sollte –, und das vergällte Rousseau Paris im Besonderen und Frankreich im Allgemeinen. Aber 1745 begegnete er dort Thérèse Levasseur, jener

Frau, mit der ihn trotz Unterbrechungen eine langjährige Beziehung verband. Damals ein junges Mädchen von etwa zwanzig Jahren, das in einer Hotelwäscherei arbeitete, fehlte es ihr offensichtlich an jeglichem Charme. Unleugbar hässlich – nach erhaltenen Porträts zu urteilen –, war sie außerdem hoffnungslos ungebildet, konnte kaum die Uhr lesen, war ungezogen und dumm und hatte nur ein Talent, nämlich Rousseau Geld abzuknöpfen, in dem sie nur von ihrer Mutter, die ebenso abstoßend, jedoch etwas gescheiter war, übertroffen wurde.

Was Rousseau an ihr fand, ist schwer nachzuvollziehen. Sie hatte allerdings einen guten Ruf als Köchin. Vielleicht war es eben diese Reizlosigkeit, die seiner masochistischen Psyche zusagte, es gibt jedoch keine Anzeichen dafür, dass sie ihn jemals züchtigte. Wahrscheinlicher ist es, dass sie sein tief verwurzeltes Gefühl von sozialer Minderwertigkeit etwas erträglicher machte. Denn unabhängig davon, was ihm in der weiten Welt zustoßen sollte, er würde sich Thérèse immer überlegen fühlen können. Er behandelte sie durchweg wie ein Dienstmädchen, so dass auch seine Gäste oftmals dieser Annahme waren, und machte sich in Gesellschaft lustig über sie. Obwohl sie nie rechtsgültig verheiratet waren, hatten sie bald fünf Kinder, und Rousseau bestand darauf, sie im Findelhaus unterzubringen. Viele Jahre später gestand er in einem Brief, dass er nie daran gedacht habe, sie wiederzufinden, und deshalb nicht einmal ihre Geburtstage notiert habe. Er rechtfertigte sein Handeln damit, dass er nicht in der Lage gewesen sei, ihnen die elterliche Sorge zukommen zu lassen, die sie verdienten, und sie daher anderswo besser aufgehoben waren. Aber er hatte die Angebote von reichen Verehrerinnen wie Madame d'Epinay und der Herzogin von Luxemburg, die Kinder in Pflegefamilien unterzubringen, abgelehnt und in echter Paranoia erklärt, dass er sicher sei, »dass man sie zum Hass, vielleicht zum Verrat ihrer Eltern getrieben hätte.«

Die nächsten Jahre verdiente sich Rousseau ein mageres Einkommen mit dem Kopieren von Noten und verfasste einige Artikel zu Musik und politischer Ökonomie (beides Felder, auf denen er Autodidakt war) für die neue *Encyclopédie*. Der Herausgeber dieses groß angelegten Unternehmens war Denis Diderot, wie Rousseau ein Außenseiter aus der Provinz, der sich in Paris einen Namen machen wollte. Zunächst als eine Übersetzung von *Ephraim Chambers' Cyclopedia* gedacht, entwickelte sich die *Encyclopédie* zu einem intellektuellen Markstein des 18. Jahrhunderts. In 28 Bänden wurden die Kernthesen der Aufklärung zu Wissenschaft, Gesellschaft, Politik – tatsächlich zu allen Lebensbereichen – dargelegt. Die Radikalität dieser Thesen führte schließlich dazu, dass die französische Regierung die Publikation verbot und spätere Bände unter der Hand gedruckt werden mussten. Den Autoren der Beiträge wurde mit Gefängnisstrafen gedroht – Diderot selber wurde 1749 für seine Kritik an vermeintlichen Gottesbeweisen inhaftiert –, obwohl es unter den Anhängern des *ancien régime* auch heimliche Sympathisanten gab, die sich für sie einsetzten. Durch Diderot lernte Rousseau andere *philosophes* kennen – der Begriff bezeichnete damals nicht Philosophen im klassischen Sinne, sondern politisch aktive Intellektuelle –, unter ihnen Voltaire und Jean d'Alembert, die auch für die *Encyclopédie* schrieben. Aber Rousseau fühlte sich in diesen Kreisen nicht recht wohl. Er teilte nie die Anschauung, dass sich die Menschheit unweigerlich bessern würde, wenn nur überlieferter Irrglaube und bestehende Zwänge – besonders religiöser und politischer Natur – durch einen aufklärerischen Geist überwunden werden könnten. Er wurde sich in solch illustrer Gesellschaft auch seiner intellektuellen Grenzen bewusst, obgleich er, wenn er wollte, das anspruchsvollste Publikum bezaubern und beeindrucken konnte.

Der Erfolg kam ganz unerwartet im Jahre 1750. Rousseau hatte an einem Wettbewerb der Académie de Dijon teilgenommen, die Preisfrage lautete: »Hat der Aufschwung der Wissenschaften und Künste dazu beigetragen, die Sitten zu reinigen?«, und die erwartete Antwort hieß: Ja, vielleicht abgesehen von einigen Einschränkungen. Mit kühner Unverfrorenheit behauptete Rousseau das Gegenteil. Seine *Abhandlung über die Wissenschaften und die Künste (Discours sur les sciences et les arts)* erhielt den ersten Preis, gleichermaßen für die schöne Prosa – Rousseau war ein talentierter Autor – wie für den provokanten Inhalt. Er argumentierte, dass der zivilisatorische Fortschritt die ursprünglichen menschlichen Tugenden zunichtegemacht habe. Durch künstlich erzeugte Bedürfnisse (wie etwa den Buchdruck, Zucker, Möbel) habe der ›Fortschritt‹ die Menschen nicht etwa befreit, sondern versklavt. Der aufklärerische Glaube an die Vernunft war Rousseau fremd; er sah in der kulturellen Entwicklung vor allem die Zerstörung menschlicher Unschuld. Diese Vorstellung war nicht ganz neu. Nicht nur Diderot war überzeugt, dass der Mensch in seinem natürlichen Zustand eine unmittelbare Liebe für seinen Nächsten empfinden würde. Die *philosophes* hatten traditionelle christliche Glaubenssätze angegriffen, nach denen der Mensch durch die Erbsünde gezeichnet ist und nur von Gott erlöst werden kann, denn sie betrachteten den Menschen als ursprünglich gut und fähig zur Freiheit. Für Rousseau wird die *amour propre* (Eigenliebe) des modernen Menschen – Selbstsucht, Stolz und Egoismus – begünstigt von einer Gesellschaft, in der jeder mit dem anderen konkurriert und nur nach seinem sozialen Status und Vermögen beurteilt wird anstatt nach seinen inneren Werten. Im Gegensatz dazu steht die *amour de soi* (Selbstliebe), die den grundlegenden und naturgegebenen Selbsterhaltungstrieb bezeichnet, der mit *pitié* – dem Mitgefühl für andere – einhergehen kann. Der entscheidende Irrtum der Zivilisation bestand für Rousseau darin, dass diese die unschuldige, selbstbeschränkende *amour de soi* in die gnadenlos konkurrierende und sozial trennende *amour propre* verwandelt hatte.

Rousseau war auch ein leidenschaftlicher Verfechter der im 18. Jahrhundert weit verbreiteten Begeisterung für den edlen Wilden, diesen Ausbund ursprünglicher Tugenden, der irgendwo weit entfernt in Zeit und Raum von der korrumpierten Gegenwart lebt. »Ich wage nicht, von jenen glücklichen Nationen zu sprechen, welchen die Laster, die unter uns kaum unterdrückt werden können, nicht einmal dem Namen nach bekannt sind, von jenen amerikanischen Wilden, deren einfache und natürliche Ordnung Montaigne ohne Zögern nicht allein Platons Gesetzen, sondern auch allem vorzieht, was Philosophie jemals an Vollkommenstem zur Regierung der Völker ersinnen kann«, schrieb er in einer ekstatischen Fußnote seiner Abhandlung. Aber er war doch realistisch genug, nicht etwa den Vorschlag zu machen, dass die Europäer des 18. Jahrhunderts geschlossen in den Urwald zurückkehren sollten. Stattdessen richtete er seinen Blick auf die antiken Stadtstaaten, vorzugsweise Sparta, denn: »diese Republik, deren Bürger mehr Halbgötter als Menschen waren … [ist ein] ewiger Vorwurf für eine eitle Gelehrsamkeit … während sich die Laster, geführt von den schönen Künsten, in Athen einschlichen.« Rousseau pries auch das frühe Rom vor seiner Korruption durch die »listigen und spitzfindigen Griechen«. Diese heroischen Republiken, die Rousseau als leuchtende Beispiele anführte, sollten später die Französische Revolution inspirieren.

Trotz seiner erklärten Vorliebe für solch asketische Republiken hoffte Rousseau immer noch auf Anerkennung von höchster Stelle – nämlich auf einen Posten an dem legendär luxuriösen und tatsächlich sehr dekadenten Rokoko-Hof von Ludwig XV., wo Madame de Pompadour herrschte, die glamouröseste und intelligenteste der königlichen Mätressen. 1752 wurde Rousseaus Oper *Der Dorfwahrsager (Le Devin du village)* in Fontainebleau in Anwesenheit des Königs uraufgeführt und erntete viel Beifall. Zu dieser Zeit tobte der so genannte Buffonistenstreit unter den Anhängern der traditionellen französischen Oper, angeführt von dem schon bejahrten Jean-Philippe Rameau, und den Freunden der italienischen *Opera buffa*, die für ein weniger stilisiertes und natürlicheres Musikideal stritten. Rousseau schlug sich auf die Seite der Italiener und griff Rameau in einem offenen Brief *(Lettre sur la musique française)* von 1753 rigoros an. Ludwig XV. bevorzugte ebenfalls Rousseaus italienischen Stil, auch wenn er die Französische Schule nicht gänzlich ablehnen konnte, und bot ihm eine Pension an. Aus unbekannten Gründen, sei es aus Stolz oder aufgrund seiner gesellschaftlichen Unbeholfenheit, lehnte Rousseau dieses Angebot ab. Er sagte später, dass ihn nicht etwa der König selbst, sondern dessen hochmütige Lakaien eingeschüchtert hätten, aber zu dieser Zeit litt er bereits an einer Blasenschwäche, die ihn zwang, alle halbe Stunde die Toilette aufzusuchen – nicht besonders angenehm für einen Höfling in einem von Europas größten Palästen. Obwohl er damit all seine Bestrebungen, ein Hofkomponist zu werden, aufgegeben hatte, sagte Christoph Gluck, der große Opernreformator des 18. Jahrhunderts, später: »Alles, was ich erreichen wollte ... ist ein Werk zu schaffen, wie es Rousseau getan hätte, wenn er nicht das Komponieren für das Schreiben von Büchern aufgegeben hätte.«

Als revolutionärer Intellektueller sollte Rousseau in jenem Land, in dem man Geistesmenschen stets verehrt und bewundert hat, Karriere machen. Während er noch beteuerte, dass er es vorziehe, von dem zu leben, was seine Schriften ihm einbrachten, anstatt in höfischem Luxus zu schwelgen, erwies sich sein einziges Theaterstück *Narcisse* (das später auch zu einer Oper wurde) – in dem er weitere Attacken auf die schönen Künste, die Wissenschaft und die Literatur unterbrachte, obwohl er selbst zu allen dreien beitrug – als kostspieliger Flop. Auch mit dem Kopieren von Noten für zehn Sous das Blatt und weiteren Artikeln über Musik für die *Encyclopédie* verdiente er wenig Geld, und so suchte und fand er bald wohlhabende Gönner aus dem französischen Adel und dem Großbürgertum. Da er immer behauptet hatte, Dankbarkeit sei wahrer Freundschaft unzuträglich, zeigte er auch keine. Seine weiteren Ansichten über Freundschaft waren ebenso ungewöhnlich, denn er beurteilte jede Beziehung nur danach, ob sie ihm angenehme Eindrücke vermittelte, und ignorierte jegliche Verbindlichkeiten, die man von ihm hätte erwarten können. Wenn er zu offensichtliche Almosen zurückwies – außer freie Kost und Logis –, dann steckte Thérèse gern das Geld ein, das wohlmeinende Verehrer ihnen heimlich gaben. Dass Rousseau, Thérèse und ihre Mutter in einer kleinen Bodenkammer lebten, hinderte Rousseau nicht daran, sich in den Pariser Salons umschwärmen zu lassen, die damals zu den aufregendsten Zentren literarischer, künstlerischer und wissenschaftlicher Debatten zählten.

1755 veröffentlichte Rousseau einen langen Artikel in der *Encyclopédie*, die *Abhandlung über die Politische Ökonomie (Le Citoyen: ou Discours sur l'économie politique)*, und schrieb die *Abhandlung über den Ursprung und die Grundlagen der Ungleichheit unter den Menschen (Discours sur l'origine et les fondements de l'inégalité parmi les hommes)*, den er den *Zweiten Diskurs* nannte und mit dem er hoffte, wiederum einen Preis zu gewinnen. Er beschrieb die Menschen im Naturzustand als Einzelgänger – aber er hielt ihr Leben nicht für »einsam, armselig, ekelhaft, tierisch und kurz«, wie es der englische Philosoph Thomas Hobbes im 17. Jahrhundert tat. In Rousseaus ziemlich unplausibler Version waren die ersten Menschen dagegen selbstgenügsame Wesen, die sich nur zur Paarung im Wald trafen, woraufhin die Frauen Kinder gebaren und diese alleine aufzogen. Während er die menschliche Entwicklung von den ersten, egalitären und unschuldigen Anfängen bis in sein eigenes, von extremen Standesunterschieden geprägtes Zeitalter nachvollzog, schwächte er seine ursprünglichen stark primitivistisch geprägten Argumente etwas ab und räumte ein, dass Kunst und Wissenschaft nicht *immer* korrumpierend wirkten, sondern dies hauptsächlich der schändlichen Ungerechtigkeit seiner Epoche anzulasten sei. Schuld daran sei die Entstehung des Privateigentums. »Der erste, welcher ein Stück Land umzäunte, sich in den Sinn kommen ließ zu sagen: *dieses ist mein*, und einfältige Leute antraf, die es ihm glaubten, der war der wahre Stifter der bürgerlichen Gesellschaft. Wieviel Laster, wieviel Krieg, wieviel Mord, Elend und Greuel hätte einer nicht verhüten können, der die Pfähle ausgerissen, den Graben verschüttet und seinen Mitmenschen zugerufen hätte: ›Glaubt diesem Betrüger nicht; ihr seid verloren, wenn ihr vergeßt, daß die Früchte euch allen, der Boden aber niemandem gehört‹«, schrieb er anklagend.

Rousseau hielt auch die Einführung von Ackerbau und Schmiedekunst für überflüssig. Selbst die Vernunft lehnte er ab. »Die Vernunft hat die Eigenliebe gezeugt, und die Überlegung hat ihr Nahrung und Stärke gegeben. Sie hat den Menschen in sich selbst eingehüllt, sie hat ihn von allem entfernt, was ihm Zwang antun oder ihn beleidigen kann. Die Philosophie hat ihn vereinzelt.« Er beendete den *Zweiten Diskurs* in einem hochgradig egalitären Tenor: »Ich habe gefunden, daß so gut wie keine Ungleichheit im Stande der Natur stattfinde, daß ihre Kraft so wie ihr Wachstum aus der Entwicklung unserer Vermögen und aus dem Fortgang des menschlichen Verstandes entspringe und daß die Einführung des Eigentums und der Gesetze diese Ungleichheit dauerhaft und rechtmäßig macht. Hieraus folgt zugleich, daß die moralische Ungleichheit dem natürlichen Rechte zuwider ist, ... [wenn] eine Handvoll Menschen im Überfluß erstickt und eine ausgehungerte Menge des Notwendigen entbehrt.«

Er begann sich selbst als die Verkörperung aller ursprünglichen Tugenden zu betrachten, hatte er doch als Einziger all die gesellschaftlichen Laster abgelegt, um seine »natürliche Tugend« wiederzufinden.

Der *Zweite Diskurs*, weitaus schockierender als der nahezu arkadische erste, wurde zu seiner Enttäuschung nicht prämiert. Nach wie vor schien er zu erwarten, dass die Hand, die er biss, ihn trotzdem fütterte, denn die Académie de Dijon war Teil des Etablishments. Er sandte Voltaire, auf dessen Unterstützung er hoffte, eine Kopie seiner Abhandlung, doch dieser antwortete mit der typischen schneidenden Ironie: »Ich habe, mein Herr, Ihr neues Buch gegen die menschliche Gattung erhalten ... Niemand hat es mit mehr Geist unternommen, uns zu Tieren zu machen, als Sie; das Lesen ihres Buches erweckt in einem das Bedürfnis, auf allen vieren herumzulaufen. Da ich jedoch diese Beschäftigung vor einigen sechzig Jahren aufgegeben habe, fühle ich mich unglücklicherweise nicht in der Lage, sie wieder aufzunehmen.«

Das war das Fanal für eine berüchtigte Feindschaft, die

nach dem Austausch weiterer eisiger Höflichkeiten endgültig besiegelt wurde, als Rousseau 1755 Voltaires Reaktion auf das große Erdbeben von Lissabon las. Es hatte an einem Sonntagmorgen stattgefunden und Zehntausende von Kirchgängern getötet. Für Voltaire war dieser Aspekt der Naturkatastrophe ein Beweis dafür, dass es weder einen gütigen Gott noch eine lenkende Vorsehung geben könne. Die meisten *philosophes* waren – obgleich ursprünglich Katholiken – Deisten und glaubten an einen Gott, der seine Schöpfung ungerührt betrachtet, einem Uhrmacher ähnlich, der das Ticken seiner Uhren überwacht. Rousseau lehnte einen solchen oberflächlichen, wenngleich optimistischen Glauben ab. Noch mehr zuwider war ihm allerdings der Pessimismus Voltaires. »Voltaire hat, während er stets an Gott zu glauben schien, in Wirklichkeit nur an den Teufel geglaubt, da sein vorgeblicher Gott nur ein Bösewicht ist, der, nach ihm, nur Freude hat, zu schaden«, notierte er und befand außerdem, dass sehr viel weniger Opfer zu beklagen gewesen wären, wenn die Einwohner von Lissabon vernünftigerweise in den umliegenden Wiesen und Wäldern geblieben wären – ein ganz neues Argument für das Landleben. (Voltaires indirekte Antwort darauf war *Candide*, sein berühmter Roman von 1759.) So begann die Fehde zwischen dem skeptischen, zynischen Voltaire, der an Zivilisation und Vernunft glaubte, und Rousseau, dem Hohepriester eines neuen Kults von uneingeschränktem Gefühl und unverdorbener Natur.

Rousseau hielt sich für einen Christen, auch wenn seine Glaubensversion eine sehr persönliche Mischung und frei von jeglichen ethischen Erwägungen war. Im Vordergrund stand die Überzeugung, dass Christus, ähnlich wie er selbst, ein Opfer der Gesellschaft war. Da er die Erbsünde ablehnte, bedeutete ihm die Erlösung durch die Kreuzigung Christi nichts.

Verständlicherweise machte er auch um seine Glaubenszugehörigkeit wenig Aufhebens. Da er als Berühmtheit in seine Geburtsstadt zurückkehren wollte, musste er zuerst wieder zum Calvinismus konvertieren, um sein Bürgerrecht zurückzuerlangen. Das tat er dann auch im Jahre 1754, aber er fand Genf wenig ansprechend. Sein neuer Feind Voltaire, der sich eben vor der Verfolgung in Frankreich in sein Genfer Exil zurückgezogen hatte, veranstaltete dort große Feste, bei denen sich, zu beidseitigem Erstaunen, solide Genfer Bürger mit liederlichen französischen Adligen mischten.

Voltaire unternahm in Genf den Versuch, ein Theater zu gründen, um seine eigenen Stücke aufzuführen, aber in der puritanischen Republik waren Theater verboten. D'Alembert unterstützte Voltaire mit einem Artikel in der *Encyclopédie*. Rousseau, der bequemerweise seine eigenen früheren dramatischen Versuche völlig vergessen hatte, unterstützte den Bann lautstark und aus reiner Feindschaft zu Voltaire. Er attackierte das Theater für die ihm innewohnende Sittenlosigkeit, Frivolität und vor allem für die schockierende Weise, in der es Frauen ermöglichte, ebenso viel Macht über ihr Publikum zu erlangen wie über ihre Liebhaber, was die Ursache universeller moralischer Korruption sei. »Die Frau liebt im allgemeinen die Künste nicht, versteht sich auf keine einzige, und an Genie fehlt es ihr ganz und gar«, verkündete er. Deshalb hätten die weisen Griechen und Römer Frauen auch verboten, auf der Bühne aufzutreten. (Aber Rousseau war nicht völlig blauäugig in seiner Verehrung der antiken Welt, er räumte ein, dass die höheren Stände Sklaven hielten, ein Umstand, der damals oft übersehen wurde.)

Um sich seiner Geburtsstadt noch weiter anzudienen, widmete Rousseau ihr seine *Abhandlung über die Ungleichheit*, in der er Genf als Modell einer »gemäßigten demokratischen

Regierung« pries. Dies erwies sich als ein Fehler. Die Stadtväter waren auch nicht ansatzweise egalitär veranlagt und nahmen sein Buch derartig kühl auf, dass es den Autor verdross. Anstatt sich dauerhaft in Genf niederzulassen, zog Rousseau 1756 nach Montmorency, nur dreißig Kilometer von Paris entfernt, obwohl es den Besuchern wegen der schlecht befestigten Straßen viel entlegener schien. Hier durfte er als ein verwöhnter, ziemlich launischer Gast von Madame d'Epinay, der kultivierten Gattin des *Receveur général des finances*, die Eremitage bewohnen. Das weiträumige, erst kürzlich renovierte Haus auf dem ausgedehnten Anwesen der Epinay war komfortabel und besaß sogar eine Art Zentralheizung. Rousseau zog mit seinen beiden ›Dienstmädchen‹ ein, es waren Thérèse und ihre Mutter, die mit ihren achtzig Jahren immer noch versuchte, Madame d'Epinay um Geld anzugehen. Letzterer war es übrigens streng verboten, ohne persönliche Einladung ihrem illustren Gast einen Besuch abzustatten. In dieser ländlichen Idylle verfasste Rousseau in den folgenden Jahren seine wichtigsten Schriften.

In jenem Sommer begann er den romantischen, eigentlich schon sentimental-melodramatischen Briefroman *Julie oder Die neue Héloïse (Julie: ou la Nouvelle Héloïse)* – der Titel erinnert absichtlich an Abélard und Héloïse –, aus dem er Freunden und Bewunderern aus der Umgegend vorzulesen pflegte. Die junge, tugendhafte, idealistische und aristokratische Julie wächst in den (unvermeidlichen) Schweizer Bergen auf, verliebt sich in ihren Lehrer, den jungen, tugendhaften, idealistischen, aber leider bürgerlichen Saint-Preux. »Der Himmel hat uns füreinander bestimmt!«, ruft Julie aus, »nie gab es einen vollkommeneren Bund. Unsere Seelen, zu eng miteinander verbunden, dürfen nicht länger getrennt sein.« Schließlich verführt Saint-Preux die nur allzu willige Julie.

Aber ihr Vater, der dünkelhafte Baron d'Etange, verbietet ihr, einen Bürgerlichen zu heiraten, und besteht darauf, dass sie ihr Jawort stattdessen dem atheistischen, zynischen, aber hochwohlgeborenen Wolmar gibt. Überraschenderweise gehorcht Julie am Ende ihrem Vater und den gesellschaftlichen Konventionen und heiratet Wolmar, obwohl ihre wahre Liebe Saint-Preux gilt, jenem bewunderungswürdigen Mann, der daraufhin der Lehrer ihrer Kinder wird. Dass Julie ihre wahre Liebe zugunsten eines reicheren Mannes aufgibt, empfanden viele Leser als scheinheilig und verlogen. Aber die ganze Geschichte ist an sich nicht besonders überzeugend in ihrer Mischung aus »wollüstigen Bildern« und der »sanften Farbe der Unschuld«, wie Rousseau es nannte. Die melodramatischen Wechselfälle von Julies Schicksal (Schwangerschaft und Fehlgeburt), vermischt mit poetischen Beschreibungen der alpinen Landschaft und allgemeinen philosophischen Betrachtungen machen aus dem Buch mehr – oder weniger – als einen herkömmlichen Roman.

Auch wenn *Die neue Héloïse* heute denkbar süßlich und rührselig erscheinen mag, wurde der Roman kurz nach seinem Erscheinen 1761 zu einem Bestseller. Er brachte Rousseau internationale Anerkennung – wenngleich er zunächst behauptete, er sei nur der Herausgeber – und veränderte Sitten und Gebräuche in ganz Europa. Julie mit ihren bebenden, entfesselten, lebensnahen Leidenschaften wurde zu einem weiblichen Ideal und Rollenvorbild. Rousseau, dem es allmählich dämmerte, was er da geschrieben hatte, fügte später ein Vorwort hinzu, in dem er der unverdorbenen Jugend davon ab riet, das Buch zu lesen, was natürlich den entgegengesetzten Effekt hatte.

Das Leben hatte längst die Kunst imitiert, bevor *Die neue Héloïse* erschienen war. 1757 hatte sich Rousseau hoffnungslos in die hübsche und liebenswürdige Comtesse Sophie d'Houdetot verliebt, neunzehn Jahre jünger als er. Sie verabscheute ihren Gatten, hatte aber schon einen Liebhaber, den Marquis de Saint-Lambert. Sie gewann des Philosophen Herz bereits bei ihrer ersten Begegnung, denn sie trug Reithosen und eine Gerte, was Rousseau gefallen musste. Auch wenn ihr Rousseaus leidenschaftliche Zuneigung nicht missfiel – er war zum ersten Mal wirklich verliebt –, so empfand sie für den oft kranken, sehr viel älteren Mann doch eher Mitleid als Verlangen – jedenfalls zunächst. »Ewige Erinnerung an Unschuld und Genuß! In diesem Hain war es, wo ich, mit ihr auf einer Rasenbank unter einer ganz mit Blüten bedeckten Akazie sitzend, eine der Gefühle meines Herzens wahrhaft würdige Sprache fand. Es war das erste und einzige Mal in meinem Leben ... Wieviel berauschende Tränen vergoß ich auf ihren Knien! ... Ich schwieg seufzend, ich umarmte sie: welche Umarmung! Aber das war alles«, schrieb er in den *Bekenntnissen*, wie üblich ohne dabei der Wahrheit viel Gewicht zuzumessen. Denn zu dieser Zeit machten sie aus ihrer Liaison längst kein Hehl mehr und wandelten Arm in Arm umher, sogar unter den Fenstern von Madame d'Epinay. Ob sie tatsächlich eine erotische Beziehung hatten, bleibt unklar, denn er beschreibt, dass er stets »erschöpft, ermattet, mich kaum aufrecht haltend« zu ihren Rendezvous erschien, was nahelegen soll, dass er unterwegs masturbierte, wie es nach wie vor seine Gewohnheit war.

Rousseau tauschte mit Sophie Briefe aus, die die praktischerweise des Lesens nicht mächtige Thérèse überbringen musste, aber eines Tages gerieten diese in die Hände von Madame d'Epinay. Rousseau betrog nicht nur Thérèse, seine langjährige Gefährtin, sondern auch seine Gastgeberin, die durchaus Gefühle romantischer Art für ihn hatte, und machte sich damit derselben scheinheiligen Doppelmoral schuldig, die er offen der aristokratischen Gesellschaft vorgeworfen hatte. Schlimmer noch, in seinen *Briefen (Lettres morales)* von 1757 predigte er nachdrücklich von der Bedeutsamkeit ehelicher Treue, weil er hoffte, so den Einfluss Saint-Lamberts auf Sophie zu schwächen und sich selbst einen Vorteil zu verschaffen. Aber als der Rivale schwer erkrankt von den Schlachtfeldern zurückkehrte, wendete Sophie ihm all ihre Aufmerksamkeit zu und ließ Rousseau fallen – der nun auch ohne die Unterstützung von Madame d'Epinay dastand. Außerdem kündigte Diderot, der Rousseaus Benehmen seiner Gastgeberin gegenüber unentschuldbar fand, ihm die Freundschaft. Rousseau fand jedoch bald neue reiche Gönner und zog um in ein Gartenhaus nur wenige Kilometer entfernt, das ihm der Herzog von Luxemburg offeriert hatte. Der Herzog und die Herzogin wurden bald so enge Freunde des erklärtermaßen egalitären Philosophen, dass sie ihm private Räume in ihrem großen Haus in Paris, dem Hôtel Luxembourg, reservierten. Wenn er sich nicht gerade unter die Adligen mischte, dann war er damit beschäftigt, zwei seiner wesentlichen, wenn auch sehr unterschiedlichen Werke zu schreiben, *Emile oder Über die Erziehung (Emile: ou de l'education)* sowie *Vom Gesellschaftsvertrag oder Grundsätze des Staatsrechts (Du contrat social: ou principes du droit politique).*

In dem Roman *Emile* legt Rousseau seine pädagogischen Grundsätze dar. Der junge Emile wächst in ländlicher Isolation auf, weit entfernt von der Stadt oder anderen Kindern. Ein allwissender Lehrer (kaum verhüllt Rousseau selbst) leitet ihn an und unterrichtet ihn. Emiles Fortschritte und Interessen werden beobachtet; er wird zu praktischen Fertigkeiten wie Schreinern ermutigt, aber Bücher sind ihm lange verboten (bis auf *Robinson Crusoe*, die Bibel der Primitivisten des 18. Jahrhunderts), und er wird erst sehr spät zu geistigen Studien angehalten, darunter ganz zuletzt die Beschäftigung mit Religionsphilosophie. Dieser Ablauf stellte den damals üblichen Bildungsprozess auf den Kopf, in dem Kinder den Katechismus und die Bibel sehr früh eingebläut bekamen, gefolgt von Mathematik, Griechisch und Latein für die Knaben. Emile entgeht zwar der körperlichen Züchtigung, aber einige der ›instruktiven‹ Erniedrigungen durch seinen Lehrer sind kaum weniger sadistisch. Rousseau geht es darum zu zeigen, dass die menschliche Natur unschuldig und weise ist, wenn sie vom korrumpierenden Einfluss der Gesellschaft ferngehalten wird. Er beginnt das Buch mit der klangvollen Feststellung: »Alles ist gut, wie es aus den Händen des Schöpfers kommt; alles entartet unter den Händen des Menschen.« Weil aber auch Emile an den Umgang mit der Welt gewöhnt werden soll, wird er nach und nach in die Gesellschaft eingeführt.

Emile ist für Feministinnen ein rotes Tuch, denn im entsprechenden Alter (zwanzig) wird es Emile erlaubt, die für ihn ausgewählte Gefährtin zu treffen, die süße Sophie – kein zufällig gewählter Name, aber als Protagonistin ein reines Fantasiegespinst des Autors. Sophie wurde auf den entscheidenden Moment in ganz anderer Weise vorbereitet. Während Emiles Gelüste und Impulse selten vereitelt und höchstens umgelenkt wurden, war Sophie einfach alles verboten. Eine solche systematische und typisch konservative Beschränkung war aus Rousseaus Sicht für die Erziehung von Mädchen unerlässlich, damit sie später ihren Ehemännern gehorchen, sie versorgen und unterstützen würden. Er hielt Frauen abstrakten, spekulativen Denkens nicht für fähig – keine besonders originelle Ansicht für einen abendländischen Philosophen. Doch die radikalen pädagogischen Ansichten machten *Emile* zu einem der einflussreichsten Werke von Rousseau. Es gibt sicherlich heutzutage nur wenige Grundschulen, in denen nicht auf die eine oder andere Weise die freie Entfaltung der Kinder propagiert wird.

In *Emile* findet sich auch jene berühmte, für den Handlungsablauf völlig irrelevante Passage, bekannt als »Glaubensbekenntnis des savoyischen Vikars«. Hier erörtert Rousseau seine eigenen Ansichten über das »höchste Wesen«, als das er Gott oft bezeichnete. Rousseau lehnte jegliche Form religiöser Offenbarung ab und bevorzugte die sublime Kontemplation der Natur, in welcher sich Göttlichkeit manifestiere. »Ich meditiere über die Ordnung des Universums ... ich preise [den weisen Schöpfer] für seine Gaben; aber ich bitte ihn um nichts. Was sollte ich auch verlangen? Daß er meinetwegen den Lauf der Dinge ändert? Daß er mir zuliebe Wunder wirkt? ... Ich bitte ihn auch nicht um die Kraft, Gutes zu tun, denn warum etwas erbitten, was er mir schon gegeben hat? ... Die Offenbarungen [der Menschen] erniedrigen Gott nur, da sie ihm menschliche Eigenschaften beilegen ... den unbegreiflichen Geheimnissen, die die Gottheit umgeben, fügen sie sinnlose Widersprüche hinzu und machen den Menschen stolz, unduldsam und grausam, statt Frieden auf Erden zu stiften.« Rousseau beschrieb im Weiteren Jesus als den weisesten und liebenswertesten aller Sterblichen, aber Christen halten Jesus nicht für sterblich. Eine solche »Naturreligion« – im Wesentlichen wie bei Spinoza pantheistisch geprägt, aber an das Gefühl, nicht an den Verstand appellierend – widersprach sowohl katholischen als auch protestantischen Glaubenssätzen und bescherte dem Autor viel Ärger.

Der *Gesellschaftsvertrag*, Rousseaus wohl bedeutendster Beitrag zur Staatsphilosophie, entstand zur gleichen Zeit. Gleich zu Anfang erklingt der berühmte Fanfarenstoß: »Der Mensch ist frei geboren, und überall liegt er in Ketten. Einer hält sich für den Herrn der anderen und bleibt doch mehr Sklave als sie.« Darauf folgt eine Aufzählung jener Ziele, die sich bald als unvereinbar erweisen sollten: Freiheit, Gleichheit, Brüderlichkeit. Die Idee eines Gesellschaftsvertrages war an sich nicht neu. (Denker des 17. Jahrhunderts hatten sich in verschiedenen Theorien ergangen: Der Pessimist Thomas Hobbes sah die Menschen verzweifelt Verträge und Vereinbarungen abschließen, um sich voreinander zu schützen; John Locke, etwas optimistischer veranlagt, glaubte, dass die Menschen freiwillig Übereinkünfte eingingen. Diese und andere Theorien gingen auf das Alte Testament und Gottes Bund mit den Israeliten zurück, der sowohl bibelfesten Protestanten wie den Pilgervätern – die auf der *Mayflower* ihren eigenen Vertrag geschlossen hatten – als auch Genfer Calvinisten bekannt war.) Rousseau, der nunmehr seine frühere Begeisterung für den edlen Wilden gezügelt hatte, räumte ein, dass die Menschheit einen Punkt erreicht habe, wo sie nicht mehr nach den Naturgesetzen leben könne. Stattdessen solle jeder seine natürliche Freiheit gegen eine überlegene, republikanische Freiheit eintauschen, die »die völlige Entäußerung jedes Mitglieds mit allen seinen Rechten an das Gemeinwesen als Ganzes« voraussetzt. Rousseau stellte sich vor, dass eine Gesellschaft, die sich an seinem Gesellschaftsvertrag orientieren würde, »wahre Gesetze« begünstigen würde – im Kontrast zu den falschen tatsächlichen Gesetzen des 18. Jahrhunderts –, denen dann alle gehorchen würden.

Obgleich er die absolutistische Monarchie ebenso wie den englischen Parlamentarismus ablehnte – er bemerkte dazu, das englische Volk sei nur am Wahltag frei –, war Rousseau kein Befürworter einer vollen Demokratie, auch nicht in Kleinstaaten wie Genf. »Wenn es ein Volk von Göttern gäbe, würde es sich demokratisch regieren. Eine so vollkommene Regierung paßt für Menschen nicht«, stellte er fest, wobei er das klassische Athen außer Acht ließ. Wenn er vorschlug, dass (männliche) Bürger nur über Gesetze abstimmen sollten, die ihnen von der Exekutive vorgelegt würden, dann dachte Rousseau dabei wieder an das antike Sparta, seine und Platons Idealstadt, in der auserwählte, vorbildlich tugendhafte Aristokraten die unvollkommenen Massen regierten. In der Apella durften die Spartaner per Ausruf ihre Zustimmung oder Ablehnung zu ihnen vorgelegten Gesetzesentwürfen äußern, wer am lautesten schrie, entschied die Wahl. Diese Variante einer direkten, wenngleich stark eingeschränkten Volksdemokratie schien Rousseau die beste zu sein, aber er war in dieser Hinsicht nicht allzu festgelegt. Für große Staaten wie Frankreich konnte er sich auch eine Form der Monarchie vorstellen. Allerdings keine, die an das Erbrecht gebunden war, wie die der Bourbonen (und aller anderen Königshäuser im Europa des 18. Jahrhunderts), sondern eine, in der sich die Souveränität des Volkes in einem idealen Führer manifestierte.

Indem er den Gesellschaftsvertrag akzeptiert, der sich täglich auf mystische Weise erneuert, verliert der Mensch »seine natürliche Freiheit und ein unbegrenztes Recht auf alles, wonach ihn gelüstet und was er erreichen kann«, aber gewinnt dafür »die bürgerliche Freiheit und das Eigentum an allem, was er besitzt.« Er erwirbt zudem die moralische Freiheit der Selbstbeschränkung, denn »Gehorsam gegen das selbstgegebene Gesetz ist Freiheit.« Die offensichtliche Frage lautet: Wie kann eine völlig unterschiedliche Gruppe von Individuen einen Willen haben, dem zu gehorchen sie alle frei macht? Rousseau schlägt einen künstlichen *volonté générale* oder Gemeinwillen vor, der von allen geteilt und über jegliche persönliche Bestrebungen dominieren würde. Dieser Gemeinwille würde den Menschen zur Freiheit zwingen und somit auch zur Tugendhaftigkeit. Gesetzliche Strafen, auch Hinrichtungen, würden dem Einzelnen dabei helfen, seine niederen Gelüste abzulegen und zu dem natürlichen Zustand der Tugend zurückzukehren. Dies ist eine der kontroversesten Thesen Rousseaus, und sie lädt zum Missbrauch ein, wie die Französische Revolution gezeigt hat. Viele von Rousseaus Formulierungen erscheinen nur leicht abgeändert in der Menschenrechtserklärung von 1789. Robespierre folgte Rousseau in der Gleichsetzung von Freiheit und demokratischer Tugend und in der Überzeugung, dass die selbst ernannten Hüter dieser Tugend, wie der Wohlfahrtsausschuss, das gottgegebene Recht hätten, sich der Nicht-Tugendhaften mithilfe von Docteur Guillotins neuer Maschine zu entledigen.

Als *Emile* und der *Gesellschaftsvertrag* 1762 veröffentlicht wurden, teilweise ermöglicht durch die Unterstützung des Herzogs von Luxemburg, sah sich Rousseau auf einmal der Verfolgung durch die Vertreter jener religiösen und politischen Interessen ausgesetzt, die er so ungeniert angegriffen hatte. In Frankreich und in Genf wurden seine Bücher verboten und ein Haftbefehl gegen ihn erlassen. Rousseau musste aus Frankreich fliehen und fand ein zeitweiliges Refugium im damals preußischen Neuchâtel, im Dorf Môtiers-Travers. Sein offener Brief an den Erzbischof von Paris (*Lettre à Beaumont*, 1763), in dem er seine religiösen Ansichten verteidigte und betonte, dass er »Christ nicht als ein Schüler der Priester, sondern als ein Schüler Jesu Christi« sei und das Dogma der Erbsünde ablehne, da seiner Ansicht nach der Mensch ursprünglich sei, wurde in Genf ebenfalls verboten. Angewidert gab Rousseau sein Genfer Bürgerrecht nun endgültig auf. Aber auch in Môtiers-Travers wendete sich der Volkszorn schließlich gegen ihn, und sein Haus wurde mit Steinen beworfen, nicht zuletzt deshalb, weil Rousseau bizarr und fremdländisch aussah und in einem ›armenischen‹ Gewand umherging, um sich vor der Kälte zu schützen, denn sein Blasenleiden hatte sich verschlimmert. All dies begünstigte verständlicherweise seinen Verfolgungswahn ebenso wie sein Selbstmitleid – wenngleich Voltaire aufgrund seiner Überzeugungen schlimmerer Verfolgung ausgesetzt und zweimal inhaftiert worden war.

Friedrich II. von Preußen, dieses Musterbeispiel eines aufgeklärten und skeptizistischen Herrschers (und einstiger Freund von Voltaire), besaß Ländereien in der Nachbarschaft und bot Rousseau Asyl an, aber dieser wählte 1766 schließlich das englische Exil, zu dem der schottische Philosoph David Hume ihm verhalf. Hume, ein selten großmütiger und umgänglicher Mann, tat alles in seiner Macht Stehende, um dem nunmehr unter starker Paranoia leidenden Rousseau zu helfen. Obwohl er sich damit einer Verhaftung aussetzte, unternahm Rousseau eine triumphale Reise durch Frankreich – seine Oper *Der Dorfwahrsager* wurde ihm zu Ehren in Straßburg aufgeführt – und ließ sich erneut in den Pariser Salons feiern. Nach seiner Ankunft in London erhielt Rousseau, der nun auch in England eine Berühmtheit war, endlose Besuche und Einladungen. Bald folgte ihm auch Thérèse – auf der Reise wurde sie von James Boswell verführt, jenem unersättlichen Lustmolch, der später Samuel Johnsons Biograf werden sollte. Es war Hume zu verdanken, dass George III. dem republikanischen Philosophen eine bescheidene Pension anbot, die seine Rettung war. Er brauchte das Geld dringend, wollte aber nicht, dass bekannt wurde, dass ihn ein König bezahlte. Seine Ausflüchte ließen ihn letztlich die königliche Unterstützung verlieren, aber vorher wurde ihm – wieder durch die Vermittlung Humes – noch Wootton angeboten, ein großzügiges Landhaus nebst Ländereien in Derbyshire. Die nominelle jährliche Miete betrug 30 Pfund, Vollpension und Bedienstete inbegriffen.

Hier erging sich Rousseau in langen Spaziergängen, ›botanisierte‹ (er sammelte Pflanzen und verehrte dabei die Natur) und empfing Besuche der einheimischen Landadligen, unter ihnen Erasmus Darwin (der Großvater von Charles), die fasziniert von diesem sonderbaren Fremdling waren. Etwa ein Jahr lang lebten er und Thérèse trotz des schlechten Wetters glücklich in Wootton, und Rousseau begann mit der Niederschrift seiner *Bekenntnisse*. Jedoch gelang es Thérèse schon bald, alle Bediensteten gegen sich aufzubringen, nicht etwa, weil sie Rousseaus Mätresse war – ein Umstand, der im georgianischen England nicht unüblich war –, sondern allein durch ihr schlechtes Benehmen. Am Ende taten sie Asche in Rousseaus Suppe – das behauptete er zumindest –, und er verließ Wootton, nicht ohne eine lange Liste voller Beschwerden und Vorwürfe für seinen bedauernswerten Gastgeber zu hinterlassen.

Zuvor schon hatte Rousseau einen erstaunlich feindseligen und bemerkenswert langen (7500 Wörter) Brief an Hume geschrieben, in dem er seinem Wohltäter unterstellte, er verhöhne und betrüge ihn. Diese Anschuldigung, die Hume gegenüber ganz und gar ungerecht war, ging auf einen derben Scherz zurück. Horace Walpole hatte einen gefälschten Brief, vorgeblich von Friedrich II., an Rousseau geschickt – und darin Rousseau lächerlich gemacht. Der Philosoph hatte überhaupt keinen Sinn für Humor, was ihn zur Zielscheibe für jegliche Art von Spott machte. Bestürzt versuchte Hume, seinen Freund zu beruhigen, aber ohne Erfolg. Ihre Freundschaft war beendet. Um Rousseau den Wind aus den Segeln zu nehmen, veröffentlichte Hume, daraufhin ihre Korrespondenz, in der sich Rousseau als denkbar unaufrichtig und paranoid gezeigt hatte. Von nun an zählte Rousseau Hume zu seinen erbittertsten Feinden. Hume war tatsächlich verärgert gewesen, als er herausfand, dass Rousseau nicht gar so arm und mittellos war, wie er behauptet hatte, sondern Tantiemen von seinen Bestsellern erhielt, aber am Ende behandelte er Rousseau mit viel Nachsicht: »Er hat nur gefühlt, während seines ganzen Lebens, und in diesem Punkt erreicht seine Empfindsamkeit eine Höhe, die jenseits von allem liegt, was ich je erlebt habe ... Er ist wie ein Mensch, der nicht nur seiner Kleider, sondern auch seiner Haut beraubt und in diesem Zustand hinausgetrieben wurde, um mit den wilden und ungestümen Elementen zu kämpfen, wie sie diese niedere Welt beständig stören.«

Rousseau kehrte also gezwungenermaßen im Mai 1767 nach Frankreich zurück; auf der Reise benutzte er gelegentlich einen falschen Namen. Aber auch jetzt, wo er sich mit beinahe all seinen intellektuellen Freunden überworfen hatte, war er doch nicht ohne aristokratische Gönner. Der Prinz von Conti bot ihm über ein Jahr ein Refugium in seinem Schloss in der Normandie, aber Rousseau lebte beständig in dem Wahn, er sei von Feinden und Spionen umzingelt, die sich unter die Bediensteten des Prinzen gemischt hätten und nur darauf warteten, ihn in die Hände seiner Verfolger und in die Bastille auszuliefern. Nachdem sie den Prinzen verlassen hatten, heiratete er Thérèse, vorgeblich um ihr eine respektablere Position zu verschaffen. Aber die Zeremonie, die Rousseau selbst ausführte, war eine Farce und außerdem nicht rechtskräftig, denn in Frankreich waren Ehen zwischen Katholiken und Protestanten verboten. Später hielt er den Gästen eine Standpauke, wie glücklich sie sich schätzen könnten, ihn zu kennen, und brach dann in Tränen aus. Die arme Thérèse, die nur wenige Minuten gehabt hatte, um sich auf ihre Hochzeit vorzubereiten, glaubte wohl, sie wäre tatsächlich verheiratet.

Rousseaus Verfolgungswahn verschlimmerte sich bei seinen Wanderungen von Stadt zu Stadt; manchmal geriet er dabei mit den Autoritäten in Konflikt, aber er wurde nie verhaftet. In diesem überreizten Zustand schrieb er weiter an seinen *Bekenntnissen*. Der Titel erinnert absichtlich an die *Bekenntnisse* des Augustinus (379 n.Chr.), doch Rousseaus Intentionen unterschieden sich deutlich von denen des großen Theologen. Die *Bekenntnisse* des Augustinus, in denen er Rechenschaft über vergangene Sünden ablegt, wandten sich in erster Hinsicht an Gott, durch dessen Gnade er schließlich aus dem Zustand der Sünde errettet wurde. Rousseaus Ergüsse richteten sich an ein rein irdisches Publikum. Sie erzählen nicht etwa von seinem Weg zur Erlösung, denn er glaubte nicht daran, dass er erlöst werden müsse. Stattdessen stellt er sich als ein grundsätzlich und in jeder Hinsicht unschuldiges Wesen dar, das sich seinen Weg durch eine scheinheilige und gleichgültige Welt bahnen muss und dem, ohne dass es sich selber etwas zuschulden kommen lässt, dabei übel mitgespielt wird. Geradeheraus formuliert er seine feste Überzeugung, »daß von allen Menschen, die ich in meinem Leben kennenlernte, keiner besser war als ich.«

Rousseau hatte sich Juvenals *vitam impendere vero* als Motto auserkoren, und er verschonte niemanden, außer vielleicht Sophie d'Houdetot, denn er deutete an, sie hätten nur einen Kuss getauscht. Sobald er ein Kapitel abgeschlossen hatte, las er es seinen Bewunderern vor. 1770 wurde es ihm erlaubt, nach Frankreich zurückzukehren, unter der Voraussetzung, dass er keine seiner Schriften veröffentlichte – was Voltaire, der sich immer noch im Exil befand und sich danach sehnte, in seine Heimat zurückzukehren, stark erboste. Eine solche Lesung dauerte achtzehn Stunden und trieb einige der Zuhörer zu Tränen, so ergriffen waren sie von den schrecklichen Begebenheiten, von denen Rousseau berichtete. Einige Pariser waren jedoch besorgt, dass die nächsten sensationellen Enthüllungen sie selbst betreffen könnten, und erwirkten deshalb ein Verbot weiterer Lesungen. Die *Bekenntnisse*, ein wahrhaft bahnbrechendes Werk, erschienen erst 1782, nach Rousseaus Tod. Die Mischung aus Sensationsheischerei und Selbstmitleid, nur leicht bemäntelt als Freimütigkeit, nimmt spätere Weigerungen des Autors, die Verantwortung für sein Handeln zu übernehmen, vorweg und enthebt ihn jeder Schuld – im Gegensatz zum Rest der Welt.

Eines der letzten Werke Rousseaus waren die Gespräche *Rousseau richtet über Jean-Jacques (Dialogues: Rousseau juge de Jean-Jacques)*, die er 1776 verfasste und in denen er seiner mittlerweile wahnhaft gewordenen Überzeugung, sein Leben spiegele genau das von Jesus, Ausdruck verlieh. So wie Jesus daran gescheitert war, die Juden zu überzeugen, war es Rousseau misslungen, die Schweizer und die Franzosen zu bekehren. Beide Männer wurden schuldlos verfolgt. Die Menschheit benötigte einen Erlöser, um in den Naturzustand der Unschuld zurückzukehren, und der richtige Mann dafür war Jean-Jacques. In der Angst, dass sein Werk niemals publiziert werden würde, wollte Rousseau Gottes Zustimmung erlangen, indem er eine Abschrift auf dem Hochaltar von Notre Dame hinterlegte, aber sehr zu seiner Enttäuschung fand er die Kirchentüren verschlossen. Stattdessen gab er die Abschrift Brooke Boothby, einem ehemaligen Nachbarn aus Wootton, der gerade auf der Durchreise war. (Boothby veröffentlichte die Schrift pflichtgetreu 1780, zwei Jahre nach Rousseaus Tod.) In seiner Agitation fertigte Rousseau eigenhändig Flugblätter an, die er auf den Straßen von Paris zu verteilen versuchte, die Überschrift lautete: »Jedem Franzosen, der noch Gerechtigkeit und Wahrheit liebt«. Wenige Menschen waren daran interessiert. In jenem Oktober wurde er von einem großen Hund niedergestoßen. Erstaunlicherweise scheint dieser Schock seinen manischen Zustand verbessert zu haben, denn anschließend schrieb er die *Träumereien eines einsamen Spaziergängers* (*Rêveries d'un promeneur solitaire*, 1782).

Das Buch beginnt mit der erstaunlich egozentrischen Aussage: »So bin ich denn nun allein auf Erden, ohne Bruder, ohne Nächsten, ohne Freund, meiner eigenen Gesellschaft überlassen.« Rousseau überging damit seine treue Thérèse, die ihm seit dreißig Jahren zur Seite stand, ebenso wie all die anderen – die von Luxemburgs, den Prinz von Conti und alte Freunde wie Paul Moutou aus Genf –, die ihn immer noch unterstützten. Aber die *Träumereien*, in denen die Schönheit der Natur beschrieben und das Wort ›romantique‹ zum ersten Mal im Französischen in seiner modernen Bedeutung benutzt wird, zählen zu den herausragendsten Werken jenes Mannes, dem trotz all seiner Fehler eine lyrische Ausdrucksform zu eigen war, wie sie zu seiner Zeit nur selten vorkam.

Rousseau starb am 2. Juli 1778 in Ermenonville, 45 Kilometer östlich von Paris, an einem Schlaganfall. Hier lebte er zuletzt in einem Pavillon, den ihm ein weiterer adliger Gönner, der Marquis de Girardin, zur Verfügung gestellt hatte. Er wurde auf der Île de Peupliers begraben, einem angemessen romantischen Eiland im Park von Ermenonville, das nach den dort wachsenden Silberpappeln benannt war. Schon bald wurde die Insel zu einem Wallfahrtsort, denn nach seinem Tod nahm Rousseaus Ruhm deutlich zu, und bald war er bekannter als zu seinen Lebzeiten. Die *beau monde*, die er so ostentativ verachtet hatte, pilgerte bald zu seiner Grabstelle, um ihm die letzte Ehre zu erweisen. Unter ihnen befand sich auch die Königin Marie Antoinette. Sie erwies ihre Ehrenbezeugung natürlich nicht dem Propheten von Revolution und Gleichberechtigung, sondern vielmehr dem sentimentalistischen und naturverbundenen Autor. Es gab sogar einen jungen Mann, der sich auf der Insel das Leben nahm, weil er hoffte, neben seinem Idol begraben zu werden. Mit der Revolution beschleunigte sich die Kanonisierung von Rousseau. Am 11. Oktober 1794 wurde sein Sarg exhumiert und in einer feierlichen Prozession nach Paris befördert. Dazu spielte man Rousseaus eigene Kompositionen. In Paris wurden Rousseaus Gebeine zeremoniös im Panthéon beigesetzt – der erst kürzlich zum »Tempel des Höchsten Wesens« umbenannt worden war – ironischerweise direkt gegenüber von Voltaire. Der war dort bereits 1791 bestattet worden, als die Revolution gerade in ihrer frühen liberalen Phase war. Die Bildnisse der beiden Gegner wurden später in Aufmärschen der Revolutionäre Seite an Seite getragen, was wohl keinem von ihnen besonders behagt hätte. Robespierre rühmte Rousseau in seiner Rede vor dem Nationalkonvent am 7. Mai 1794: »Er griff die Tyrannei mit Freimut an; er sprach mit Begeisterung von der Gottheit; seine Beredsamkeit schilderte enthusiastisch die Vorzüge der Tugend; sie verteidigte jene tröstlichen Grundsätze, die die Vernunft dem Herzen als Stütze gibt.«

Rousseaus spätere Rezeption war nicht so eindeutig. In Shelleys letztem großen Gedicht, *Triumph des Lebens* (1822), spielte Rousseau eine ähnliche, wenngleich etwas ambivalentere Rolle wie Virgil in Dantes *Göttlicher Komödie*. (Das Gedicht blieb unvollendet.) Lord Byron, der wohl berühmteste Dichter der englischen Romantik des 19. Jahrhunderts, pries Rousseau im dritten Gesang seines Versepos *Ritter Harolds Pilgerfahrt* (*Childe Harold*, 1816) folgendermaßen:

In ihm war Liebe tiefe Leidenschaft:
Als wie ein blitzgetroffener Baum entbrannte
Er in äther'schen Gluten fieberhaft;
Und so nur, anders nicht er Liebe kannte. [...]
Ideale Schönheit war's, für die er brannte:
Sie kam in ihm zum Leben, sie gebar
Den glühnden Redestrom, wie krankhaft er auch war.

Über den literarischen Einfluss von Rousseau kann kein Zweifel bestehen. *Die neue Héloïse* ist tatsächlich der erste Roman, der die Bezeichnung ›romantisch‹ in jeder Hinsicht verdient.

Später wurde Rousseau oft dafür kritisiert, dass ihm die grundlegende Voraussetzung für einen wahren Philosophen fehlte: die Fähigkeit und das Bestreben, den Dingen wirklich auf den Grund zu gehen. Im frühen 20. Jahrhundert, als die totalitären Regimes auf dem Vormarsch waren, sank der Stern Rousseaus. Isaiah Berlin nannte ihn den ersten militanten Antiintellektuellen, und Bertrand Russell sah in Hitler eine direkte Folgeerscheinung Rousseaus und seines tyrannischen Gemeinwillens. Aber die Totalitarismen des 20. Jahrhunderts hatten viele Geburtshelfer; und als politischer Prophet wurde Rousseau von einem intellektuellen Schwergewicht abgelöst, von Karl Marx. Heute liegt Rousseaus Bedeutung in seinem Engagement für Natur und Natürlichkeit, für uneingeschränkte Gefühle, sowie in seinem Glauben, den er in den *Bekenntnissen* formuliert hat, alles zu offenbaren hieße gleichsam, alles zu rechtfertigen. In diesen Bereichen veränderte Rousseau nachhaltig und teilweise mit großem Gewinn unser Lebensgefühl.

Nur wenige würden bestreiten, dass einige seiner pädagogischen Ideen durchweg positiv zu bewerten sind. Reformer wie Johann Pestalozzi, Friedrich Fröbel und Maria Montessori haben sie aufgegriffen und so dazu beigetragen, dass sich der Unterricht von jahrhundertelanger öder Paukerei zu etwas zumindest potenziell Erfreulicherem entwickeln konnte – auch wenn man dem entgegenhalten könnte, dass die Entwicklung mittlerweile in die entgegengesetzte Richtung geht. Rousseaus mystische, pantheistische Gefühlswelt, die inmitten von Wäldern, Seen und Bergen geformt wurde und die er poetisch in Büchern wie *Die neue Héloïse* und *Emile* beschrieben hat, hat nahezu jede nachfolgende Generation beeinflusst. Wenn Wordsworth 1798 in einer seiner lyrischen Balladen schrieb:

> Mag sein, was an Impulsen wir empfangen
> In einem frühlingsgrünen Wald
> Uns aufschließt auch den ethischen Belangen
> Wo Theorie das Herz lässt kalt.

dann gab er Rousseaus Überzeugung wieder, dass die Betrachtung der unverdorbenen Natur den Menschen moralisch erhebt, ein Glaube, der in Europa und Nordamerika während des 19. Jahrhunderts zu umfassender Bedeutung gelangte. Doch Rousseaus eigenes Leben war in seinen Verstrickungen und Widersprüchen ein Desaster. Obgleich er die eheliche Liebe pries, war er niemals richtig verheiratet, schlimmer noch, er verhielt sich denkbar gefühllos und gleichgültig gegenüber Thérèse, seiner Lebensgefährtin. Und obwohl er Kinder über alles liebte, ließ er seine eigenen im Stich. Trotz seiner Überzeugung, dass intellektuelle Feindseligkeiten von Übel seien, zettelte er endlose ideologische Debatten an. Wenngleich er die Erfindung des Buchdrucks missbilligte, war er ein überaus produktiver Autor. Ungeachtet der Tatsache, dass er ein Verächter von Privilegien und Vermögen war, verließ er sich sein Leben lang auf die Unterstützung der Reichen und Mächtigen. Und während er die mangelhafte Moral des Theaters beschwor, schrieb er selbst Theaterstücke und Opern.

Rousseau, dieser erste große Denker, der die Vormachtstellung des Gefühls über den Intellekt betonte, bleibt einer der Gründungsväter der Romantik, von der wir heute wenig mehr als die nahezu bankrotten Erben sind. Die Umweltbewegung, die heute vielleicht der einzige ernst zu nehmende Gegner der Globalisierung ist, übernahm teilweise Rousseaus Glauben an den ursprünglichen, natürlichen Idealzustand und sein daraus resultierendes Misstrauen gegenüber dem technischen Fortschritt und großen Organisationen. Aber die Selbsttäuschung, Larmoyanz und Paranoia, die Rousseau ein Leben lang begleiteten, sind wohl kaum die Eigenschaften, die wir von einem grünen Guru erwarten.

2
Arthur Schopenhauer (1788–1860) Der unausstehliche Bodhisattva

»Das Leben ist eine mißliche Sache; ich habe mir vorgesetzt, es damit hinzubringen, über dasselbe nachzudenken.«

Arthur Schopenhauer, Brief an Christoph Wieland, 1811

Arthur Schopenhauer ist von überraschender Relevanz für das 21. Jahrhundert. Als einer der ersten großen abendländischen Denker, die nicht versuchten, die Wege Gottes zu rechfertigen – das lag daran, dass er keinen persönlichen Gott hatte –, war er es, der die Bedeutung von Hinduismus und Buddhismus erkannte und den Dualismus von Körper und Geist ablehnte, der seit Platon grundlegend für die abendländische Philosophie war. Das führte unter anderem dazu, dass er die zentrale Bedeutung erkannte, die Sex für den Menschen hat, und erstaunlich modern und freimütig feststellte, dass »der Geschlechtstrieb die heftigste der Begierden, der Wunsch der Wünsche, die Koncentration all unseres Wollens« ist. Außerdem lehnte er Tierversuche ab, weil er keinen grundlegenden Unterschied zwischen Tier und Mensch ausmachen konnte; etwas, das zu seiner Zeit nicht als selbstverständlich galt.

All dies macht Schopenhauer zu einem erfrischend andersartigen Denker, denn die meisten früheren abendländischen Philosophen ignorierten die nicht westliche Welt. Und noch ein seltenes Verdienst gebührt ihm: Er formuliert glänzend, oft witzig, und im Allgemeinen frei von jedem philosophischen Jargon. Diese Qualitäten und die herausragende Bedeutung, die er der Kunst zuspricht, verhalfen ihm zu einer großen Leserschaft außerhalb der akademischen Zirkel, darunter so unterschiedliche Schriftsteller wie Tolstoi, Hardy, Conrad, Proust, Thomas Mann, Beckett und Houellebecq. Thomas Mann verkündete sogar: »Schopenhauer, als Psycholog des Willens, ist der Vater aller modernen Seelenkunde«, eine Ansicht, die Freud teilte. In seinem Pessimismus angesichts der misslichen Lage des Menschen übertraf Schopenhauer sogar noch Freud. In unserer Zeit, die derart von ›Angst‹ geprägt ist, dass man sie schon als das neue dunkle Zeitalter bezeichnen könnte, erscheint Schopenhauer als der ideale Vertreter eines aufgeklärten, humanen Pessimismus.

Schopenhauers düstere Sicht auf die Welt als ein Ort nahezu unablässigen Leidens durchzieht sein Hauptwerk, *Die Welt als Wille und Vorstellung*, das er 1818, mit gerade mal dreißig Jahren, veröffentlichte.

> Wenn nämlich vor den Augen eines Menschen jener Schleier der Maja, das *principium individuationis*, so sehr gelüftet ist, daß derselbe nicht mehr den egoistischen Unterschied zwischen seiner Person und der fremden macht, ... dann folgt von selbst, daß ein solcher Mensch, der in allen Wesen sich, sein Innerstes und wahres Selbst erkennt, auch die endlosen Leiden alles Lebenden als die seinen betrachten und so den Schmerz der ganzen Welt sich zueignen muß. Ihm ist kein Leiden mehr fremd ... [Er] sieht, wohin er auch blickt, die leidende Menschheit und die leidende Thierheit, und eine hinschwindende Welt.

Diese Grundeinstellung veränderte sich während seines langen Lebens nicht. »Um allezeit einen sichern Kompaß, zur Orientirung im Leben, bei der Hand zu haben, ... ist nichts tauglicher, als daß man sich angewöhne, diese Welt ... gleichsam als eine Strafanstalt [zu betrachten] ... Ja, von diesem Gesichtspunkt aus könnte man auf den Gedanken kommen, daß die eigentlich passende Anrede zwischen Mensch und Mensch, statt Monsieur, Sir, u. s. w., seyn möchte *Leidensgefährte, Socî malorum, compagnon de misères, my fellow-sufferer*«, schrieb er 1851 in *Parerga und Paralipomena*, seinem letzten Werk, das seine früheren Thesen im Wesentlichen nur prägnanter formuliert wieder aufgreift.

Bald nach dieser Veröffentlichung verfestigte sich verdienterweise seine Vormachtsstellung nicht nur unter den zeitgenössischen deutschen Philosophen, sondern in ganz Europa. Im 20. Jahrhundert verlor er zeitweise an Renommee, obgleich die Weltkriege und andere Gräuel als Bestätigung seiner pessimistischen Weltsicht hätten gelten können. Doch der dunkle Schatten des Mannes selbst – er war nicht nur der größte Misanthrop in der Geschichte der Philosophie, ohne wirkliche Freunde oder Familie, sondern auch der erbittertste Frauenfeind in den ohnehin wenig feministischen Annalen westlichen Denkens und ein schamlos egozentrischer Reaktionär dazu, knauseriger und mürrischer als jeder Onkel Dagobert – verdunkelte schon immer die Brillanz seines Denkens.

Denn Schopenhauer, weit entfernt davon, die *mens aequa* eines Philosophen zu besitzen, tendierte seiner eigenen Aussage nach zu »Argwohn, Reizbarkeit, Heftigkeit und Stolz«. So ist es nicht erstaunlich, dass er niemals heiratete und sein gesamtes Erwachsenenleben allein und ungebunden verbrachte. Ständig in der Angst, er könnte beraubt werden, misstraute er allen und jedem, sogar seiner eigenen Bank. Er bestand darauf, dass die Zinserträge seines (großen) Vermögens jede Woche zu seiner Wohnung gebracht wurden, damit er sie zählen konnte. Er versteckte stapelweise Gold unter seinem Tintenfass und Zinsabschnitte zwischen den Seiten seiner Bücher und Aufzeichnungen, beschimpfte seine Haushälterin unflätig, wenn er sie im Verdacht hatte, irgendetwas von Wert von der Stelle gerückt oder gar abgestaubt zu haben, und ging jeden Tag »zitternd« zu seinem Barbier, ständig in der Angst, dieser könnte sich plötzlich dazu entschließen, ihm die Kehle durchzuschneiden.

Da Schopenhauer politisch äußerst konservativ eingestellt war, hätten sich seine Befürchtungen als nicht allzu weit hergeholt erweisen können. Während der gescheiterten liberalen Revolution von 1848 in Frankfurt lud er Regierungstruppen in seine Wohnung ein, damit sie von den Fenstern aus auf die Demonstranten schießen konnten – auf die Kanaille, die möglicherweise seine Zinserträge bedrohte. Wie Hobbes sah er Gesellschaft und Regierung in denkbar düsterem Licht, eine autoritäre Regierung war für ihn unerlässlich, und er fand, dass alle Versuche zur Verbesserung des politischen und sozialen Lebens nichtig wären im Angesicht der unausrottbaren Schlechtigkeit des Menschen. »Dabei ist die Hauptquelle der ernstlichsten Uebel, die den Menschen treffen, der Mensch selbst: *homo homini lupus.* ... Ueberhaupt aber bezeichnen, in der Regel, Ungerechtigkeit, äußerste Unbilligkeit, Härte, ja Grausamkeit, die Handlungsweise der Menschen gegeneinander: eine entgegengesetzte tritt nur ausnahmsweise ein. Hierauf beruht die Nothwendigkeit des Staates und der Gesetzgebung.«

»Um allein zu leben, muß man ein Tier oder ein Gott sein«, hat Nietzsche in Anlehnung an Aristoteles gesagt. Für den einsiedlerischen Schopenhauer überwog das Biest, wie er selbst mit der für ihn typischen Freimütigkeit zugegeben hat:

Die Natur hat ein übriges getan, mein Herz zu isoliren, indem sie es mit Argwohn, Reizbarkeit, Heftigkeit und Stolz ... bedachte. Vom Vater angeerbt ist mir die von mir selbst verwünschte und ... mit dem ganzen Aufwande meiner Willenskraft bekämpfte Angst, die mich zuweilen bei den geringfügigsten Anlässen mit solcher Gewalt überfällt, daß ich blos mögliches, ja kaum denkbares Unglück leibhaftig vor mir sehe ... Als Jüngling quälten mich eingebildete Krankheiten und Streithändel ... Aus Neapel vertrieb mich die Angst vor den Blattern, aus Berlin die Cholera. In Verona ergriff mich die fixe Idee vergifteten Schnupftabak genommen zu haben ... Entstand in der Nacht Lärm, so fuhr ich aus dem Bette auf und griff nach Degen und Pistole, die ich beständig geladen hatte.

Seine Mutter schrieb ihm dann auch in einem ihrer seltenen Briefe: »Zwei Monate auf der Stube und keinen Menschen gesehen, das ist nicht gut, mein Sohn.«

Noch schlechter als seine Meinung über sich selbst war die über andere, besonders über Frauen:

Die Weiber eignen sich zu Pflegerinnen und Erzieherinnen unserer Kindheit gerade dadurch, daß sie selbst kindisch, läppisch und kurzsichtig, mit Einem Worte Zeit Lebens große Kinder sind, eine Art Mittelstufe zwischen dem Kinde und dem Manne, als welcher der eigentliche Mensch ist. ... Das niedrig gewachsene, schmalschultrige, breithüftige und kurzbeinige Geschlecht das schöne nennen, konnte nur der vom Geschlechtstrieb umnebelte männliche Intellekt. Mit mehr Fug könnte man das weibliche Geschlecht das unästhetische nennen. Weder für Musik, noch Poesie, noch bildende Künste haben sie wirklich und wahrhaftig Sinn und Empfänglichkeit.

In seiner Frauenfeindlichkeit zumindest handelte Schopenhauer ganz und gar seinen Überzeugungen entsprechend. Er heiratete nicht, hatte keine Affären mit Frauen, die seiner sozialen Stellung oder seiner Bildung entsprochen hätten – kaum vorstellbar bei einem so intelligenten Mann –, sondern zog die Gesellschaft von Dienstmädchen oder Schauspielerinnen vor. Auch diese behandelte er denkbar schlecht. Angesichts solcher Frauen- und Menschenfeindlichkeit erscheint es etwas verständlicher, dass er zeitweilig von der Nachwelt so stiefmütterlich behandelt wurde. Doch in seinem Bestreben, eine umfassende metaphysische Sicht auf die Welt zu formulieren, etwas, das die analytischen Logiker des 20. Jahrhunderts vernachlässigt haben, bleibt er einer der wichtigsten und radikalsten westlichen Denker.

Schopenhauer hielt sich selbst für den direkten (und einzigen) Erben der großen abendländischen Philosophen seit Platon, vor allem Kants, aber sein Denken und auch seine Formulierungen erinnern manchmal an den Buddhismus. Von zentraler Bedeutung sind seine Schlussfolgerungen über die grundlegende Einheit des »inneren Wesens der Welt« (die letztlich nicht erkennbare Wirklichkeit), die buddhistischen und hinduistischen Vorstellungen näher waren als Kant. Für Kant sowie für den Buddhismus gibt es zwei Ebenen der Realität, von denen wir nur eine durch unsere Sinne wahrnehmen können. Kant unterscheidet zwischen Erscheinungen (Phenomena), die wir sinnlich wahrnehmen, und Dingen an sich (Noumena), die uns ganz und gar unbekannt bleiben. Kant war der Überzeugung, dass unsere Wahrnehmung der Welt von unseren Sinneseindrücken geprägt ist, die Dinge erscheinen für uns in Raum und Zeit, weil das die einzige Art ist, auf die wir sie wahrnehmen können. Im Buddhismus wird die alltägliche, wahrgenommene Welt des *samsara*, die aus separaten

Wesenheiten besteht, als einfache Realität bezeichnet, während auf einer höheren Ebene jede Individualität nurmehr illusorisch ist. Allem zugrunde liegt *shunyata*, das Nichts oder das unteilbare Ganze.

Schopenhauer verstand ähnlich wie die östlichen Philosophen das innere Wesen der Welt als ein unteilbares, das, sobald es einzelne Charakteristika annimmt, Teil der phänomenalen Welt wird. Diese innere Einheit, die er in Anlehnung an Kant als *Ding an sich* oder auch als *Wille* (sein eigener Terminus) bezeichnete, liegt der phänomenalen Welt zugrunde, in der wir täglich existieren. Doch sie kann zu seltenen Gelegenheiten direkt wahrgenommen werden. Diese transzendental befreiende, unbeschreibliche Erfahrung wird durch den Satz *Tat twam asi*, »Dieses Lebende bist du«, aus dem Sanskrit beschrieben.

Schopenhauer behauptete, unabhängig von den indischen Philosophen zu diesen Schlüssen gelangt zu sein. Er hatte allerdings die *Oupnekhat* gelesen – die lateinische Übersetzung einer persischen Version der *Upanischaden*, auf die ihn der Orientalist Friedrich Majer 1813 aufmerksam gemacht hat –, somit können indische Einflüsse auf sein erstes bedeutendes Werk nicht gänzlich ausgeschlossen werden. Das Buch nannte er *Über die vierfache Wurzel des Satzes vom zureichenden Grunde* – er hatte immer einen Hang dazu, möglichst unvorteilhafte Titel zu finden. Was die östlichen Denker durch Meditation und spirituelle Einsicht zu erkennen meinten, das erklärt Schopenhauer mittels reiner Vernunft. Wenn die Wege, die zu diesen Erkenntnissen führten, verschieden waren, so waren es auch die Antworten. Denn die Ähnlichkeiten ihrer Ansichten über das Universum und Diagnosen über die menschliche Natur können nicht verbergen, welche Kluft Siddhartha Gautama, den Buddha, und Arthur Schopenhauer als Menschen trennte.

Buddha, wie alle großen Weisen, war bekannt für seine Güte und sein Mitgefühl. Er verpackte seine Lehre in die *Vier Edlen Wahrheiten*: alles beseelte Leben ist Leiden *(dukkha)*; das Leiden wird durch unstillbare individuelle Bedürfnisse *(tanha)* hervorgerufen; es kann nur beendet werden, wenn die Individualität und die Bedürfnisse ausgelöscht werden *(nirvana);* dies wird am besten durch den Edlen Achtfachen Pfad, seinen »Mittelweg« *(magga)* zwischen Askese und Selbstversenkung erreicht. Jeder kann diesen Weg gehen, sei er Mann oder Frau, reich oder arm, hohen oder niederen Standes. Für die indische Kastengesellschaft im 5. Jahrhundert v.Chr. war dies ein äußerst demokratisch anmutender Weg zur Befreiung. Leben und Lehre Buddhas inspirieren immer noch Millionen von Menschen. Eine wichtige Figur im Buddhismus ist der Bodhisattva, eine Art Heiliger, der aus Mitleid auf der Schwelle zum Nirvana umkehrt, um der leidenden Menschheit zur Erleuchtung zu verhelfen. Angewandtes Mitleid ist eine Kardinaltugend im Buddhismus.

Es war aber keine von Schopenhauer. Wie Buddha erkannte er, dass unser Leiden aus dem irrtümlichen Glauben an die Existenz separater, individueller Selbste entspringt. Wie Buddha verwarf er den hinduistischen Glauben an eine endlose Wiedergeburt. Um vom Leiden erlöst zu werden, das durch die Bestrebungen des *individuellen Willens* (im Unterschied zum universellen Willen, dem *Ding an sich*) verursacht wird, sprach auch er sich für eine Überwindung des egoistischen Willens aus. Diese könnte erreicht werden durch Disziplin, Askese, Entsagung aller weltlichen Freuden, manchmal bis hin zum freiwilligen Hungertod, so dass das illusorische individuelle Ego oder der Wille ausgelöscht und die Vereinigung mit dem Noumenalen möglich wird. So weit, so nachvollziehbar, auch wenn Schopenhauer nicht im Einzelnen spezifiziert, wie dieses Ziel erreicht werden könnte. (Das Noumenale entspricht dem, was diverse andere abendländische Mystiker – aber natürlich nicht Schopenhauer – als »Gott« bezeichnen.)

Weit originärer und verlockender für Schopenhauer und viele seiner Leser war die Aussicht, durch die Kunst erlöst werden zu können. Er stellte fest, dass »das reine, von allem Willen befreite und entledigte Erkennen höchst erfreulich ist und schon als solches einen großen Anteil am ästhetischen Genusse hat«, denn der Wille ist der Ursprung all unserer Sorgen und Leiden:

> [D]ann ist die auf jenem ersten Wege des Wollens immer gesuchte, aber immer entfliehende Ruhe mit einem Male von selbst eingetreten, und uns ist völlig wohl. Es ist der schmerzenslose Zustand, den Epikuros als das höchste Gut und als den Zustand der Götter pries: denn wir sind, für jenen Augenblick, des schnöden Willensdranges entledigt, wir feiern den Sabbath der Zuchthausarbeit des Wollens, das Rad des Ixion steht still.

Solche Offenbarungen sind allerdings nicht jedermann zugänglich, »weshalb gerade die vortrefflichsten Werke jeder Kunst, die edelsten Erzeugnisse des Genius, der stumpfen Majorität der Menschen ewig verschlossene Bücher bleiben müssen und ihr unzugänglich sind, durch eine weite Kluft von ihr getrennt, gleich wie der Umgang der Fürsten dem Pöbel unzugänglich ist«, fuhr er in unerschrockenem Elitismus fort. Das tat er nicht etwa aus kleinlichem Snobismus, sondern für Schopenhauer rangierte das künstlerische Genie tatsächlich über allen anderen Dingen. »Im Einzelnen stets das Allgemeine zu sehn, ist gerade der Grundzug des Genies; während der

Normalmensch im Einzelnen auch nur das Einzelne als solches erkennt, da es nur als solches der Wirklichkeit angehört, welche allein für ihn Interesse, d.h. Beziehungen zu seinem *Willen* hat.«

Die Größe des Genies steht in direkter Beziehung zu dessen Leiden: »[D]er, in welchem der Genius lebt, leidet am meisten«, verkündete er. Das künstlerische Genie, das das Noumenale nur für einen kurzen Moment wahrnimmt, bevor es ins Fegefeuer der Existenz zurückkehren muss, erschafft Kunstwerke, die es anderen ermöglichen, gelegentlich die Tröstungen ästhetischer Klarheit zu erfahren. In dieser Funktion ähnelt der wahre Künstler dem Bodhisattva, der umkehrt, um der Menschheit zu helfen.

Schopenhauer war ein ungewöhnlich kultivierter Mann, er liebte alle Künste vom Drama bis zur Malerei; die Architektur hielt er allerdings für eine deutlich minderwertigere Gattung, weil sie teils utilitaristisch sei. Manchmal sorgte er sich auch darüber, dass die Darstellung von Schalen mit saftigem Obst in holländischen Stillleben die Sinne so sehr anspreche, dass der Wille erweckt und die notwendige innere Distanziertheit aufgehoben werden könnte. Eigenartigerweise machte er sich über die obsessive Beschäftigung mit weiblichen Akten und die oftmals nur allzu deutlichen erotischen Implikationen in der abendländischen Kunst weit weniger Sorgen.

Die Musik ist für ihn nicht nur die höchste aller Kunstformen, sie ist tatsächlich auf einer anderen Ebene wirksam. In der Musik – »einer im höchsten Grad allgemeinen Sprache, die man überall versteht« – manifestiere sich der Universalwille ganz direkt. Andere Kunstgattungen ahmten die Welt der Ideen nach und blieben nur Vermittler zwischen der noumenalen und der phenomenalen Sphäre. (Schopenhauer wiederholt hier platonische Ideen, allerdings auf höchst unorthodoxe Weise.)

> [S]o ist die Musik, da sie die Ideen übergeht, auch von der erscheinenden Welt ganz unabhängig, ignorirt sie schlechthin, könnte gewissermaßen, auch wenn die Welt gar nicht wäre, doch bestehn: was von den andern Künsten sich nicht sagen läßt. ... Die Musik ist also keineswegs, gleich den andern Künsten, das Abbild der Ideen, sondern *Abbild des Willens selbst.*

Tatsächlich sah Schopenhauer die fast sakramentale Rolle voraus, die Musik für viele sensible westliche Intellektuelle in den kommenden 150 Jahren spielen sollte.

Erlösung durch Kunst kann jedoch nicht zwangsläufig Erleuchtung oder Befreiung garantieren, wie Schopenhauers eigenes, tristes Leben beweist. Wenn auch die Leben vieler Philosophen nicht gerade frei von Sorgen waren, ist es doch überraschend festzustellen, dass der Autor solch hellsichtiger, aufrichtiger Bücher ein selbstsüchtiger, schlecht gelaunter Flegel war, dessen Verhalten gegenüber anderen Menschen, nicht nur Frauen, niemandem und schon gar nicht einem Philosophen zur Ehre gereicht hätte. Dies lässt sich auch nicht auf irgendeine Form von Unglück oder Krankheit zurückführen. Reich, gesund, mit guten Beziehungen, nicht unattraktiv in jüngeren Jahren, ein brillanter Gesprächspartner, wenn er wollte, wählte Schopenhauer bewusst das einsame Leben, das er führte – ohne Familie und die meiste Zeit auch ohne Gefährtin. Besonders schlecht kam er mit seiner Mutter aus, die er in den letzten zwanzig Jahren ihres Lebens nicht mehr traf, und er hatte nur wenige Freunde, besonders später, als er immer mehr zum Sklaven seiner eigenen strikten Zeiteinteilung wurde.

Denn in den letzten siebenundzwanzig Jahren seines Lebens gehorchte dieser Mann, der so ein unerschrockener geistiger Pionier war, einer selbst auferlegten Routine, die in ihrer Rigidität einem Gefängnisalltag gleichkam. Jeden Tag stand er um sieben Uhr auf, badete, frühstückte nicht, arbeitete bis Mittag an seinem (lange missachteten) Werk, spielte auf der Flöte – virtuos, aber nur zu seinem eigenen Amüsement – und nahm ein opulentes, aber solitäres Mittagessen im Englischen Hof in Frankfurt ein, während dessen er gelegentlich ein Gespräch mit besonders gebildeten ausländischen Gästen oder Offizieren anzettelte. Dann ging er in die Bibliothek, um die Zeitungen zu lesen, bevorzugt die Londoner *Times*, und führte anschließend das jeweils aktuelle Exemplar einer langen Reihe von Pudeln aus – die alle Atman (im Sanskrit »Weltseele«) hießen –, ganz alleine und in Selbstgespräche vertieft. Später besuchte er vielleicht eine Aufführung oder ein Konzert, wiederum meistens ohne Begleitung, bevor er nach Hause zurückkehrte und, als wäre ihm all das schon genug an Gesellschaft für einen Tag gewesen, alle unangemeldeten Besucher abwies, bevor er sich um zehn Uhr zur Ruhe begab. Diese beständige Lebensweise ähnelt oberflächlich besehen der seines Idols Kant, dessen tägliche Spaziergänge durch Königsberg von einer so zuverlässigen Pünktlichkeit waren, dass die Einwohner ihre Uhren nach ihm stellten. Aber Kant war ein fröhlicher, geselliger Mensch, dessen Gewohnheiten es ihm erlaubten, sein Denken im Zuge seines langen Lebens zu entwickeln und reifen zu lassen. Die Unflexibilität Schopenhauers jedoch war das Produkt zahlreicher Neurosen und die äußere, sichtbare Entsprechung eines starren Pessimismus, der sein Leben und sein Werk überschattete.

Die Wurzeln von Schopenhauers Misanthropie und Pessimismus finden sich in den Traumata seiner Kindheit und Jugend, nicht in seiner kantianisch-buddhistischen Philosophie, deren Schlussfolgerungen seine pessimistische Haltung lediglich bestätigten. Dieser Pessimismus mag angeboren und teilweise ererbt gewesen sein. Im Gegensatz zu vielen anderen deutschen Philosophen war Schopenhauers Vater Heinrich Floris Schopenhauer kein verarmter, hochgesinnter Geistlicher, sondern ein wohlhabender, weltläufiger, kultivierter, äußerst missmutiger Kaufmann aus Danzig – heute Gdansk in Polen, damals eine freie deutsche Hansestadt, die von Patriziern wie seinem Vater regiert wurde. Danzig wurde jedoch bedroht von der wachsenden Macht des aggressiven militaristischen Preußen. Heinrich Schopenhauers Bewunderung aber galt der wirtschaftlichen und politischen Liberalität Großbritanniens. Ende 1787 brachte Heinrich seine junge schwangere Frau Johanna nach England. Wahrscheinlich plante er, sich dort niederzulassen, vielleicht wollte er auch nur seinem ungeborenen Sohn die englische Staatsangehörigkeit verschaffen. Aber aus unbekannten Gründen änderte er seine Meinung, und das Ehepaar kehrte übereilt und auf unbefestigten Straßen während eines kalten nordischen Winters nach Danzig zurück, wo Arthur am 22. Februar 1788 geboren wurde.

Arthur war mit einer Mutter geschlagen, die all ihren Kindern mit starker Abneigung begegnete. (Eine Schwester mit Namen Adele, die neun Jahre nach Arthur geboren wurde, führte ein beklagenswertes Leben.) Das war zu jener Zeit nicht unüblich, denn Johanna, wie viele Frauen ihres Standes, hatte nicht aus Liebe geheiratet, sondern um dem Willen ihrer Familie zu entsprechen – Heinrich war neunzehn Jahre älter als sie. Jedenfalls hatte sie gute Gründe, unleidlich zu sein, denn sie wurde ganz alleine auf dem isolierten Landgut der Schopenhauers ausgesetzt, wo Heinrich sie nur am Wochenende besuchte. Johanna, die von Natur aus lebhaft und gesellig war, wurde immer deprimierter und langweilte sich, besonders mit ihrem Baby. »Wie alle jungen Mütter spielte auch ich mit meiner neuen Puppe«, bemerkte sie später sardonisch, aber ihr Sohn bereitete ihr in keinem Alter Freude. Auch wenn er von seinen Eltern nie misshandelt wurde, mag dieser Mangel an spontaner mütterlicher Zuwendung Schopenhauers spätere Unfähigkeit erklären, emotionale Wärme in zwischenmenschlichen Beziehungen zu genießen. Spätere Ablehnung oder Brüskierung persönlicher oder beruflicher Art, seitens seiner Mutter oder deutscher Hochschulprofessoren, kann diese Verletzung aus der Kindheit verschlimmert haben.

Als Danzig 1793 von Preußen annektiert wurde, zogen die Schopenhauers in die größere Hansestadt Hamburg, wo Heinrichs Geschäfte noch mehr prosperierten, und kauften ein großes Haus. Der zukünftige Einsiedler-Philosoph wuchs in einem der prächtigsten Häuser in einer der reichsten Städte Europas auf – es gab sogar einen Ballsaal, in dem die Mutter Feste für die städtische High Society ausrichtete (Schriftsteller und Künstler inbegriffen, denn Johanna hatte selbst literarische Ambitionen). Inzwischen besuchte ihr Sohn die Schule, zusammen mit den Söhnen anderer reicher Kaufleute, wo sie hauptsächlich lernten, wie sie selbst reiche, weltläufige Kaufleute würden. Schopenhauer war zunächst nicht unzufrieden, bis er merkte, dass er mehr von der Schule erwartete und Latein und Griechisch lernen wollte – die Knaben hatten nur einige symbolische Lateinstunden –, Kenntnisse, die als Vorbereitung für die Universität unerlässlich, für das Handelskontor gänzlich irrelevant waren. Sein Vater hatte jedoch bereits beschlossen, dass Arthur das Familienunternehmen übernehmen sollte, aber zunächst wollte er die kurze Friedensphase während der Napoleonischen Kriege nutzen, um im Jahr 1803 auf Reisen zu gehen.

Unnachsichtig und mit Kalkül stellte er Arthur vor die Wahl: entweder seine Eltern auf ihrer zweijährigen Reise durch Frankreich und England zu begleiten, um sich dann ins Geschäft einführen zu lassen, oder aber alleine zurückzubleiben, um sich in Ruhe auf die Universität vorzubereiten. Zwangsläufig entschied sich der fünfzehnjährige Schopenhauer für Ersteres, obwohl er sich schuldig fühlte, der Gelehrsamkeit zugunsten der glamourösen großen Welt abzuschwören. Aber er genoss es doch, London zu sehen (die Wochen in einer englischen Boarding School weniger) und südfranzösische Berge zu erklimmen, die ihn in ihrer Pracht ungemein begeisterten. Der Anblick von 6000 Galeerensklaven in Toulon erschütterte ihn zutiefst. »In meinem 17ten Jahre … wurde ich vom *Jammer des Lebens* so ergriffen, wie Buddha in seiner Jugend, als er Krankheit, Alter, Schmerz und Tod erblickte … und mein Resultat war, daß diese Welt kein Werk eines allgütigen Wesens seyn könnte, wohl aber das eines Teufels, der Geschöpfe ins Daseyn gerufen, um am Anblick ihrer Qual sich zu weiden.« Die Schattenseiten des Lebens bedrückten schon den Heranwachsenden.

Schließlich kehrte die Familie nach Norddeutschland zurück, wo ein eintöniger Alltag auf den jungen Schopenhauer wartete, der nun in einem Kontor in die Lehre gehen sollte. Der plötzliche Tod des Vaters im Jahr 1805 – wahrscheinlich ein Freitod, er fiel oder sprang aus dem Fenster eines Speicherhauses – machte diesen Plan hinfällig. Heinrich Schopenhauer hatte schon seit einiger Zeit Anzeichen von physischer und mentaler Zerrüttung gezeigt, so dass sein Tod nicht allzu überraschend gewesen sein dürfte. Schopenhauer, der nun begann, das Andenken seines Vaters mehr als den Lebenden zu schätzen, hat nie eingestanden, dass Heinrich Selbstmord verübte. Bezeichnenderweise glaubte er, dass wir den Charakter vom

Vater, die Intelligenz von der Mutter erben – auf den ersten Blick ein bizarrer und von der Genforschung nicht bestätigter Gedanke, besonders wenn man bedenkt, wie unähnlich sein eigener Intellekt dem seiner Mutter war. Aber er verachtete den Charakter seiner Mutter und spielte ihr erst spät erblühendes literarisches Talent herunter, während er seinen Vater zu einem Muster an klugem Edelmut machte, vernachlässigt von einem frivolen Weib. (Schopenhauer hat die Selbsttötung immer abgelehnt, die seiner Ansicht nach eine falsche Hoffnung suggeriere, dem Leben entfliehen zu können, wenngleich sich seine übliche Unkonventionalität darin zeigte, dass er gegen das gesetzliche Suizidverbot anwetterte.)

Johanna, endlich erlöst von ihrem viel älteren Gatten, war nunmehr entschlossen, das Leben zu führen, das ihr gefiel. Sie verkaufte das Familiengeschäft und das Haus und zog 1806 mit Adele nach Weimar, ein kleines, unabhängiges Herzogtum, dessen Attraktivität deutlich durch den Geheimrat Johann Wolfgang von Goethe gesteigert wurde. Goethe war unbestritten der größte deutsche Dichter, Dramatiker, Literat und Gelehrte. Er brillierte nahezu in allem – nur nicht in der Philosophie. Johanna wurde bald zu einer der besten Freundinnen des großen Mannes – aber nicht seine Geliebte – und zur elegantesten Gastgeberin in ganz Weimar. Die Gebrüder Grimm, Verfasser der *Kinder- und Hausmärchen* sowie der *Deutschen Sagen*, befanden sich unter ihren distinguierten Gästen. Was auch immer man ihr vorwerfen kann – sie scheint ein Snob und auf eine etwas affektierte Art ›künstlerisch‹ gewesen zu sein –, langweilig war sie jedenfalls nicht. Sie entwickelte sich zu einer erfolgreichen Autorin von Gedichten und Romanen, und eines ihrer Gedichte wurde sogar von Franz Schubert vertont. So viel Erfolg nahm Arthur, der lange ohne Anerkennung leben musste, ihr bitter übel.

Merkwürdigerweise versuchte Schopenhauer zunächst, den Wünschen seines verstorbenen Vaters zu entsprechen, obwohl es kein Familiengeschäft mehr gab, und arbeitete weiterhin in einem Hamburger Kontor – ein Entschluss, der seine Depression nur verstärkte. Ein Gedicht aus dieser Zeit zeugt sowohl von seiner Schwermut als auch von seinen begrenzten dichterischen Fähigkeiten.

Mitten in einer stürmischen Nacht,
Bin ich mit großen Aengsten erwacht,
Hört' es sausen und hört' es stürmen
Durch Höfe, Hallen und an den Thürmen …
Aber kein Schimmer, kein schwächster Strahl
Konnte die tiefe Nacht durchreichen …
Da that gar große Angst mich fassen,
Fühlt' mich so bang, so allein und verlassen

Seine Verse, zu offensichtlich geprägt vom romantischen Pessimismus seiner Zeit, sind wie alle pubertären Entäußerungen nicht ganz ernst zu nehmen. Seine Mutter bestand nicht etwa darauf, dass er die gehasste Karriere weiterverfolgte, sondern nötigte ihn sogar, sie aufzugeben. Im März 1807 schrieb sie ihm: »Ich [weiß] nur zu gut, wie wenig dir vom frohen Sinn der Jugend ward, wie viel Anlage zu schwermüthigen Grübeleien du von deinem Vater zum traurigen Erbtheil bekamst.« Derart von Johanna ermutigt, ohne die er vielleicht weiter in Hamburg Trübsal geblasen hätte, gab Schopenhauer seine kaufmännische Lehre im Mai 1807 auf und ging stattdessen auf ein Gymnasium in Gotha, nicht weit von Weimar entfernt, um sich auf die Universität vorzubereiten. Johanna wollte zwar nicht, dass ihr Sohn in die Fußstapfen des Vaters trat, aber dass er bei ihr wohnen sollte, war ebenfalls unvorstellbar.

Das hätte ihr gerade noch gefehlt: ein linkischer Teenager im Haus, der vor sich hin brütete, während sie dabei war, einen Salon für die *beau monde* von Weimar zu etablieren. Sogar Goethe verstummte zunächst, als er dem neurotischen Nachwuchs seiner Gastgeberin zum ersten Mal begegnete.

Schopenhauer, der im Alter von neunzehn zum ersten Mal Gebrauch von seinen außergewöhnlichen intellektuellen Fähigkeiten machte, beeindruckte seine Lehrer derartig, dass er bald als ein heranreifendes Genie galt. Als er zur Fortsetzung seiner Studien nach Weimar kam, wurde ihm nicht etwa eine Unterkunft im Hause seiner Mutter angeboten; er musste zur Miete wohnen, was eine erneute Zurückweisung war, die auch mit zwanzig noch schmerzte. 1809 immatrikulierte er sich an der Universität von Göttingen, zunächst für Medizin, dann für Philosophie. Er verschlang die Werke von Platon und Kant und erwärmte sich für Philosophie. In dieser Zeit schrieb er an Christoph Wieland, einen Freund der Familie, der ihm dringend davon abgeraten hatte, ein so nutzloses Fach zu wählen: »Das Leben ist eine mißliche Sache; ich habe mir vorgesetzt, es damit hinzubringen, über dasselbe nachzudenken.« Diese Haltung sollte er sein Leben lang beibehalten. Inzwischen las er ungeheuer viel und in allen Sprachen, die er sich bereits angeeignet hatte – Latein, Griechisch, Französisch, Englisch, Spanisch, Italienisch und natürlich Deutsch. Wenn er nicht studierte, spielte er Flöte, besuchte Aufführungen und Konzerte und tauschte sich mit seinen Kommilitonen aus, die er mit seiner Eloquenz beeindruckte. Obwohl er mittlerweile volljährig war, versuchte seine Mutter immer noch, sein Einkommen aus dem väterlichen Erbe zu kontrollieren, was zwischen ihnen zu einem weiteren Streitpunkt wurde. Sie zweifelte auch an der Entscheidung ihres Sohnes, Philosoph zu werden, eine notorisch unterbezahlte Profession, besonders da sie erwartete, dass er sich verheiraten würde. Aber Schopenhauer blieb bei seinem Entschluss.

»Epikur ist der Kant der praktischen Philosophie, wie Kant der Epikur der spekulativen«, schrieb er mit altkluger Einsicht 1810 als Randbemerkung in eines seiner Bücher. Epikur, der keine Ordnung im Universum erkannte, die uns zu einem guten Leben führen kann, glaubte, dass der Mensch in einer vom Zufall bestimmten Welt selbst sein individuelles Lebensglück definieren muss; Kant, der bereits 1804 gestorben, aber immer noch der überragende Geist der deutschen Philosophie war, sah das Streben des Menschen nach Erkenntnis als unabdingbar aber dennoch zum Scheitern verurteilt an. Indem er der »produktiven Einbildungskraft« des Menschen eine zentrale Rolle zuwies, festigte er seine Bedeutung für die europäische Philosophie.

Doch an der neu gegründeten Universität von Berlin, der preußischen Hauptstadt, wuchs eine andere Generation von Philosophen heran, mit aufregenderen und umstritteneren Ideen, allen voran Johann Fichte und Georg Friedrich Hegel. Schopenhauer schrieb sich 1811 dort ein, »in der Erwartung, einen echten Philosophen und großen Geist in Fichte kennen zu lernen.« Er wurde in beiderlei Hinsicht tief enttäuscht. »Hinter welchen Floskeln doch so ein Windbeutel seine Ratlosigkeit versteckt!«, rief er aus und drückte damit einen Unmut über die mangelnde Klarheit in Fichtes Philosophie aus, den viele seither geteilt haben. Und Hegel war noch schlimmer: »ein platter, geistloser, ekelhaft-widerlicher, unwissender Scharlatan … [Er] hat den intellektuellen Verderb einer ganzen gelehrten Generation zur Folge gehabt.« Aber Hegel dominierte das Denken im Deutschland des frühen 19. Jahrhunderts.

Schopenhauer hörte nicht auf, diese beiden Denker zeit seines Lebens zu attackieren. Er verdammte ihre absichtsvolle Unklarheit, ihre Speichelleckerei gegenüber den Autoritäten und ihren Mangel an intellektueller Aufrichtigkeit. Für ihn waren sie keine echten Philosophen, denn »der echte Ernst, der allen äußeren Einflüssen unzugänglich, sein Ziel, die Wahrheit, unverwandt im Auge behält, fehlt [ihnen] gänzlich.« Eine solche Sprache hob sich auf alarmierende Weise vom üblichen akademischen Diskurs ab und schadete Schopenhauers Reputation weit mehr, als es seine Thesen taten. Noch im Jahre 1840 entschied sich die Königlich Dänische Societät der Wissenschaften (damals eng verbunden mit den deutschen kulturellen Entwicklungen) gegen eine Ehrung Schopenhauers, weil er einst diese beiden herausragenden Denker derart geschmäht hatte.

Für Deutschland begannen politisch turbulente Zeiten. Im Jahr 1812 führte Napoleon seine Grande Armée von 600 000 Männern geradewegs durch Preußen, um Russland anzugreifen. Als seine vernichtende Niederlage im russischen Winter jenes Jahres bekannt wurde, begann in Deutschland, das lange Zeit geduldig unter französischer Herrschaft ausgeharrt hatte, nationalistische Begeisterung zu gären. Viele junge und weniger junge Deutsche, unter ihnen der wohlbeleibte Fichte, versammelten sich in patriotischer Euphorie unter der deutschen Fahne. Aber nicht Schopenhauer, denn er war »aufs tiefste von der Ueberzeugung durchdrungen, daß ich nicht dazu geboren sei, der Menschheit mit der Faust zu dienen, sondern mit dem Kopfe, und daß mein Vaterland größer als Deutschland sei«, schrieb er in bewundernswerter Unabhängigkeit und machte sich im Mai 1813 nach Weimar davon. Er hatte Wichtigeres im Kopf als nationale Befreiungskriege: »Unter meinen Händen und vielmehr in meinem Geiste erwächst ein Werk, eine Philosophie, die Ethik und Metaphysik in *Einem* seyn soll.«

Wie vorauszusehen war, stritt Schopenhauer in Weimar mit seiner Mutter und zog darauf in einen Gasthof auf dem Land, wo er fern von den Kriegshandlungen *Über die vierfache Wurzel des Satzes vom zureichenden Grunde* schrieb. Mit diesem Werk promovierte er an der Universität von Jena, und im November präsentierte er seiner Mutter die gebundene Ausgabe. Sie bemerkte, dass solch ein seltsamer Titel wohl ein Buch für Apotheker bezeichnen müsse. Er entgegnete, dass seine Werke immer noch im Handel sein würden, wenn ihre Trivialitäten längst vergessen wären. Sie antwortete zuckersüß, dass sie das ganz bestimmt sein würden, und zwar die gesamte Auflage. Während diese literarischen Zankereien andauerten, begann Schopenhauer eine kurze, für ihn aber entscheidende Freundschaft mit Goethe.

Goethe blieb ebenfalls ungerührt vom patriotischen Taumel der Deutschen. Er bewunderte Napoleon sogar nach dessen Niederlage und trug weiterhin den Orden der französischen Ehrenlegion, den der Kaiser ihm verliehen hatte. Goethe, der von den üblichen Schmeichlern umgeben war, fand bald heraus, dass der junge Doktor ein außergewöhnlich fähiger und unabhängiger Kopf war. Er hoffte insbesondere, dass Schopenhauer seine unorthodoxen Ansichten über die subjektive Wahrnehmung der Farben unterstützen würde, denn der große Universalgelehrte fühlte sich gekränkt durch die sträfliche Missachtung seiner *Farbenlehre*, die die damals allgemein anerkannte Theorie des Lichts von Isaac Newton widerlegte. Schopenhauer hatte dafür Verständnis, vor allem weil seine eigenen Ansichten über die Subjektivität der Wahrnehmung vage Ähnlichkeit mit Goethes hatten. Während des Winters 1813–14 unterhielten sich die beiden Männer oft über dieses und andere Themen, die nichts mit dem üblichen Salongeplauder gemein hatten. Als Schopenhauer dann im Mai

Weimar verließ, schrieb Goethe ihm ein scharfsinniges Abschiedscouplet: »Willst Du Dich Deines Wertes freuen, so musst der Welt Du Wert verleihen.« Sie schrieben sich noch achtzehn Monate lang regelmäßig, aber ihre Freundschaft kühlte ab, als Schopenhauer klar wurde, dass Goethe ihn nur als Mitstreiter für seine Farbenlehre ansah, während er eigene und zunehmend abweichende Ideen entwickelte, die er in seiner Abhandlung *Über das Sehn und die Farben* (1816) darlegte. Goethe sagte später über Schopenhauer, er sei »ein gewöhnlich verkannter, aber auch schwer zu kennender, verdienstvoller junger Mann« – eine sehr viel freundlichere Beurteilung als die der meisten anderen. Dies war die eine Freundschaft unter gleich gesinnten Intellektuellen, die es in Schopenhauers Leben gab. Von nun an würde er ganz alleine denken und schreiben.

Im Mai 1814 zerstritt sich Schopenhauer wieder mit seiner Mutter, diesmal sollte es endgültig sein. Johanna, die ihn nicht einmal als zahlenden Gast in ihrem Hause haben wollte, bestand darauf, dass er auszog, damit sie ihr eigenes Leben führen könne, das – wie ihr Sohn argwöhnisch vermutete – nun einen Liebhaber beinhaltete. Sie stritten auch über Finanzielles, und Schopenhauer zog schließlich nach Dresden. Nachdem er so fast jede Verbindung zu seiner Familie abgebrochen hatte, wurde er zu einem ausgesprochenen Eremiten, allerdings zu einem, der Konzert- und Theaterbesuche schätzte. Um diese Zeit, als er Mitte zwanzig war, begann das Muster seines Lebens sich zu verfestigen. Er wurde zu einem fast freundlosen und exzentrischen Intellektuellen, von manchen bewundert, von vielen gefürchtet wegen seines sprühenden, aber beißenden Witzes, und von niemandem geliebt.

Schopenhauer arbeitete jetzt an seinem Meisterwerk, *Die Welt als Wille und Vorstellung*, nachdem er durch die Lektüre des *Oupnekhat* in seinen Thesen bestärkt worden war. Er sah in dem indischen Begriff *Maja*, dem »Schleier des Truges«, die Entsprechung zu seiner *Vorstellung*, während der *Wille* dem *Brahma* entsprach, »das woraus alle Lebewesen geschaffen sind, das wodurch sie, einmal geboren, leben, das wohin sie streben.« Was ihn besonders anzog am Buddhismus und Hinduismus war das Fehlen eines göttlichen Schöpfers. Aber seine Auffassung blieb immer kantianisch in ihrer ganz abendländischen Herangehensweise und Ausdrucksform.

Schopenhauer hielt nichts von falscher Bescheidenheit hinsichtlich seines Werkes. »Mein Werk also ist ein neues philosophisches System ... eine im höchsten Grad zusammenhängende Gedankenreihe, die bisher noch nie in irgendeines Menschen Kopf gekommen«, schrieb er seinem Verleger Eberhard Brockhaus, der, kurios genug, auch Johannas Bücher herausgab. Im Dezember 1818 wurde sein Hauptwerk schließlich veröffentlicht. In der Überzeugung – wie später auch Wittgenstein –, dass er alle großen philosophischen Fragen gelöst habe, war er bereits auf eine wohlverdiente Grand Tour nach Italien abgereist. Italien brachte ihm eher Entspannung statt Anregung, aber seine Stimmung hellte sich wie die der meisten Nordländer in den südlichen Gefilden auf. Bei seiner Rückkehr 1819 machte er sich auf Ruhm und Anerkennung, zumindest aber auf seriöse Kritik gefasst, aber all das blieb aus. Als er nachfragte, wie viele Exemplare seines Buches verkauft worden seien, hieß die Antwort: keines. Dieser komplette Mangel an Anerkennung, der beinahe zeit seines Lebens anhielt, erstaunte ihn zunächst und erbitterte ihn dann.

Hauptsächlich, weil er seine Ideen verbreiten wollte, nahm er eine Professur in Berlin an; die Stadt hatte er sich ausgesucht, weil hier Hegel, sein Antipode, als das Wunderkind der deutschen Philosophie Erfolge gefeiert hatte mit der Feststellung, dass Gott oder die Geschichtsmacht sich in Preußens Aufstieg manifestiert habe. Schopenhauers Entschlossenheit, solche (für ihn) völlig abwegigen Thesen zu entkräften, mündete in einer katastrophalen Niederlage, die hauptsächlich darauf zurückzuführen war, dass er seine Vorlesungen zu exakt denselben Zeiten wie Hegel hielt. (Die kontroverse Beschaffenheit seines »indischen Atheismus« mag außerdem auf die Studenten in der als reaktionär verschrienen Stadt bedenklich gewirkt haben. Selbst Hegel, der so begeistert über Preußens Aufstieg war, dass spaßeshalber behauptet wurde, er halte seine Vorlesungen in Uniform, bekam Probleme wegen seiner Ablehnung des Christentums.) So war es nicht überraschend, dass Schopenhauers Vorlesungen fast immer leer blieben. Sein verbissener Stolz hinderte ihn daran, seine Anfangszeiten zu ändern, und ruinierte seine Chancen, eine Stelle in Heidelberg oder Würzburg zu bekommen, wo er sich 1827 bewarb. Der bayrische Gesandte in Berlin schrieb auf Anfragen der Universitäten nach Referenzen trocken zurück, Schopenhauer habe »hier keinen Ruf irgendeiner Art weder als Schriftsteller noch als Lehrer.«

In Berlin verliebte sich Schopenhauer 1821 in eine junge Schauspielerin und Sängerin, Caroline Richter, damals neunzehn Jahre alt. Sie wurden ein Paar, aber Caroline hatte noch andere Liebhaber. Als sie 1822 ein Kind gebar und ihm klar wurde, dass er nicht der Vater war, überfiel ihn die Eifersucht. Schmerzen in der Brust, wahrscheinlich von einer Tuberkulose, zwangen Caroline, ihr Engagement im Nationaltheater aufzugeben, und hätten beinahe auch Schopenhauer vertrieben; er hatte in Italien schon einmal eine Frau verlassen, von der er annahm, sie habe Tuberkulose. Aber Caroline bedeutete ihm wohl mehr als andere Frauen, und eine Zeit lang spielte er sogar mit dem Gedanken, sie zu heiraten, auch wenn sie ihm in keiner Weise intellektuell oder gesellschaftlich ebenbürtig war. Am Ende verhielt er sich Caroline gegenüber aber überhaupt nicht galant. Als er 1831 während der Cholera-Epidemie, die Hegel hinwegraffte, in Panik Berlin verlassen wollte, sollte sie ihn zwar begleiten, aber ihr Kind zurücklassen. Als sie dies ablehnen musste, ging er allein nach Frankfurt und sah sie nie wieder, obwohl er sie in seinem Testament bedachte.

Schopenhauer war schon der Vater einer illegitimen Tochter, die 1818 in Dresden geboren wurde. Um dieses Kind unterzubringen, bevor er zu seiner ersten Italienreise aufbrach, hatte er sich an seine Schwester Adele gewandt, die er vorher nie beachtet hatte, und sie um Hilfe gebeten. Von seinem Vorschlag schockiert – sie war noch ein Mädchen von neunzehn –, lehnte sie es ab, mehr zu tun, als der Mutter Geld zu schicken. Da das Kind bald darauf starb, war Schopenhauer diese Sorge los. Obwohl Schopenhauer jegliche väterlichen Gefühle zu fehlen schienen, war er doch genauso sehr an Sex interessiert wie jeder durchschnittliche Mann. Aber wie er zu seinem eigenen Widerwillen erkannte, hatte er eine äußerst kaltblütige und unattraktive Ausstrahlung. »Den Weibern«, gab er später zu, »war ich sehr gewogen – hätten sie mich nur haben wollen.« Das berühmte Porträt von Ludwig Ruhl zeigt ihn als Zwanzigjährigen mit einer hohen weißen Stirn über roten sinnlichen Lippen. Der Eindruck ist bemerkenswert, sogar gut aussehend, aber der Mann selbst konnte nicht viele Frauen bezaubern. In Weimar hatte er 1813 eine stürmische, aber vergebliche Leidenschaft für Karoline Jägermann entwickelt, die schöne Geliebte des Herzogs von Weimar, die ihn natürlich ignorierte. Eine solche Zurückweisung, die so häufig vorkommt, dass die meisten Menschen wohl kein Wort darüber verlieren würden, wurde in Schopenhauers düsterer Einsamkeit zu einer schwärenden Wunde.

Aber in seiner bewundernswürdigen Klarsichtigkeit war Schopenhauer der erste Philosoph seit Platon, der die grundlegende Bedeutung von Sex für den Menschen akzeptierte. Er sah ihn allerdings nicht als Sprungbrett, um die ideale Schönheit zu entdecken, sondern vielmehr als konkreten Ausdruck des schändlichen Individualwillens:

> Die Begierde des Geschlechts ... ist so sehr die Hauptsache, daß für die Entbehrung ihrer Befriedigung keine andern Genüsse entschädigen: auch übernimmt Thier und Mensch ihretwegen jede Gefahr, jeden Kampf. ... Ja, man kann sagen, der Mensch sei konkreter Geschlechtstrieb; da seine Entstehung ein Kopulationsakt und der Wunsch seiner Wünsche ein Kopulationsakt ist, und dieser Trieb allein seine ganze Erscheinung perpetuirt und zusammenhält.

Er nahm im Weiteren Freuds Entdeckung von der gesellschaftlichen Überpräsenz des Sex vorweg, indem er hinzufügte: »[Der Akt] ist ... das öffentliche Geheimniß, welches nie und nirgends deutlich erwähnt werden darf, aber immer und überall sich, als die Hauptsache, von selbst versteht und daher den Gedanken Aller stets gegenwärtig ist, weshalb auch die leiseste Anspielung darauf augenblicklich verstanden wird.« Dennoch war seine Einstellung zu Sex grundsätzlich negativ. »Den Anfechtungen deiner Sinnlichkeit siehe lachend so zu wie der Ausführung eines gegen dich verabredeten, dir aber gesteckten Schelmstreichs.«

Konfrontiert mit dem anderen ewigen Thema der Menschheit, Geld, zeigte er weder Großmut noch Gleichgültigkeit. 1819 ging die Danziger Bank bankrott, bei der Johanna und Adele ihr gesamtes Vermögen deponiert hatten, Schopenhauer aber nur ein Drittel von seinem. Als die Nachricht ihn in Italien erreichte, war er gezwungen, den Kontakt mit seiner Mutter wieder aufzunehmen. Die Schopenhauers sollten eine Auszahlung von dreißig Prozent ihres Vermögens erhalten. Nachdem Arthur zunächst angeboten hatte, das, »was ihm geblieben« war, mit Johanna und Adele zu teilen, verlangte er auf einmal siebzig Prozent, obwohl er damit Gefahr lief, die ganze Abmachung über den Haufen zu werfen und seine Mutter und Schwester buchstäblich ohne einen Pfennig stehen zu lassen. Der Rechtsstreit, der ihm schließlich sein gesamtes Vermögen zurückbrachte, dauerte zwei Jahre; Johanna und Adele erhielten nur etwa ein Viertel ihres Geldes zurück. Diese Halsstarrigkeit zerstörte letztlich seine Beziehung zu Adele, die es leid geworden war, in der Fehde zwischen Mutter und Sohn aufgerieben zu werden.

Noch kleinlicher erwies er sich in einem lang andauernden Streit mit der Näherin Caroline Marguet, der im August 1821 in Berlin seinen Anfang nahm. Schopenhauer beschwerte sich, dass sie und ihre Freunde vor seiner Tür zu viel Lärm gemacht hätten – wahrscheinlich wartete er gerade auf seine Geliebte Caroline Richter und war deshalb auf Ungestörtheit erpicht. (Dazu kommt, dass er wie viele musikalische Menschen immer sehr lärmempfindlich war.) In der darauf folgenden Auseinandersetzung, so behauptete die Näherin, damals siebenundvierzig Jahre alt, habe sie der dreiunddreißigjährige Schopenhauer die Treppe heruntergeworfen, wodurch sie sich so schwer verletzte, dass sie ihren Beruf nicht länger ausüben konnte. Schopenhauer stritt alles ab. Der Rechtsstreit dauerte fünf Jahre, und es gab eine Phase, während der alle Besitztümer Schopenhauers in Berlin vom Gericht beschlagnahmt wurden. Schopenhauer wurde schließlich für schuldig befunden und dazu verpflichtet, Marguet bis zu ihrem Lebensende sechzig Taler jährlich zu zahlen – für ihn eine kleine Summe, aber nicht für sie. Als er 1852 von ihrem Tod erfuhr, notierte er schlicht: »Obit anus, abit onus.«

Verspätet begann nun Schopenhauers Ruhm zu wachsen, teilweise begünstigt durch die allgemeine Desillusionierung, die das Scheitern der Revolution von 1848 verursacht hatte und die den Philosophen der Angst und der Verzweiflung als einen weitaus klarsichtigeren und verständnisvolleren Ratgeber erscheinen ließ als Hegel. 1853 pries eine wohlwollende Rezension von *Parerga und Paralipomena* – sein letztes und kürzestes Werk, das an ein größeres Publikum gerichtet war –, die in der *Westminster Review* erschien (Herausgeberin war George Eliot), Schopenhauer als ein Genie. Die enthusiastische Kritik wurde in der *Vossischen Zeitung* nachgedruckt und gab seiner immer noch unerheblichen Reputation in Deutschland deutlichen Auftrieb. 1854 las Wagner Schopenhauer und kam schnell zu der Überzeugung, hier einen Führer, wenn nicht gar einen Guru gefunden zu haben. In Schopenhauers Verneinung des Willens sah der Komponist eine Offenbarung seiner eigenen unfertigen Ideen und Ziele. Wagner schickte dem Philosophen sein Libretto zum *Ring des Nibelungen*. (Das Geschenk wurde bezeichnenderweise wenig wohlwollend aufgenommen; Schopenhauer bewunderte Mozart, Beethoven und Rossini und nicht etwa die romantische deutsche Oper. Ohne Wagners elektrisierende Präsenz und ohne seine Musik muss das Libretto auch sehr langweilig zu lesen gewesen sein.) Dennoch, Wagners *Tristan und Isolde*, dieses erotische Meisterwerk, in dem unstillbare Sehnsüchte die beiden Liebenden unabwendbar in ihren Liebestod treiben, kann tatsächlich als musikalische Umsetzung vieler Aspekte der Schopenhauer'schen Philosophie verstanden werden. Wagner komponierte die Oper, bald nachdem er Schopenhauer gelesen hatte, und initiierte so die fruchtbare, aber auch gefährliche Verflechtung von Musik und Philosophie in Deutschland und verhalf dem Philosophen zu weit reichender Anerkennung.

Die Universitäten von Bonn und Jena boten nun Seminare über Schopenhauers Werk an; man las und besprach ihn in Frankreich und Italien; an seinem Geburtstag wurde er von Fremden mit Geschenken überhäuft. Schopenhauer, der immer davon ausgegangen war, dass man ihn eines Tages entdecken würde, genoss seinen neuen Ruhm immens und soll sogar dabei beobachtet worden sein, dass er Menschen zulächelte. Aber es sollte nicht lange währen. Er starb im Jahr 1860 an einem Herzleiden. Sein Ruhm wuchs jedoch weiter, und er beeinflusste viele spätere Philosophen und Autoren. Nietzsche begann seine Freundschaft mit Wagner – die wichtigste seines einsamen Lebens – auf der Grundlage ihrer gemeinsamen Bewunderung für Schopenhauer. Nietzsches bissiger, lapidarer Stil verdankt dem Vorgänger viel, wie er selbst zugab, wenn er auch in seinem Hauptwerk den Pessimismus Schopenhauers geradezu auf den Kopf stellt. Für Wittgenstein war Schopenhauer beinahe genauso bedeutsam. Einige der Gedanken, die er zu Beginn seines ersten großen Werkes, dem *Tractatus logico-philosophicus*, formuliert, klingen so sehr nach Schopenhauer, als wären es versteckte Zitate.

Für den modernen Leser können Schopenhauers prägnante Texte einen Reiz entfalten, der anderen, systematischeren – oder schwülstigeren – Philosophen fehlt. Seine Erkenntnis von der grundsätzlichen Bedeutung, die Sex in unseren Leben spielt, die Parallelen zum Buddhismus, die sein Werk zu einer Brücke zwischen westlichem und östlichem Denken machen, und besonders die Rolle, die Kunst und ästhetischer Genuss bei der Befreiung von individuellem Unglück spielen, behalten ihre Anziehungskraft. Französische *décadents* des ausgehenden 19. Jahrhunderts wie Jules Laforgue und Jean-Marie Villiers de L'Isle-Adam waren von seinen Schriften entzückt, die für sie die philosophische Rechtfertigung für ihren Glauben an den Selbstzweck der Kunst und ihren Rückzug aus der abgeschmackten Welt enthielten. Marcel Proust wurde ebenfalls stark beeinflusst von Schopenhauers nachdrücklicher Betonung der Bedeutung ästhetischer Kontemplation, was in seinen Romanen und in seinem Leben explizit zum Ausdruck kommt. Wenn sich Proust unter Schmerzen von seinem Krankenbett erhebt, um in eine Vermeer-Ausstellung zu gehen, wo er dann vor den kleinformatigen, leuchtenden Bildern eine nahezu transzendentale Erfahrung macht, dann scheint sich Schopenhauers Überzeugung zu bestätigen, dass Kunst zumindest für manchen seine Leiden lindern, wenn nicht gar beseitigen kann. Diese höhere Form des Ästhetizismus erscheint immer noch sehr verführerisch, wie gut besuchte Museen allerorten zeigen.

Aber die Frage bleibt: Lässt die im Wesentlichen nicht sehr erfreuliche Lebensgeschichte von Schopenhauer grundlegende Mängel in seinem Denken oder Handeln erkennen? Theoretisch sollte es nicht so sein, aber das Predigen von selbstloser Entsagung, die mittels ästhetischer Kontemplation erreicht wird, hat wenig Sinn, wenn sie einen nicht vor einem Leben in tief verwurzelter Menschenfeindlichkeit und Verbitterung retten kann. Denn weit davon entfernt, eine strahlende Verkörperung seines Denkens zu sein oder gar ein westlicher Bodhisattva, verhielt sich Schopenhauer zeit seines Lebens mit bedrückender Folgerichtigkeit wie ein egozentrischer, mürrischer und kleinlicher Mensch.

3
Friedrich Nietzsche (1844–1900)
Der kränkelnde Übermensch

»Die geistigsten Menschen … erleben auch bei weitem die schmerzhaftesten Tragödien: aber eben deshalb ehren sie das Leben, weil es ihnen seine größte Gegnerschaft entgegenstellt.«

Friedrich Nietzsche, Götzen-Dämmerung

Nietzsches Werke zu lesen kann berauschend sein, so berauschend, dass es vielleicht eines Warnhinweises bedarf: »Autofahren, das Bedienen großer Maschinen oder *Denken* sollten unter diesem Einfluss unterlassen werden.« Anarchisten, Faschisten, Freudianer, Existenzialisten, Postmoderne, Neue Wilde, metrosexuelle Friseure und Fußballer, Feministinnen und Misogynisten und sogar Philosophen haben sich an der schäumenden Rhetorik von *Also sprach Zarathustra*, seinem bekanntesten Buch, gelabt und sind dann davongewankt, Parolen hervorsprudelnd, die Nietzsche hätten erblassen lassen. »Verwechselt mich vor Allem nicht!«, schrieb er in scharfsinnigem Erschrecken. Aber das Mark von Nietzsches Ideen von seiner Rhetorik zu unterscheiden kann schwierig werden:

> Seht, ich bin ein Verkundiger des Blitzes … dieser Blitz aber heißt Übermensch … Todt sind alle Götter: nun wollen wir, daß der Übermensch lebe – dies sei einst am großen Mittag unser letzter Wille!

> Das Leben ist ein Born der Lust; aber wo das Gesindel mit trinkt, da sind alle Brunnen vergiftet.
>
> Alle Lust will aller Dinge Ewigkeit, will Honig, will Hefe, will trunkene Mitternacht, will Gräber, will Gräber-Thränen-Trost, will vergüldetes Abendroth.
>
> Auf dem Baume Zukunft bauen wir unser Nest; Adler sollen uns Einsamen Speise bringen in ihren Schnäbeln!
>
> Wahrlich, keine Speise, an der Unsaubere mitessen dürften! Feuer würden sie zu fressen wähnen und sich die Mäuler verbrennen!

Kein anderer Philosoph schreibt auch nur annähernd so wie Nietzsche – der selbst ernannte Prophet des Dionysos, Gott des Dramas, des Rausches und der Ekstase. Wer vor solchem Bombast zurückschreckt, wird vielleicht seine ausgewogeneren Aphorismen bevorzugen:

> Müßiggang ist aller Psychologie Anfang.
>
> Wie? Ist der Mensch nur ein Fehlgriff Gottes? Oder Gott nur ein Fehlgriff des Menschen?
>
> Inmitten einer düstern Sache seine Heiterkeit aufrechterhalten ist nichts Kleines von Kunststück.
>
> Der Buddhismus verspricht nicht, sondern hält, das Christentum verspricht alles, aber *hält nichts*.

So drückt sich ebenfalls kein anderer Philosoph aus. Nietzsche gehört zu den lesbarsten, ja vergnüglichsten unter ihnen. W. B. Yeats, George Bernard Shaw, Rainer Maria Rilke, D. H. Lawrence, August Strindberg, Albert Camus, John Banville, Richard Strauss und Gustav Mahler gehören zu den bedeutendsten Nichtphilosophen, die er beeinflusst hat. Und seine Wirkung auf seine Nachfolger war immens, sogar oder gerade wenn sie ihn abgelehnt haben.

In seinen hellsichtigsten Momenten – und er wurde zunehmend prägnanter in seinen Schriften – legen seine Gedanken eine Schärfe und Klarheit an den Tag, wie sie einem Manne zukommen, der viele Jahre in der Gebirgswelt der Alpen verbracht hat. Es waren auch Jahre, in denen seine Einsamkeit zunahm. An seinem Geburtstag im Oktober 1888, der letzte, bevor sein Geisteszustand verfiel, bekam er nur eine einzige Karte. Aber in der Einsamkeit und im Exil gewann Nietzsche die intellektuelle Verwegenheit, nicht nur Gottes Tod zu verkünden – er war kaum der erste Atheist –, sondern sich vielmehr klarzumachen, was das für die menschliche Moral bedeutete, ein Aspekt, der oft missverstanden wird. Sein Aufruf zur »Neubewertung aller Werte« – und er meinte tatsächlich *alle* nicht etwa nur ein gefälliges Rearrangement der Geschlechter, Rassen oder Klassen – und die Sehnsucht nach einem *Übermenschen*, der dem Leben Bedeutung verleihen würde in einem Universum ohne Gott, bleiben bis heute hochaktuell.

Wagner – zuerst Nietzsches Idol, sein Freund und dann sein Feind, immer seine fixe Idee – beanspruchte für sich, dass er die Zukunftsmusik komponieren würde. Nietzsche versuchte, die Philosophie der Zukunft zu schreiben. *Vorspiel einer Philosophie der Zukunft* war der Untertitel von *Jenseits von Gut und Böse*. Er vermied die systembildende Philosophie, schrieb hauptsächlich in Aphorismen und verdammte aufkeimende kulturelle, moralische und intellektuelle Trends, besonders populäre Ressentiments, die Diktatoren und subtilere Demagogen des 20. Jahrhunderts seither ausgenutzt haben. Nietzsche befasste sich jedoch kaum mit Politik. Als hochgradiger Individualist verachtete er alle Massenbewegungen und untertitelte *Zarathustra* mit »Ein Buch für Alle und Keinen«.

Eine andere Merkwürdigkeit in der zerebralen Welt der Philosophie: Nietzsche verkörperte sein Denken in beispielloser Weise. »Von allem das geschrieben wurde, liebe ich nur, was jemand mit Blut geschrieben hat. Schreib mit Blut und du wirst erkennen, daß Blut Geist ist«, sagte er. Er schrieb tatsächlich in einem Zustand fieberhafter Anspannung und Erregung, während er alle menschlichen Wertvorstellungen, die mit einer transzendenten Weltsicht zu tun hatten, über Bord warf. Da dies nicht nur die Ablehnung des Kant'schen und Schopenhauer'schen Idealismus betraf, sondern der gesamten christlich-platonischen Tradition, die seit 2000 Jahren das Rückgrat der abendländischen Kultur bildete, hinterließ er eine erschreckende Leere. Diese Leere wollte Nietzsche mit der *Umwertung aller Werte* füllen, das Werk, an dem er schrieb, als er kollabierte.

Wie seine Briefe zeigen, erschöpfte die Anstrengung den Philosophen. Auf den Leser jedoch kann Nietzsche stimulierend, erhellend, sogar alarmierend wirken. Während er immer weiter hinauf in die Höhen seiner Gedankenwelt steigt, stolpern wir hinterdrein und versuchen, die schwindelerregenden Abgründe zu beiden Seiten des Pfades zu ignorieren. Wenn wir aufschauen, sehen wir unseren Führer, dessen Schnurrbart mit Eis gesprenkelt ist, in einem Schneesturm verschwinden, für einen Moment auf einem weit entfernten Grat wieder auftauchen und erneut verschwinden, diesmal für immer. Wenn wir nun um uns blicken, bemerken wir, dass wir ganz allein am Rand einer Kluft stehen. »Philosophie, wie ich sie bisher verstanden und gelebt habe, ist das freiwillige Leben in Eis und Hochgebirge ... Wie viel Wahrheit *erträgt*, wie viel Wahrheit *wagt* ein Geist?«

Nietzsche lebte nicht immer oberhalb der Schneegrenze, von wo aus man die »die ganze Thatsache Mensch aus ungeheurer Ferne übersieht«. Er war auch ein Philosoph der Sinne, der das mediterrane Klima genoss. Nachdem er Wagners Romantizismus verworfen hatte, pries er Bizets *Carmen*, diese überaus beliebte, aber unsentimentalste aller Opern. Er hörte sie nicht weniger als zwanzig Mal: »Und wirklich schien ich mir jedes Mal, daß ich Carmen hörte, mehr Philosoph, ein besserer Philosoph, als ich sonst mir scheine: so langmüthig geworden, so glücklich, so indisch, so sesshaft ...« Seine Gedichte – die zumindest er selbst äußerst schätzte – sind Loblieder auf den Süden und nehmen die Anziehungskraft, die der Mittelmeerraum im 20. Jahrhundert ausüben sollte, bereits vorweg. Nietzsche wollte ein Ja-Sagender werden, jemand, der das Leben mit all seinen hellen und dunklen Seiten akzeptiert, ohne auf die falschen Tröstungen von Philosophie oder Religion angewiesen zu sein.

Aber wer jetzt erwartet, dass der Prophet des *Übermenschen* dem berühmten Bild seiner selbst zu entsprechen vermochte – Fotografien zeigen ihn mit seinem riesigen Schnauzbart, majestätischer Denkerstirn und tief liegenden Augen –, wird enttäuscht sein. Weit entfernt davon, als gebräunte, muskulöse Gestalt den Sonnenaufgang von einem alpinen Berggipfel zu begrüßen – das ist das Bild, das Richard Strauss' musikalisches Poem *Also sprach Zarathustra* evoziert –, war Professor Nietzsche ein schwächlicher, halb blinder Neurastheniker, der oft von Migräne ans Bett gefesselt wurde. Er litt seit früher Jugend an Augenproblemen und Sinusitis, sein Zustand war außerdem teilweise psychisch bedingt und wurde später durch die Syphilis verschlechtert, das Aids des 19. Jahrhunderts. »Giebt es vielleicht Neurosen der Gesundheit?«, rief er einmal aus, verzweifelt über seine Hinfälligkeit. Wiederholte Anrufungen von Dionysos, dem Gott des Weines, verschleiern die Tatsache, dass er beinahe gänzlich enthaltsam lebte. Sein Lieblingsgetränk war Kakao mit wenig Zucker.

Und was Sex anbelangt ...

Zarathustra beinhaltet die vielleicht sexistischste Zeile der Philosophie: »Du gehst zu Frauen? Vergiß die Peitsche nicht!« Die hier angedeutete Haltung war damals typisch für die Deutschen, aber weniger für Nietzsche. An anderer Stelle zeigte er sich überraschend hellsichtig. »Es ist etwas ganz Erstaunliches und Ungeheures in der Erziehung der vornehmen Frauen, ja vielleicht gibt es nichts Paradoxeres. Alle Welt ist darüber einverstanden, sie *in eroticis* so unwissend wie möglich zu erziehen und ihnen eine tiefe Scham vor dergleichen und die äußerste Ungeduld und Flucht beim Andeuten dieser Dinge in die Seele zu geben.« Was diesen Kommentar – heute ein Gemeinplatz, damals schockierend – so bemerkenswert macht, ist die Tatsache, dass Nietzsche, im Gegensatz zu jemandem wie Wagner, über keinerlei sexuelle Erfahrung verfügte, die ihn zu solchen Schlussfolgerungen hätte verleiten können, er musste sich ganz auf seine phänomenale Intuition verlassen. Er lebte tatsächlich fast gänzlich zölibatär, auch wenn er zumindest einen desaströsen Ausflug in ein Bordell gemacht hat. Seine einzige signifikante Affäre – 1882 mit Lou Salomé – gedieh nicht weiter als bis zu einem Kuss, und sie behielt stets und im wahrsten Sinne des Wortes die Oberhand. Die berühmt-berüchtigte Fotografie zeigt Lou, wie sie Nietzsche und Paul Rée mit einer Peitsche antreibt. Rée war der andere Mann in dieser kurzlebigen *ménage à trois*, und es war Lou, die Nietzsche den Laufpass gab.

Die Fotografie suggeriert noch etwas anderes, nämlich nahezu manische Besessenheit seitens des Verehrers, denn Nietzsche ließ sich sonst nicht gern fotografieren. Er behauptete zeitweilig, nur halb im Spaß, vom Geist des Zarathustra besessen zu sein, diesem Propheten aus dem alten Persien, dessen Namen er stahl und dessen Ansichten er auf den Kopf stellte. Er fühlte sich zunehmend von einem *daimon* besessen – die griechische Bezeichnung für einen guten oder bösen Geist. »Mit dem geringsten Rest von Aberglauben in sich würde man in der That die Vorstellung, bloß Incarnation, bloß Mundstück, bloß Medium übermächtiger Gewalten zu sein, kaum abzuweisen wissen«, schrieb er kurz vor seinem Kollaps, Anfang 1889, im dritten Stadium der Syphilis. Zu jener Zeit unterzeichnete er seine Briefe mit »Dionysos« oder »Der Gekreuzigte«.

Aber in der griechischen Mythologie gibt es keine Kreuzigungen. Unter dem Paganismus des erwachsenen Nietzsche erhielt sich die christliche Prägung des Pastorensohnes, ein geradezu klassischer Fall von *nicht* sexueller Verdrängung. Zeit seines Lebens lag Nietzsche im Zwist mit seiner Herkunft und einer Erziehung, die ganz darauf ausgerichtet war, aus ihm einen gebildeten Pastor oder frommen Gelehrten zu machen. Obwohl er später darauf bestand, dass seine Vorfahren polnische Adlige gewesen seien – die deutschen Nationalisten verachteten die Polen, und Nietzsche hasste die deutschen Nationalisten –, stammte er aus einer äußerst deutschen Familie. Friedrich Nietzsche wurde am 15. Oktober 1844 in Lützen im preußischen Sachsen geboren. Sein Vater, Karl Ludwig Nietzsche, war wie so viele Väter deutscher Philosophen evangelischer Pastor, genau wie seine beiden Großväter. Später würde Nietzsche verkünden: »Der protestantische Pfarrer ist Großvater der deutschen Philosophie, der Protestantismus selbst ihm *peccatum originale.*« Die Frauen dieser geistlichen Dynastie waren ebenfalls äußerst fromm, auch wenn es ihnen nicht erlaubt war, selbst die Kanzel zu erklimmen. In dieser Umgebung geradezu erdrückender Frömmigkeit erwies sich der kleine Fritz als besonders eifrig. Er spielte am liebsten »Predigen«, so dass er den Spitznamen »kleiner Pastor« bekam. Dabei assistierte ihm seine jüngere Schwester Elisabeth, die ihren Bruder lange Zeit als Helden verehrte.

Der Tod seines Vaters, er starb 1849 mit fünfunddreißig an Gehirnerweichung, zwang die Familie – Nietzsches Mutter Franziska, damals erst vierundzwanzig, Elisabeth, vier Jahre alt, und Fritz –, nach Naumburg zu ziehen. In dieser kleinen Stadt, die im Schatten ihres gewaltigen Domes lag, lebten sie in vornehmer Armut und Frömmigkeit. Im Rückblick tobte Nietzsche über diese »Naumburger Tugenden«, die in seinen Augen Unschuld, Tiefgründigkeit, Aufrichtigkeit und Redlichkeit bloß vorspiegelten, und er verdammte die frömmlerische Atmosphäre, in der er aufgewachsen war. Aber er war ein vorbildlicher Schüler und gewann 1858 ein Stipendium für Pforta, ein erstklassiges Internat, das für seine humanistische Ausrichtung und sein christliches Ethos berühmt war. Auch hier glänzte er in den Hauptfächern, Griechisch und Latein, obwohl ihn seine Migräne oft ans Bett fesselte. Seinen physischen Schwächen versuchte er durch strenge Maßnahmen entgegenzuwirken, er nahm kalte Bäder zu jeder Jahreszeit und brannte einmal ein Bündel Zündhölzer auf der flachen Hand ab, um den römischen Schriftsteller Mucius Scaevola zu überbieten. Seine beeindruckten Klassenkameraden nannten ihn »Quälgeist«.

In Pforta begann er, Gedichte und ein Stück im Stil Goethes, so hoffte er jedenfalls, zu schreiben. Außerdem improvisierte er äußerst gekonnt auf dem Klavier. Aber da eine musikalische Karriere für den Sohn eines Geistlichen nicht angemessen war, schrieb Nietzsche sich 1864 an der Universität Bonn ein. Er wollte klassische Philologie und Theologie studieren. Um den Konventionen der Studentenschaften zu gehorchen, betrank er sich ein Mal und litt dann schrecklich an seinem Kater. Er trug sogar ein Duell mit einem Kommilitonen aus – Schmisse galten damals als quasi obligatorische Ehrenzeichen. Während dieses Rituals stolperte der kurzsichtige Nietzsche ungeschickt herum und schwang blind seinen Säbel, erlitt einen Hieb auf seine vorübergehend von der Brille ungeschützte Nase und legte sich ins Bett, um sich zu erholen.

Ein weiterer Initiationsritus hatte viel weitreichendere Konsequenzen, wenn auch nie ganz geklärt werden konnte, was tatsächlich geschah. Nietzsches Freund Paul Deussen berichtete, dass Nietzsche während eines Aufenthaltes in Köln 1865 nach dem Weg fragte und zu einem Bordell geschickt wurde. Beim Eintreten »sah ich mich plötzlich umgeben von einem halben Dutzend Erscheinungen in Flitter und Gaze, welche mich erwartungsvoll ansahen. Sprachlos stand ich eine Weile. Dann ging ich instinktmäßig auf ein Klavier als auf das einzige seelenhafte Wesen in der Gesellschaft los und schlug einige Akkorde an. Sie lösten meine Erstarrung und ich gewann das Freie«, berichtete er später. Es ist jedoch fragwürdig, ob er wirklich entronnen ist. In Thomas Manns *Doktor Faustus* hat Adrian Leverkühn, der Protagonist, der Züge von Nietzsche und von Schönberg trägt, dasselbe Erlebnis und steckt sich bei einem Mädchen, das ihn bezaubert hat, mit Syphilis an. Ob Nietzsche zu jenem Bordell zurückkehrte oder nicht – es ist sehr wahrscheinlich, dass er sich zu dieser Zeit die Syphilis zuzog. Eine lange Inkubationszeit, wie sie bei ihm zwischen der Ansteckung und dem Ausbruch der Krankheit lag, ist nicht ungewöhnlich; auch waren derartige fatale Ausflüge unter den Studenten üblich. Schubert, Donizetti, Paganini, Manet, Baudelaire, Maupassant – alle zogen sich die damals unheilbare Krankheit zu. Nietzsche sagte später, dass er sich umgehend in Behandlung begab, aber die Konsequenz war, dass er sich niemals würde verheiraten können, aus Angst, seine Frau anzustecken.

Auf seine akademische Karriere hatte die Krankheit keinen Einfluss. Nachdem er seinem bevorzugten Lehrer Friedrich Ritschl 1865 an die Universität von Leipzig gefolgt war, ließ er das Theologiestudium fallen, um sich stattdessen auf die Philologie zu konzentrieren – eine folgenschwere Entscheidung für den Pastorensohn. Seine Familie hatte er bereits mit der Weigerung, an Ostern in Naumburg das Abendmahl einzunehmen, brüskiert, ein offener Bruch, der nur durch eine taktvolle Tante etwas abgemildert werden konnte, die darauf hinwies, dass alle großen Theologen gelegentlich von ›Zweifeln‹ überkommen wurden. Aber ›Zweifel‹ war nicht ganz der treffende Ausdruck für Nietzsches Abneigung gegen das Christentum. Die Literatur der Antike hatte ihm eine verlockende Welt eröffnet, die so ganz anders war als die der christlichen Vorstellungen, aber bis jetzt wusste er noch nichts von neuzeitlicher Philosophie. Schopenhauers Werk *Die Welt als Wille und Vorstellung*, das er in jenem Oktober zufällig in einem Antiquariat in Leipzig entdeckte, eröffnete ihm ein vollkommen neues Universum. »Ich nahm es als mir völlig fremd in die Hand und blätterte. Ich weiß nicht, welcher Dämon mir zuflüsterte: ›Nimm Dir das Buch mit nach Hause.‹ … Zu Hause warf ich mich mit dem erworbenen Schatz in die Sofaecke und begann jenen energischen düsteren Genius auf mich wirken zu lassen.« Später, in *Schopenhauer als Erzieher*, schrieb er: »Ich gehörte zu den Lesern, welche, nachdem sie die erste Seite von ihm gelesen haben, mit Bestimmtheit wissen, daß sie alle Seiten lesen werden und auf jedes Wort hören werden, das er überhaupt gesagt hat. Mein Vertrauen zu ihm war sofort da … Ich verstand ihn, als ob er für mich geschrieben hätte.«

Schopenhauer hat Nietzsche erst zum Philosophen gemacht, indem er dem frühzeitig erfolgreichen Akademiker durch das Beispiel der eigenen Courage und geistigen Unabhängigkeit dazu verhalf, zum einsamen Propheten zu werden. »Deine Erzieher vermögen nichts zu sein als deine Befreier«, räumte Nietzsche ein. Er wurde zu einem glühenden Schopenhauerianer und verordnete sich selbst zur Abtötung von leiblichen Bedürfnissen nur vier Stunden Schlaf täglich (nicht, dass Schopenhauer das jemals versucht hätte). Während er brillante Essays schrieb, die in philologischen Zeitschriften publiziert wurden, fühlte er sich immer mehr zur Philosophie hingezogen. Unterbrochen wurden seine Studien von einer kurzen Dienstzeit in der preußischen Armee – er war nicht kurzsichtig genug, um für untauglich erklärt zu werden – von Oktober 1866 bis 1867. Obwohl er das militärische Leben nicht ausstehen konnte, erwies er sich als ein geschickter Reiter. Aber ein Unfall, bei dem er sich beim Sprung in den Sattel eine Brustwunde zuzog, die sich entzündete, fesselte ihn für Monate ans Bett. Dann kam seine Entlassung, und seine Gesundheit verschlechterte sich zunehmend.

Zurück in Leipzig, erlebte er am 27. Oktober 1868 eine musikalische Offenbarung. Als er die Ouvertüre von Wagners *Meistersingern* und das Vorspiel zu *Tristan* hörte, war er überwältigt von einem »Gefühl der Entrücktheit«, wie er an Erwin Rohde schrieb, der damals sein engster Freund war. »Ich bringe es nicht übers Herz, mich dieser Musik gegenüber kritisch kühl zu verhalten; jede Faser, jeder Nerv zuckt an mir.«

Elf Tage später sollte er dem Komponisten persönlich begegnen, der inkognito in Leipzig war. »Er ist ... ein fabelhaft lebhafter und feuriger Mann, der sehr schnell spricht, sehr witzig ist und eine Gesellschaft dieser privatesten Art ganz heiter macht. Inzwischen hatte ich ein längeres Gespräch mit ihm über Schopenhauer: ach, und Du begreifst es, welcher Genuß es für mich war ... zu hören, was er ihm verdanke«, schrieb er in einem anderen Brief. Schopenhauer und Wagner wurden nun seine beiden Abgötter, aber eine solche Verehrung hat ihre Schattenseiten.

Wagner war eines der fürchterlichsten und zugleich großartigsten Ungeheuer der klassischen Musik – ungeheuer charmant war er außerdem. Aus derselben Generation wie Nietzsches Vater stammend, soll er dem Pastor sogar ähnlich gewesen sein. Nietzsche, der nun schon so lange vaterlos war und dringend einen Helden brauchte, war überwältigt. »Er macht alles wahr, was wir nur wünschen können: die Welt kennt gar nicht die menschliche Größe und Singularität seiner Natur«, sagte er zu Rohde im folgenden Sommer. Nietzsche lebte jetzt in der Schweiz, er war gerade Professor für klassische Philologie an der Universität von Basel geworden. Er war nicht nur erstaunlich jung – erst vierundzwanzig –, er war außerdem noch nicht promoviert. Aber die Empfehlung von Professor Ritschl, der schlicht verkündet hatte: »Er wird eben alles können, was er will«, hatte ihm zu Ruhm und Ehre verholfen. Es schien, als läge die deutschsprachige akademische Welt – damals die anspruchsvollste überhaupt – zu seinen Füßen. Nietzsche war jedoch weit mehr erfreut über die Tatsache, dass Basel nur knapp 100 Kilometer entfernt von Tribschen bei Luzern lag, wo Wagner mit Cosima lebte, die er bald zu seiner zweiten Frau machte. Er konnte seinen Helden nun regelmäßig besuchen und tat es auch, allein dreiundzwanzig

Mal war er in den folgenden drei Jahren bei ihnen zu Besuch, Weihnachten eingeschlossen.

Wagner hatte sein Haus mit Satin und Seide, Statuen und anderen Objekten ausgestattet, die ihm unverzichtbar für seine Kreativität schienen. (Dazu zählten auch die acht Bediensteten sowie eine Voliere mit Goldfasanen). Nachdem Ludwig II. von Bayern ihn großzügig von seinen Schulden befreit hatte, trug er nun einen theatralischen schwarzen Samtmantel nebst Kniehosen, die seinen Vorstellungen über die passende Gewandung eines Meisters entsprachen. Nietzsche aber bemerkte nur sein Genie. »Ich [fühle] mich in seiner Nähe wie in der Nähe des Göttlichen«, schrieb er im August 1869. Trotz all seiner späteren Attacken auf Wagner erkannte er, dass dies die wichtigste Freundschaft seines Lebens war. »Über *unsern* Himmel ist nie eine Wolke hinweggegangen. … die erste Berührung mit Wagner [war] auch das erste Aufatmen in meinem Leben … Ich nenne Wagner den größten Wohltäter meines Lebens«, verkündete er nostalgisch verklärt kurz vor seinem Ende.

Die *Geburt der Tragödie aus dem Geist der Musik*, Nietzsches erstes Buch, erschien 1872. Wagner verschlang Nietzsches Vergleich seiner beiden Opern mit den klassischen griechischen Tragödien. Nietzsche, der damals dachte, Wagners Werk wäre deren Entsprechung im Deutschland des 19. Jahrhunderts, empfand sein Buch später als peinlich und bezeichnete es als »ein unmögliches Buch – ich heiße es schlecht geschrieben, schwerfällig, peinlich, bilderwüthig und bilderwirrig, gefühlsam.« Aber er war der Erste, der die zentrale Bedeutung von Dionysos für die griechische Kultur erkannte, dem »dunklen Gott« des Dramas und der Ekstase, der das genaue Gegenteil des Apoll, Gott des rationalen Denkens und der Individuation, war.

> … jene dionysischen Regungen …, in deren Steigerung das Subjective zu völliger Selbstvergessenheit hinschwindet … Unter dem Zauber des Dionysischen schließt sich nicht nur der Bund zwischen Mensch und Mensch wieder zusammen: auch die entfremdete, feindliche oder unterjochte Natur feiert wieder ihr Versöhnungsfest mit ihrem verlorenen Sohne, dem Menschen … Jetzt … fühlt sich Jeder mit seinem Nächsten nicht nur vereinigt, versöhnt, verschmolzen, sondern eins, als ob der Schleier der Maja zerrissen wäre … er selbst wandelt jetzt so verzückt und erhoben, wie er die Götter im Traum wandeln sah.

Nietzsche hatte seine eigene, unverwechselbare Sprache gefunden; virtuos verwendete er ausdrucksstarke Metaphern, denn: »Sie hätte singen sollen, diese ›neue Seele‹ – und nicht reden!« Die Bösewichte sind bei ihm Sokrates sowie Euripides, der letzte der großen Dramatiker, der – so Nietzsche – die griechische Tragödie zugrunde richtete, indem er sie durch seine skeptische Rationalität vom mythischen Ritus zum reinen Theater verflachte.

Wagner, der sich mit Mythen auskannte, mag einiges beigetragen haben zu dem aufregenden Buch des jungen Professors, sei es durch eigene Anschauungen oder durch seine große Bibliothek. Die Publikation brachte Nietzsche jedoch in seiner akademischen Karriere nicht weiter voran. 1871 scheiterte sein Versuch, sich den frei gewordenen Lehrstuhl für Philosophie in Basel zu sichern, und er musste weiterhin klassische Philologie unterrichten, ein Fach, das ihn immer weniger interessierte und das wenige Studenten anzog. Aber diejenigen, die bei ihm hörten, erinnern sich an einen Lehrer, der die Kultur und die Sprachen der Antike faszinierend zum Leben erwecken konnte. In Tribschen unterhielten sich der Komponist und der Philosoph ausgiebig und animiert während ihrer Spaziergänge am See. Trotz ihres unterschiedlichen Alters und ganz verschiedenen Lebenssituationen – Wagner genoss nun seinen immer größer werdenden Ruhm, Nietzsche war nahezu unbekannt – waren sie beide Genies und wussten es auch. Elisabeth Nietzsche erinnerte sich an einen Besuch in Tribschen: »Wagner, Cosima und mein Bruder begannen zu reden von der Tragödie des menschlichen Lebens, von den Griechen, den Deutschen, von Plänen und Wünschen. Niemals, weder vorher oder nachher, habe ich in der Unterhaltung dreier so verschiedener Menschen einen gleichen, wundervollen Zusammenklang wiedergefunden.« Zu diesem Zeitpunkt erwiderte Wagner Nietzsches Gefühle noch und bezeichnete ihn nach »der Einzigen« (Cosima) als seinen »besten Trost.«

Aber im Dunstkreis des egozentrischen Wagner blieb niemand lange ungeschoren. Der zunächst so willfährige Nietzsche, der sogar kleine Besorgungen für Wagner erledigte – einmal kaufte er sogar seidene Unterwäsche für ihn ein –, hatte selbst musikalische Ambitionen und spielte eines Tages einige seiner eigenen Kompositionen. Wagner tat sie (wie fast jeder seither) als kirchliche Klagelieder ab, die langweilige, eintönige Musik eines Pastorensohns. Nietzsche war gekränkt und behauptete, dass Cosima seine Improvisationen auf dem Piano viel besser fand als die ihres Mannes, Wagner war allerdings auch ein überraschend schlechter Pianist.

Cosima wurde nun zu einer Schlüsselfigur in Nietzsches Leben. Fotografien, die sie als gehorsame Hausfrau bescheiden an der Seite ihres Mannes zeigen, vermitteln einen falschen Eindruck. Die uneheliche Tochter von Franz Liszt und Ex-Frau des Dirigenten Hans von Bülow, den sie für den fünfundzwanzig Jahre älteren Wagner verlassen hatte, war eine hagere, beinahe hässliche Frau. Hochintelligent, sehr musikalisch und mit einem starken Willen ausgestattet, war sie außerdem eine überzeugte Antisemitin und Nationalistin. Nietzsche, selbst projüdisch und selten nationalistisch, unterdrückte zeitweilig seine Bedenken, denn so eine mondäne und gebildete Frau wie Cosima hatte er noch nie getroffen. Er war zumindest fast verliebt in sie, aber er war klug genug, seine beinahe ödipalen Gefühle zurückzuhalten, bis er schon nahe an der geistigen Umnachtung war und ihr schrieb: »Ariadne, ich liebe dich. Dionysos.« Cosima antwortete nicht.

Als der Französisch-Preußische Krieg 1870 ausbrach, meldete Nietzsche sich freiwillig. Er war nicht dazu gezwungen, denn er hatte seine deutsche Staatsangehörigkeit aufgegeben. Es war das letzte Mal, dass er als Deutscher fühlte und handelte. Während seiner Dienstzeit als Sanitäter erkrankte er an Ruhr und Diphtherie. Nach seiner Genesung änderte sich seine Haltung unwiderruflich. Der deutsche Sieg führte zur Entstehung eines neuen, bombastischen Deutschen Reichs unter Preußens Führung, dem er sich bald entfremdet fühlte. Schon im November 1870 schrieb er an Rohde und drängte ihn, dieses »fatale kulturwidrige Preußen« zu verlassen, »wo die Knechte und die Pfaffen wie Pilze hervorschießen, die bald mit ihrem Dunst uns ganz Deutschland verfinstern werden.« Und 1873, auf den ersten Seiten der *Unzeitgemäßen Betrachtungen*, warnte er: » Von allen schlimmen Folgen aber, die der letzte, mit Frankreich geführte Krieg hinter sich drein zieht, ist vielleicht die schlimmste ein weitverbreiteter, ja allgemeiner Irrthum: … daß auch die deutsche Kultur in jenem Kampf gesiegt habe.« Fünfzehn Jahre später wiederholte er nachdrücklich: »In dem Moment, wo Deutschland als eine Großmacht heraufkommt, gewinnt Frankreich als Culturmacht eine veränderte Wichtigkeit.« Aber für die meisten anderen Deutschen erfüllte sich ein lang ersehnter Traum von nationaler Einheit.

Die Wagners zogen im April 1872 um nach Bayreuth in Bayern, wo ein spezielles Opernhaus sowie eine prachtvolle Villa für den Meister gebaut wurden. Nietzsche verlor so den Ort, wo er am glücklichsten gewesen war. Aber solcherart auch von Wagners hypnotischer Präsenz befreit, regten sich Zweifel in ihm über eine Musik, die eine so verführerische Selbstauslöschung versprach – oder androhte. Nietzsche, der ja eine klassische Ausbildung genossen hatte und zunehmend die französische Kultur – besonders für ihre intellektuelle Klarheit – bewunderte, befand sich auf dem langsamen, schmerzlichen Rückzug aus der wagnerianischen Verblendung. Er lehnte nun fast alle Einladungen nach Bayreuth ab und beendete nur noch *Richard Wagner in Bayreuth*, die vierte der *Unzeitgemäßen Betrachtungen*, nachträglich im Jahr 1876. Seine Notizen zeigen, dass er sich darüber bewusst war, dass seine Lobeshymnen auf den Meister immer scheinheiliger wurden. (Wagner, in hehrer Unkenntnis, antwortete: »Freund! Wo haben Sie nur die Erfahrung von mir her?« Wahrscheinlich hat er den Essay nie gelesen.)

Im August 1876 reiste Nietzsche nach Bayreuth, um der ersten vollständigen Aufführung des *Rings* beizuwohnen. Die erwies sich mehr als Fiasko denn als Triumph. (Der Drache für *Siegfried*, der extra aus England angeliefert werden sollte, kam zu spät und ohne seinen Hals, der war nach Beirut im Libanon geschickt worden; im *Rheingold* verlor Wotan seinen Ring; der Vorhang ging zu früh hoch und gab den Blick auf die Bühnenarbeiter frei …) Und was der Philosoph am ärgerlichsten fand, war das Publikum: anstelle der ergebenen Wagnerianer, die er naiverweise erwartet hatte, war die ganze Stadt voller finanzschwerer oder sonst wie einflussreicher Persönlichkeiten, »das gesamte müßiggängerische Gesindel Europas«, schimpfte Nietzsche. Könige und Bankiers waren mittlerweile von entscheidender Bedeutung für das schuldenbeladene Projekt, das hatte Wagner längst erkannt. Und was noch schlimmer für Nietzsche war, das Festival triefte nur so vor deutschem Kulturchauvinismus. Von Kopfschmerzen und Übelkeit überwältigt, verließ er überstürzt die Stadt. Es war nicht Wagners Musik, die ihn in die Flucht trieb, sondern die Erkenntnis, dass der Komponist sich dem neuen deutschen »Kultur-Philistertum« verschrieben hatte. »Was ich Wagnern nie vergeben habe? ... Daß er reichdeutsch wurde«. Dieser Beinahe-Vatermord, der Nietzsche großen Kummer bereitete, begünstigte aber seine emotionale und intellektuelle Unabhängigkeit.

Nietzsche verließ Bayreuth mit einem neuen Freund. Paul Rée war Schriftsteller, Psychologe – und Jude. Nietzsche ahnte, dass Wagner darüber erbost sein würde. Später sollte Wagner verkünden : »Ich halte die jüdische Rasse für den geborenen Feind der reinen Menschheit und alles Edlen in ihr.« Die zwei Genies trafen sich nur noch ein einziges Mal, im November desselben Jahres in Sorrent. Nietzsche, der von seiner Lehrtätigkeit aus Krankheitsgründen für ein Jahr beurlaubt worden war, kam mit zweiunddreißig zum ersten Mal nach Italien – und war überwältigt. (»Das fiel über mich her ... wie ein Schauer Mitleid mit mir, dass ich mein Leben damit anfing, alt zu sein, und Tränen und das Gefühl, noch gerettet zu sein, im letzten Augenblick«, sagte er und datierte seine Wiedergeburt auf jenen Tag, als er den Sonnenuntergang am Golf von Neapel bewunderte.) Wagner, der am *Parsifal* arbeitete, schwärmte von christlichen Ritualen, die er in seiner letzten Oper auf die Bühne bringen wollte. Nietzsche behauptete, schockiert von Wagners vorgeblicher Religiosität, diesem »Geist der Gegenreformation«, gewesen zu sein. Aber in dieser Hinsicht war er unaufrichtig, denn Cosima hatte ihm schon 1869 das Libretto des *Parsifal* vorgelesen. Jetzt las Nietzsche hauptsächlich französische Autoren wie Montaigne, La Rochefoucauld und Stendhal, die ihn mit ihrem psychologischen Scharfsinn begeisterten. Nichts hätte Wagner mehr befremden können als solch eine Frankophilie. Sie trennten sich in gegenseitigem Unverständnis und Verachtung.

In der *Fröhlichen Wissenschaft* (1882) verewigte Nietzsche ihre Freundschaft in einem lyrischen Epitaph:

> Sternenfreundschaft ... Wir sind zwei Schiffe, deren jedes sein Ziel und seine Bahn hat; wir können uns wohl kreuzen und ein Fest miteinander feiern, wie wir es gethan haben ... Aber unser Leben ist zu kurz und unsere Sehkraft zu gering, als daß wir mehr als Freunde im Sinne jener erhabenen Möglichkeit sein konnten. – Und so wollen wir an unsere Sternen-Freundschaft *glauben*, selbst wenn wir einander Erden-Feinde sein müssten.

Wagner zeigte keine solche Seelengröße. Er verbreitete stattdessen das Gerücht, dass die diversen Leiden seines ehemaligen Jüngers durch exzessives Onanieren verursacht wurden, eine Handlung, der man im 19. Jahrhundert nachsagte, sie führe zu Blindheit und Wahnsinn. Und Dr. Otto Eisner, der Arzt, den Nietzsche konsultierte, unterstützte Wagners üble Nachrede mit der Äußerung, dass Nietzsches Werk Zeichen von Geisteskrankheit aufweisen würde, ein Vertrauensbruch, der den fast erblindeten Nietzsche heftig erzürnte.

Gedanklich ging Nietzsche mittlerweile neue und unerschlossene Wege. In *Menschliches, Allzumenschliches*, das im Mai 1878 mit dem Untertitel *Ein Buch für freie Geister* erschien, befreite er sich vom transzendentalen Idealismus Schopenhauers, der auf Kant zurückging. Von nun an würde

Nietzsche nur noch die phänomenale Welt als wirklich ansehen – er verwarf damit die Hauptströmungen abendländischen Denkens, die dem Noumenalen größere Bedeutung zubilligten. *Menschliches, Allzumenschliches* beinhaltet auch eine implizite Kritik an Wagner: »Die edelste Art der Schönheit ist die, welche nicht auf einmal hinreißt«, aber hauptsächlich thematisiert Nietzsche die »kleinen, unscheinbaren Wahrheiten« des menschlichen Daseins und stellt seinen mittlerweile erworbenen psychologischen Scharfsinn unter Beweis. »Sobald wir merken, daß Jemand im Umgang und Gespräch mit uns sich zur Aufmerksamkeit *zwingen* muß, haben wir einen vollgültigen Beweis, daß er uns nicht oder nicht mehr liebt« – eine solche Beobachtung klinge sehr nach La Rochefoucauld, bemerkte Jacob Burckhardt, der berühmte, von Nietzsche bewunderte Schweizer Historiker. Aber ein Satz wie »Die unaufgelösten Dissonanzen im Verhältnis von Charakter und Gesinnung der Eltern klingen in dem Wesen des Kindes fort und machen seine innere Leidensgeschichte aus« nimmt schon Freud vorweg. Ein solcher Umschwung alarmierte viele alte Freunde. Der bestürzte Rohde fragte: »Kann man denn *so* seine Seele ausziehen und eine andre dafür nehmen?« Cosima sah natürlich den »glatten Rée« als denjenigen, der Nietzsche verhext hätte, ihre Beziehung sei »im Kleinen das Verhältnis von Judäa und Germania«. Denn Nietzsche hatte ja die »Unart …, die Juden als Sündenböcke aller möglichen öffentlichen und inneren Uebelstände zur Schlachtbank zu führen« angeprangert.

Im Juni 1879 trat Nietzsche von seinem Universitätsposten zurück, eher zu spät als zu früh, denn er war in jenem Frühjahr ernsthaft krank gewesen und musste 118 Vorlesungen ausfallen lassen. Seine Kopfschmerzen hielten manchmal wochenlang an, genauso wie seine Übelkeit und Phasen von fast vollständiger Blindheit. »Beständiger Schmerz, mehrere Stunden des Tages ein der Seekrankheit eng verwandtes Gefühl der Halb-Lähmung, wo mir das Reden schwer wird«, notierte er im Januar 1880. Diese Anfälle waren teilweise Migränen und wahrscheinlich nicht der Syphilis anzulasten, denn sie traten bereits Jahre vor seiner möglichen Ansteckung auf. Nietzsche vermutete, dass seine physischen Beschwerden in Zusammenhang mit geistiger Überlastung standen, aber da er mittlerweile nur noch für seine Arbeit lebte, konnte er sich kaum eine Atempause gönnen. Für den Skeptiker, der er war, zeigte er erstaunliches Vertrauen in Quacksalbereien; er unterzog sich seltsamen Diäten, die ausschließlich aus Milch und Früchten oder Kakao und trocken Brot bestanden, oder Wasseranwendungen und kalten Bädern – alles ohne Erfolg.

Er versuchte, über seine Krankheiten zu lachen – oder sogar Nutzen aus ihnen zu ziehen: »Der tägliche Kampf gegen meine Kopfübel und die lächerliche Mannigfaltigkeit meiner Nothzustände erfordert eine solche Aufmerksamkeit, daß ich in Gefahr laufe, dabei kleinlich zu werden – nun, es ist das Gegengewicht gegen sehr allgemeine, sehr hochfliegende Triebe, die mich so beherrschen, daß ich ohne große Gegengewichte zum Narren werden müßte.« Das zeugt mehr von Tapferkeit als von einer zutreffenden Einschätzung. Da er auf seine eigene Gesellschaft zurückgeworfen war, wurde er immer mehr zu einem Solipsisten. Inzwischen führte er das Nomadenleben des »Wanderers und seines Schattens«, immer auf der Suche nach einem Ort, an dem er sich erholen könnte.

Er gewann einen treuen Schüler. Peter Gast war ein junger Komponist, der während Nietzsches Aufenthalt in Venedig im Frühjahr 1880 für ihn sorgte und Notizen machte, die Nietzsche in seinem nächsten Buch *Morgenröte* verwendete. Venedig wirkte für eine Weile beruhigend auf Nietzsche. »Die hohen Räume und die Stille kommen meinem Schlaf zugute, auch habe ich die Meerluft aus erster Hand, noch nicht durch Venedig verdorben«, schrieb er an seine Schwester. *Morgenröte* ist ein Angriff auf die christliche Sexualmoral. »Die Leidenschaften werden böse und tückisch, wenn sie böse und tückisch betrachtet werden. So ist es dem Christenthum gelungen, aus Eros und Aphrodite – großen idealfähigen Mächten – höllische Kobolde und Truggeister zu schaffen.« Heute würden dem wohl nur einige bigotte christliche Fundamentalisten widersprechen, aber Nietzsche ging noch weiter in seiner Attacke auf *jegliche* Moral:

> Ich leugne also die Sittlichkeit wie ich die Alchymie leugne, das heißt, ich leugne ihre Voraussetzungen: *nicht* aber, daß es Alchymisten gegeben hat, welche an diese Voraussetzungen glaubten und auf sie hin handelten ... Ich leugne nicht, wie sich von selber versteht ..., daß viele Handlungen, welche unsittlich heißen, zu vermeiden und zu bekämpfen sind; ebenfalls, daß viele die sittlich heißen, zu thun und zu fördern sind, – aber ich meine: das Eine wie das Andere aus *anderen Gründen als bisher.* Wie haben *umzulernen* ... umzufühlen.

Er wollte damit nicht etwa den drohenden Zusammenbruch aller Sittlichkeit zelebrieren, sondern vielmehr vor den erschreckenden Konsequenzen warnen.

1881 entdeckte Nietzsche Sils-Maria, einen kleinen Ort, auf einer Höhe von 1800 Metern über dem Meeresspiegel in den Schweizer Alpen gelegen, »den lieblichsten Winkel der Erde ... so still hab ich's nie gehabt«. Hier verbrachte er von nun an den Sommer, im Winter ging er nach Italien oder an die Riviera, wo es weniger kalt war für einen Philosophen auf Wanderschaft, der sich keine Heizung leisten konnte. Und im

November 1881 hatte er wieder eine musikalische Offenbarung, als er zum ersten Mal *Carmen* hörte. Die südländische Leidenschaft dieser Oper schien das passende Gegengift zu Wagner zu sein. Im Bann dieses Eindrucks fuhr er fort, in einem exaltierten Tenor zu schreiben. Sein nächstes Buch, *Die fröhliche Wissenschaft*, beinhaltete sein wohl berühmtestes Statement: Gott ist tot.

> Habt ihr nicht von jenem tollen Menschen gehört, der am hellen Vormittage eine Laterne anzündete, auf den Markt lief und unaufhörlich schrie: ›Ich suche Gott! Ich suche Gott!‹ … so erregte er ein großes Gelächter. Ist er denn verloren gegangen? sagte der Eine. Hat er sich verlaufen wie ein Kind? sagte der Andere … Der tolle Mensch sprang mitten unter sie und durchbohrte sie mit seinen Blicken. ›Wohin ist Gott? Rief er, ich will es euch sagen! *Wir haben ihn getödtet,* – ihr und ich. Wir alle sind seine Mörder! Aber wie haben wir dies gemacht? … Wer gab uns den Schwamm, um den ganzen Horizont wegzuwischen? Was thaten wir, als wir diese Erde von ihrer Sonne losketteten? Wohin bewegen wir uns? Fort von allen Sonnen? … Irren wir nicht durch ein unendliches Nichts? … Ist es nicht kälter geworden? Kommt nicht immerfort die Nacht und mehr Nacht? Müssen nicht Laternen am Vormittage angezündet werden? … Riechen wir noch Nichts von der göttlichen Verwesung?‹ … Endlich warf er seine Laterne auf den Boden … ›Ich bin noch nicht an der Zeit. Dies ungeheure Ereignis ist noch unterwegs und wandert, – es ist noch nicht bis zu den Ohren der Menschen gedrungen … – *und doch haben sie [die That] gethan!*‹

Nicht mal Schopenhauer hatte jemals so trostlos geklungen. Nietzsche nahm die ganze ›Angst‹ des 20. Jahrhunderts vorweg, aber er stellte ihr einen entschlossenen, dynamischen Optimismus zur Seite. »Ich will immer mehr lernen, das Nothwendige an den Dingen als das Schöne zu sehen: – so werde ich Einer von Denen sein, welche die Dinge schön machen. Amor fati (Liebe zum Schicksal): das sei von nun an meine Liebe! Ich will keinen Krieg gegen das Häßliche führen. Ich will nicht anklagen ... Alles in Allem und Großen: ich will irgendwann einmal nur ein Ja-sagender sein!« Seine Entschlossenheit sollte bald auf eine harte Probe gestellt werden.

Im April 1882 traf Nietzsche Lou Salomé in Rom und verliebte sich in sie. Lou, hochintelligent und attraktiv, siebzehn Jahre jünger als er, stammte aus einer großbürgerlichen russisch-deutschen Familie – das befriedigte sowohl seinen latenten Snobismus als auch seine zunehmende Abneigung gegenüber allem Deutschen. Wie er hatte auch sie schon früh ihre religiösen Überzeugungen abgelegt. Lou war beeindruckt von dem poetischen, intellektuell faszinierenden, aber fast blinden und verarmten Philosophen. Sie sagte später, die ersten Worte, die er an sie richtete, waren: »Von welchen Sternen sind wir hier einander zugefallen?« Lou war allerdings in neurotischer Weise auf ihre Jungfräulichkeit bedacht, eventuell aufgrund einer inzestuösen Bindung an ihren Vater. Es entstand der Plan, dass Rée, Nietzsche und Lou im kommenden Winter gemeinsam leben und studieren sollten – rein platonisch. Nietzsche wusste nicht, dass Paul Rée, den er für seinen besten Freund hielt, Lou bereits vergeblich einen Antrag gemacht hatte.

Nietzsche, der zum ersten – und letzten – Mal in seinem Leben wirklich verliebt war, sprach mit Lou über seine aufkeimenden Ideen für den *Zarathustra*, und er machte ihr, auf einem Berggipfel, das Angebot, eine zölibatäre Ehe zu führen. Für einen Mann mit Syphilis hatte solch ein Arrangement offensichtlichen Reiz. Obwohl Lou ihn abwies, traf die »Dreieinigkeit«, wie Lou es nannte, im Mai in Luzern erneut zusammen. Sie pilgerten zu Wagners ehemaliger Villa in Tribschen, wo Nietzsche zusammenbrach und weinte, wie Lou später berichtete. Sie posierten auch in einem Fotostudio. Das berüchtigte Bild ist zutiefst enttäuschend. Weit davon entfernt, einen Zirkel distinguierter Flagellanten abzubilden, zeigt es die Attrappe eines Leiterwagens, vor den Nietzsche und Rée »gespannt« sind, während Lou neckisch eine kleine Peitsche schwenkt, im Hintergrund eine aufgemalte Alpenlandschaft. Die Peitsche und der Karren sind nur Requisiten, und auch wenn die Idee von Nietzsche stammte – wie Lou behauptete –, war es einfach ein Spaß. Als solchen präsentierte Lou das Foto später auch ihren Freunden.

Aber Nietzsche, der glaubte, er hätte endlich einen gleichgesinnten »Luft-Schifffahrer des Geistes« gefunden, wurde immer euphorischer. Er verbrachte den August mit Lou im thüringischen Tautenburg und beriet sie bei ihren Schreibversuchen. Einige ihrer Gedichte klingen sehr nach Nietzsche und geben seine Ideen wieder. »Ich möchte wissen, ob eine solche *philosophische Offenheit*, wie sie zwischen uns besteht, schon einmal bestanden hat«, notierte er. Zwei Schlangen zerstörten dieses Paradies: Rée, der arglistig genug war, um Lou zu suggerieren, Nietzsche wolle sie nur verführen, und Nietzsches Schwester Elisabeth, die in Lou die archetypische Sirene sah und mit beiden heftige Auseinandersetzungen hatte. Obwohl er bislang Rée und Lou ganz und gar vertraut hatte, wurde Nietzsche in diesem Herbst unruhig. Im November in Leipzig musste er bemerken, dass die beiden gemeinsam weg gefahren waren, ohne ihm ein Sterbenswörtchen zu sagen. Die *ménage à trois* bestand nicht mehr.

Lou Salomé veröffentlichte Gedichte und Romane, die damals sehr gut ankamen. 1889 heiratete sie den Akademiker

Fred Andreas; interessanterweise blieb ihre Ehe bis zu seinem Tod 1930 unvollzogen. Sie formte andere »Dreieinigkeiten«, die wohl bekannteste mit dem Dichter Rainer Maria Rilke, von dem sie ein Kind erwartete, das sie aber abtrieb. Später wurde sie eine Schülerin Freuds und spezialisierte sich auf anale Sexualität. Rée verschwand von der Bildfläche. Und Nietzsche, der vor nutzlosem Hass kochte – auf Elisabeth, auf Rée, auf Lou –, blieb einsamer und trauriger denn je zurück. »Dieser letzte Bissen Leben war der härteste, den ich bisher kaute … Könnte ich nur schlafen! – aber die stärksten Dosen meiner Schlafmittel [er nahm damals täglich 50 Gramm Chloralhydrat ein] helfen mir eben so wenig als meine 6–8 Stunden Marschiren. Wenn ich nicht das Alchemisten-Kunststück erfinde, auch aus diesem Kothe *Gold* zu machen, so bin ich verloren«, schrieb er Weihnachten 1882 an Franz Overbeck.

Virescit volnere virtus war Nietzsches Wahlspruch. Aus dieser Verzweiflung entstand sein längstes und größtes Werk, seine Oper in Prosa, *Also sprach Zarathustra*. Nietzsche schrieb in Schüben manischer Inspiration, in einem Stil, der oftmals an die Bibel oder eine Parodie von ihr erinnert, und beendete den ersten Teil 1883. Der beginnt mit einem volltönenden Herabstieg in die Welt:

> Als Zarathustra dreißig Jahr alt war, verließ er seine Heimat … und ging in das Gebirge. Hier genoß er seines Geistes und seiner Einsamkeit und wurde dessen zehn Jahr nicht müde. Endlich aber verwandelte sich sein Herz, – und eines Morgens stand er mit der Morgenröthe auf, trat vor die Sonne hin und sprach zu ihr also: ›Du großes Gestirn! Was wäre dein Glück, wenn du nicht Die hättest, welchen du leuchtest!‹ … Siehe! Ich bin meiner Weisheit überdrüssig, wie die Biene, die des Honigs zu viel gesammelt hat, ich bedarf der Hände, die sich ausstrek-

ken. Ich möchte verschenken und austheilen, bis die Weisen unter den Menschen wieder einmal ihrer Thorheit und die Armen einmal ihres Reichthums froh geworden sind … Segne den Becher, welcher überfließen will, dass das Wasser golden aus ihm fließe und überallhin den Abglanz deiner Wonne trage!

Ein so überdimensionales und ausuferndes Buch lässt viele Lesarten zu. Zwei große Ideen dominieren, die bekannteste ist die des *Übermenschen*, ein Begriff, der ohne das Zutun seines Erfinders ein oftmals dubioses Eigenleben gewann. Für Nietzsche bezeichnete der *Übermensch* nicht etwa eine biologisch völlig neuartige Spezies, die sich von der üblichen Menschheit unterschied, oder einen genetisch begünstigten Typus, sondern ein in psychologischer, moralischer und ästhetischer Hinsicht fähigeres Wesen, von dem die großen Männer der Geschichte – Julius Cäsar, Beethoven, Goethe – bislang nur eine Andeutung vermitteln konnten. »Was ist der Affe für den Menschen? Ein Gelächter oder eine schmerzliche Scham. Und eben das soll der Mensch für den Übermenschen sein: ein Gelächter oder eine schmerzliche Scham … Einst wart ihr Affen, und auch jetzt ist der Mensch mehr Affe, als irgend ein Affe … Seht, ich lehre euch den Übermenschen! Der Übermensch ist der Sinn der Erde.« Wenn Gott tot ist, dann muss der Übermensch die so entstandene moralische und psychologische Leere füllen. Was er in seiner Erhabenheit so alles bewerkstelligen würde, darüber ließ sich Nietzsche nicht weiter aus.

Als Ergänzung dazu fungiert die Vorstellung von der ewigen Wiederkunft. Buchstäblich alles und jedes kehrt im großen Kreislauf wieder. »Sagtet ihr jemals ja zu Einer Lust? Oh, meine Freunde, so sagtet ihr Ja auch zu *allem* Wehe. Alle Dinge sind verkettet, verfädelt, verliebt … *Denn alle Lust will* –

Ewigkeit!« Eine solche Philosophie ist nicht für jeden verdaulich. Und Nietzsche verkündet noch eine weitere grundlegende Botschaft: » ... *bleibt der Erde treu* und glaubt Denen nicht, welche euch von überirdischen Hoffnungen reden! ... Verächter des Lebens sind es, Absterbende und selber Vergiftete, deren die Erde müde ist: so mögen sie dahinfahren!« Aus Nietzsches Sicht ist das Leben selbst von atemberaubender Fülle und voller Herrlichkeit; das deutet sich im *Zarathustra* bereits an und wird später näher ausgeführt. Obgleich er existenzielles Leiden vollkommen akzeptierte, betrachtete er den natürlichen Zustand des Universums als »unendlichen Ueberfluss« und »überschwängliche Fruchtbarkeit«. Und was den viel bemühten Kampf ums Dasein betrifft, so ist er »nur eine Ausnahme«, denn »in der Natur herrscht nicht die Nothlage, sondern der Ueberfluss, die Verschwendung, sogar bis ins Unsinnige«. Hierin unterschied er sich deutlich von den Anhängern Darwins, die für den großen Biologen bereits päpstliche Unfehlbarkeit beanspruchten.

Nietzsche hatte gerade den ersten Teil von *Zarathustra* beendet, als er von Wagners Tod am 13. Februar 1883 erfuhr. Zunächst wurde er wieder krank, dann fühlte er eine enorme Erleichterung. »Es war hart, sehr hart sechs Jahre lang Jemandem Gegner sein zu müssen, den man so verehrt und geliebt hat.« Aber Wagners Tod ließ ihn einsamer denn je zurück. *Zarathustra* ist auch eine Hymne auf die Einsamkeit. Elisabeth, die sich lange so aufopferungsvoll um ihren Bruder gekümmert hatte, dass mancher eine inzestuöse Vernarrtheit vermutete, hatte sich mit dem rabiaten Antisemiten Bernhard Förster verlobt. Förster war der Begründer des »Deutschen Volkvereins«, ein wenig einflussreicher Vorläufer der Nazis, und wanderte dann nach Paraguay aus, um dort eine deutsche Kolonie zu gründen. Elisabeth heiratete ihn im Mai 1885 ohne das Einverständnis ihres Bruders, denn mit beinahe vierzig hatte sie die Hoffnung auf eine Ehe schon beinahe aufgegeben. 1886 segelte das Paar nach Paraguay, aber die Kolonie »Neu-Germania« stand unter einem Unstern. Förster beging 1889 Selbstmord, nachdem ans Licht gekommen war, dass er Gelder veruntreut hatte, und Elisabeth kehrte nach Europa zurück. Schon lange vorher hatte Nietzsche die Geduld »mit einer rachsüchtigen, antisemitischen Gans«, wie er sie nannte, verloren.

Seine Bücher hatten sich bislang schlecht verkauft. Nietzsche war zwar erstaunt darüber, dass die Welt »das höchste Buch, das es giebt« ignorierte, aber er musste die Publikation des letzten Teils von *Zarathustra* 1885 selbst finanzieren. Geld wurde zu einem immer drängenderen Problem für den Professor ohne Pensionsanspruch, auch wenn ihm eine ältliche adlige Verehrerin, Meta von Salis, von Zeit zu Zeit aushalf. Aber als ob die Arbeit an *Zarathustra* sein Bedürfnis nach prophetischer Extravaganz gestillt hätte, schrieb er nun schneller, klarer und besser denn je. *Jenseits von Gut und Böse: Vorspiel einer Philosophie der Zukunft* erschien 1886 und beschäftigte sich mit der Wahrheit. »Gesetzt, wir wollen Wahrheit«, fragte Nietzsche, »warum nicht lieber Unwahrheit? Und Ungewissheit? Selbst Unwissenheit? … welche Weisheit darin liegt, dass die Menschen oberflächlich sind. Es ist ihr erhaltender Instinkt.« (Dies ist vielleicht Nietzsches am wenigsten umstrittene Beobachtung.) Er pries jetzt den selbstbewussten, ja habgierigen Aristokraten und sagte: »Leben selbst ist wesentlich Aneignung, Verletzung, Überwältigung des Fremden und Schüchternen.« Er dachte dabei an Renaissancefürsten wie Cesare Borgia, die ihn in gleicher Weise wie einst Machiavelli inspirierten. Von Jacob Burckhardt stammt die These, dass in der Renaissance die »Gewaltherrschaft … [zunächst] im höchsten Grade die Individualität ... des Tyrannen [entwickele], sodann diejenige des von ihm protegierten ... Talentes, des Geheimschreibers, Beamten, Dichters, Gesellschafters.«

In seinem nächsten Buch, *Zur Genealogie der Moral* (1887), stellt Nietzsche sein Konzept von Herr und Sklave vor, die jeweils unterschiedlichen Moralvorstellungen unterliegen. Die jüdisch-christliche Tradition basiere im Wesentlichen auf einer Sklaven-Moral und sei das Ergebnis von Ressentiments gegenüber der edlen Klasse der Krieger, »das Ressentiment solcher Wesen, denen die eigentliche Reaktion, die der Tat, versagt ist, die sich nur durch eine imaginäre Rache schadlos halten.« Jene Rache meint nichts anderes als die Bestrafung in der Hölle. Sozialismus und Anarchismus waren für ihn säkularisierte, minderwertige Formen des Christentums, die er ablehnte. Besonders widerwärtig waren ihm Rousseau und die französischen Revolutionäre mit ihren schädlichen egalitären Idealen. Doch im Vergleich zu Kultur und Psychologie war sein Interesse an Politik denkbar gering. Askese etwa schien ihm unabdingbar für die Selbstbeherrschung, die dem Übermenschen den »Willen zur Macht« verleiht – ein weiterer Satz, der nach Nietzsches Tod arg missbraucht worden ist. Aber Askese sollte nur vorläufig nötig sein, bis das Konzept der so genannten Sünde abgeschafft wäre: »Es ist eine Krankheit, das schlechte Gewissen, das unterliegt keinem Zweifel, aber eine Krankheit, wie die Schwangerschaft eine Krankheit ist.« Das Reich des Übermenschen würde jenseits solcher Torturen liegen; für Nietzsche blieb es immer unerreichbar.

Anfang 1887 entdeckte er Dostojewski, den er preisen sollte als »einen Psycholog, mit dem ich mich verstehe.« Nietzsche brauchte kaum die großen russischen Romane aufzuschlagen, er erfasste ganz instinktiv die Geistesverfassung des

Mörders Raskolnikow oder des heiligen Idioten Prinz Myschkin. Später verglich er »jene seltsame und kranke Welt, in die uns die Evangelien einführen« mit »einem russischen Romane, in dem sich Auswurf der Gesellschaft, Nervenleiden und ›kindliches‹ Idiotentum ein Stelldichein zu geben scheinen ... Man hat zu bedauern, dass nicht ein Dostojewski in der Nähe dieses interessantesten *décadent* [Jesus] gelebt hat.« Nietzsche bestritt nie, dass ein christliches Leben voller Entsagung und Verzicht möglich sei, aber er bezweifelte, dass sich irgendjemand ein solches wünschen könnte. »Im Grunde gab es nur einen Christen und der starb am Kreuz ... er starb wie er lebte, wie er lehrte – nicht um ›die Menschen zu erlösen‹, sondern um zu zeigen, wie man zu leben hat ... er widersteht nicht, er vertheidigt nicht sein Recht, er thut keinen Schritt, der das Äusserste von ihm abwehrt, mehr noch, er fordert es heraus ... Und er bittet, er leidet, er liebt mit denen, in denen, die ihm Böses thun.« Diese Widerstandslosigkeit sah er als die Essenz des Lebens und der Lehre Jesu an, die später von Paulus und allen anderen Christen verfälscht wurde.

Das Jahr 1888 schien Nietzsche plötzlich Hoffnung zu bringen. Der dänische Kritiker Georg Brandes pries seinen »aristokratischen Radikalismus«, was ihm gefallen musste, und hielt Vorlesungen über Nietzsche an der Universität Kopenhagen. Bald darauf begann der schwedische Dramatiker August Strindberg eine Korrespondenz mit ihm; er schrieb, dass er alle seine Briefe mit dem Hinweis: »Lest Nietzsche!« beende. Und Nietzsches Gesundheitszustand schien sich zu verbessern, was er Turin zuschrieb, das er in jenem Frühjahr für sich entdeckt hatte. Er liebte die majestätischen Boulevards, die Cafés, Buchläden und das Opernhaus; Turin war für ihn »ein klassischer Ort ... und alles viel würdiger, als ich es erwartet hatte! Die schönsten Cafés, die ich sah.« Die ganze

Stadt war von »aristokratischer Ruhe … es gibt keine mesquinen Vorstädte.« Nietzsche, der sich mittlerweile als Abkömmling der polnischen Adelsfamilie Niëzky bezeichnete, war verzaubert, verjüngt und inspiriert. »Wunder über Wunder, ich habe einen merkwürdig heiteren Frühling bisher gehabt. Den ersten seit zehn, fünfzehn Jahren«, schrieb er im Mai an Reinhart von Seydlitz. Diese produktive Euphorie überstand sogar einen scheußlichen Sommer in Sils-Maria, und als er im Herbst nach Turin zurückkam, war er von einem anhaltenden Wohlgefühl durchdrungen.

Er schrieb nun immer schneller, und seine Handschrift wurde so unleserlich, dass die Schriftsetzer sie kaum mehr entziffern konnten. *Der Fall Wagner* (1888) – wahrscheinlich das unfairste und unterhaltsamste Buch, das je über einen Komponisten geschrieben wurde, ist praktisch das genaue Gegenteil einer Eloge, denn Nietzsche war auch nach dessen Tod nicht weniger besessen von dem großen Meister. Das Buch beginnt mit tonnenweise Lob für Bizets *Carmen*: »Diese Musik scheint mir vollkommen. Sie kommt leicht, biegsam, mit Höflichkeit daher. Sie ist liebenswürdig, sie *schwitzt* nicht«; dann fährt Nietzsche fort, Wagner zu schmähen als einen *décadent*, der »immer fünf Schritte weit vom Hospital« entfernt sei, der die »die drei grossen Stimulantia der Erschöpften, das *Brutale*, das *Künstliche* und das *Unschuldige* (Idiotische)« biete. Und doch räumt Nietzsche ein: »*Andre* Musiker kommen gegen Wagner nicht in Betracht«, Brahms sei nur ein »Meister in der Copie« gewesen. Wagners Dekadenz entspreche seinem dekadenten Zeitalter. (Das Thema ließ ihn nicht los, noch im gleichen Jahr griff er es in dem kurzen Text *Nietzsche contra Wagner* erneut auf.) Die deutsche Musik im Allgemeinen verdammte er nun als »verstopft und verstopfend«, genau wie deutsches Bier und Religion.

Götzen-Dämmerung oder Wie man mit dem Hammer philosophiert (1889) – der Titel parodiert die *Götterdämmerung*, das opferreiche Finale des *Rings* – ist im Tonfall das ganze Gegenteil von Wagner: treffend, witzig, leichtfüßig, aufgeschlossen. »Kein Ding geräth, an dem nicht der Übermuth seinen Theil hat«, schreibt Nietzsche im Vorwort. Er wandte sich gegen diverse zeitgenössische Übel, ganz so, als ob er es sich mit allen verderben wollte: Philosophen, Revolutionären, Diätspezialisten, Frauen, besonders solchen mit literarischen Ambitionen, und dem Volk, besonders den Deutschen. Aber zunächst konzentrierte er sich auf die Hässlichkeit des Sokrates, eine Sache, die anderen Denkern bislang irgendwie entgangen war. »Aber Hässlichkeit ... ist unter Griechen beinahe eine Widerlegung. War Sokrates überhaupt ein Grieche?« Jedenfalls war Sokrates »Pöbel«, und »der Pöbel kommt mit der Dialektik obenauf.« Trotzdem konnte sich Nietzsche im Hinblick auf Sokrates – oder Wagner oder sogar Jesus Christus – nicht zu einem definitiven Urteil durchringen.

Aber über einen Mann war er sich nun im Klaren, und das war Goethe.

> Goethe – kein deutsches Ereigniss, sondern ein europäisches ... Was er wollte, das war *Totalität*; er bekämpfte das Auseinander von Vernunft, Sinnlichkeit, Gefühl, Wille ... den Menschen, für den es nichts Verbotenes mehr giebt, es sei denn die *Schwäche*, heisse sie nun Laster oder Tugend ... Ein solcher *freigewordner* Geist steht mit einem freudigen und vertrauenden Fatalismus mitten im All, im *Glauben*, dass nur das Einzelne verwerflich ist, dass im Ganzen sich Alles erlöst und bejaht – *er verneint nicht mehr* ... Aber ein solcher Glaube ist der höchste aller möglichen Glauben: ich habe ihn auf den Namen des *Dionysos* getauft.

Nietzsche hatte seinen Übermenschen gefunden.

Im *Antichrist* (1888) greift Nietzsche frühere Polemiken nicht nur religiöser Art erneut auf: »Der ›Fortschritt‹ ist bloß eine moderne Idee, das heißt eine falsche Idee. Der Europäer von Heute bleibt in seinem Werthe tief unter dem Europäer der Renaissance.« Aber das Christentum blieb Nietzsches wichtigstes Feindbild. »Wenn man das Schwergewicht des Lebens *nicht* in's Leben, sondern in's ›Jenseits‹ verlegt – *in's Nichts* –, so hat man dem Leben überhaupt das Schwergewicht genommen. Die grosse Lüge von der Personal-Unsterblichkeit zerstört jede Vernunft, jede Natur im Instinkte, – Alles, was wohltätig … ist.« Beinahe ironisch lobt er die Vorzüge des Buddhismus: »Der Buddhismus ist hundert Mal realistischer als das Christentum, … er steht, in meiner Sprache geredet, *jenseits* von Gut und Böse.« Sogar dem Islam und der »wunderbar maurische[n] Cultur-Welt Spaniens« wird im Vorübergehen Beifall gezollt, »weil sie zum Leben ja sagte«. Das Buch endet mit einem Bannfluch: »Ich heisse das Christentum den Einen grossen Fluch, die Eine grosse innerlichste Verdorbenheit, den Einen grossen Instinkt der Rache, dem kein Mittel giftig, heimlich, unterirdisch, *klein* genug ist, – ich heisse es den Einen unsterblichen Schandfleck der Menschheit.«

All seine Schriften sah Nietzsche nur als Ouvertüre für seine geplante *Umwertung aller Werte*, diese wiederum war nur die Vorbereitung für das noch umfassendere Werk *Der Wille zur Macht*, das er nicht vollendet hat. Seine Notizen hat Elisabeth später in absichtlich entstellter Form veröffentlicht. Er verfasste nur noch ein Werk, das er an seinem Geburtstag im Oktober 1888 begann, und zwar *Ecce Homo*, die originellste aller Autobiografien. Der Titel bezieht sich auf die Verurteilung Christi (Sehet, welch ein Mensch!), der Untertitel lautete: *Wie man wird, was man ist*, und einzelne Kapitel haben

Überschriften wie: »Warum ich so klug bin« oder »Warum ich so gute Bücher schreibe«. Für manchen Leser mag das die Paralyse eines Wahnsinnigen anzeigen und ein Grund zum Davonlaufen sein, aber Nietzsche war noch nicht verrückt geworden – noch nicht ganz, obwohl die Syphilisbakterien in sein Gehirn vordrangen, als die Krankheit ihre dritte, finale Phase erreichte. Obgleich *Ecce Homo* eigentlich die Entwicklung seines Denkens beschreibt, beginnt Nietzsche mit einer Eloge auf sein Leben:

> An diesem vollkommnen Tage, wo Alles reift und nicht nur die Traube gelb wird, fiel mir eben ein Sonnenblick auf mein Leben – ich sah rückwärts, ich sah hinaus, – ich sah nie so viel und so gute Dinge auf einmal. Nicht umsonst begrub ich heute mein vierundvierzigstes Jahr, ich durfte es ... wie sollte ich nicht meinem ganzen Leben dankbar sein!

Für jemanden, dessen Leben eine Abfolge von Leiden war, von Ablehnung, Armut und Einsamkeit, ist dies ein geradezu heroisch unlarmoyanter Auftakt. Weniger lobenswert ist allerdings die Selbstbeweihräucherung, mit der er die blitzgescheiten Resumées seiner vorangegangenen Werke pfeffert. Eigenlob war nichts Neues bei Nietzsche, der so lange ohne Leser auskommen musste, dass er solipsistische Tendenzen entwickelt hatte, aber es ist auch ein Nebeneffekt der Syphilis, dass sie die Kritikfähigkeit zerstört.

Nietzsche verfasste *Ecce Homo*, nachdem er im September 1888 nach Turin zurückgekehrt war und erneut Entzücken über die »herrliche und seltsam wohlthuende Stadt« empfand. Der Herbst war ungewöhnlich trocken und klar, was ihn zu der (fälschlichen) Annahme verleitete, dass Turin das gleiche belebende Klima wie Athen oder Rom hätte. »Reinstes Oktoberlicht überall; der herrliche Baumweg, der mich ... am Po entlangführte, vom Herbste noch kaum berührt. Ich bin jetzt der dankbarste Mensch von der Welt – *herbstlich* gestimmt in jedem guten Sinne des Wortes: es ist meine große Erntezeit«, schrieb er an Overbeck. Aber zunehmend zeichnete sich auch seine Verblendung ab: »Das Merkwürdigste ist hier in Turin eine vollkommene Faszination, die ich ausübe – in allen Ständen. Ich werde mit jedem Blick wie ein Fürst behandelt, – es gibt eine extreme Distinktion in der Art, wie man mir die Thür aufmacht, eine Speise vorsetzt«. Er bat seine Mutter, ihm modischere Kleidung zu schicken, die für einen Fürsten, der inkognito lebte, angemessen wäre. Aber sein Hauswirt erinnerte sich später an einen sehr einsamen Mieter, der stundenlang auf dem Klavier in seinem Zimmer spielte. Was spielte er? Wagner.

Mit dem Größenwahn stellten sich auch Sinnestäuschungen über seine vermeintliche Gesundheit, ja Jugend ein. Wenn er in den Spiegel sah, fand er sich verjüngt und besser denn je aussehend. Er schrieb nun an seinen *Dionysos-Dithyramben*, fragmentarische, aber teilweise sehr schöne Gedichte, die den freien Vers des 20. Jahrhunderts vorwegnehmen. Er war nunmehr der Überzeugung, er sei der auf die Erde zurückgekehrte Dionysos, jener Gott, der alle Werte verändern – und das Deutsche Reich zerstören würde. Kurz nach Weihnachten schrieb er an Strindberg: »Ich habe einen Fürstentag nach Rom zusammenbefohlen, ich will den jungen Kaiser [Wilhelm II.] füsilliren lassen.« Am 3. Januar 1889 brach er auf der Straße zusammen bei dem Versuch, ein Pferd zu umarmen, das gerade Schläge bekam. Als er wieder zu sich kam, war er offensichtlich nicht mehr bei Sinnen. Er schrieb an Meta von Salis: »Die Welt ist verklärt, denn Gott ist auf der Erde. Sehen Sie nicht, wie alle Himmel sich freuen? Ich habe eben Besitz ergriffen von meinem Reich, werfe den Papst ins Gefängnis.« Er unterschrieb mit Dionysos. Als Overbeck einen Brief erhielt, der mit den Worten endete: »Ich lasse eben alle Antisemiten erschießen«, machte er sich sofort von Basel auf den Weg nach Turin. Er fand seinen alten Freund splitternackt durch den Raum tanzend vor, der, wie er sagte, ein Tempel des Dionysos sei. Overbeck konnte Nietzsche dazu bringen, mit ihm nach Basel zurückzukehren. Dort blieb er in einer Heilanstalt, bis seine Mutter ihn mit nach Naumburg nahm, um sich um ihn zu kümmern.

Nietzsche lebte noch elf Jahre abhängig wie ein Kind; sein scharfer Intellekt war völlig ausgelöscht. In grausamer Ironie kamen jetzt Geld und Ruhm, auf die er verzichten musste, als er noch gesund war. Die Nutznießerin war seine Schwester Elisabeth, die sich nach ihrer Rückkehr aus Paraguay im Jahr 1893 und nach dem Tod der Mutter um ihn kümmerte und ihn zunehmend ausbeutete. Sie kaufte ein Haus in Naumburg und machte ein Museum daraus, dessen Hauptattraktion der verrückte Philosoph war. In Weiß gekleidet wie ein arischer Hohepriester, sein Schnurrbart ausladender denn je, starrte Nietzsche verständnislos auf die Besucher, die sein prophetisches Schweigen gebührend bewunderten. Da die Tantiemen nur so hereinströmten, legte sich Elisabeth einen luxuriösen Lebensstil zu, stellte Bedienstete ein und kaufte eine Kutsche. Nietzsche starb am 25. August 1900 an einem Schlaganfall und bekam ein evangelisches Begräbnis – was ihm zutiefst zuwider gewesen wäre. Elisabeth hatte die Intentionen ihres Bruders gründlich missverstanden – vielleicht absichtlich. Indem sie seine Notizen zu *Der Wille zur Macht* aus seinem Nachlass wahllos zusammensammelte und posthum herausgab, machte sie ihn zu einem antisemitischen deutschen Nationalisten und Propheten des imperialistischen Deutschlands. Diese Travestie fand ihren Höhepunkt, als Hitler 1934 das Nietzsche-Museum besuchte und Elisabeth ihm die Hand schüttelte. Aber im Gegensatz zu Hitlers wiederholten Pilgerfahrten zu Wagner-Kultstätten – dessen Werk und Ansichten der Führer zutiefst verehrte – blieb es bei diesem einmaligen Besuch. Hitler war kein Bewunderer Nietzsches.

Auch über hundert Jahre nach seinem Tod erweisen sich die Fragen, die Nietzsche als Erster aufgeworfen hat – kultureller, psychologischer und ethischer Art –, als bemerkenswert relevant, und die Art und Weise, auf die er sie gestellt hat, bleibt verführerisch. Sein Verständnis des Daseins als ästhetische, nicht moralische Herausforderung, oder zumindest als eine, die nur ästhetisch verstanden werden kann, hat sich als geradezu beängstigend inspirierend erwiesen, auch wenn das mehr auf Künstler und Schriftsteller als auf Philosophen zutreffen mag. Yeats' tragische Freude, Rilkes Engel, Lawrence' Vorstellungen vom »größeren Leben« sind alle Nietzsche verpflichtet. Man könnte auch sagen, dass Nietzsche uns vor den Banalitäten, den Ressentiments und dem Selbstmitleid unserer Massenkultur warnt. Zweifellos war er ein Pionier der Zerstörung christlicher Schuldvorstellungen – sexueller und anderer Art –, wie selbst Freud einräumen musste. Aber auch wenn Nietzsches geistige Intuition ihn viel weiter brachte als den vorsichtigen Wiener Arzt, führte ihn sein eigenes Leben doch nirgendwohin.

»Charakter ist Schicksal«, sagte Heraklit, der kryptische Vorsokratiker, den Nietzsche so bewunderte. Nietzsches Charakter sowie seine Konstitution prädestinierten ihn für ein wenig übermenschliches Leben. Niemals kam er seinem Ideal vom Übermenschen auch nur nahe, immer blieb er der schäbige, kurzsichtige und von Krankheiten gepeinigte Ex-Professor. Aber selbst wenn sein Gesundheitszustand und sein Einkommen es ermöglicht hätten, hätte seine puritanische Erziehung wohl den reuelosen Genuss dionysischer Orgien vereitelt. Hinter der heldenhaften Pose des Übermenschen blieb er immer auch der Pastorensohn. In seinen Attacken auf die frühen Christen und ihr »unsinniges Fasten, fortgesetzte geschlechtliche Enthaltung, in die Wüste gehen oder auf einen Berg und eine Säule steigen ... und schlechterdings an Nichts denken, als Das, was eine Verzückung und geistige Unordnung mit sich bringen kann« porträtierte er unwissentlich geradezu sich selbst. Wenn er die Peitsche mit zum Weibe genommen hätte, dann sicherlich nur, damit *sie* ihn zurück an die Arbeit hätte treiben können, und nicht, um gemeinsam die Abwege der Erotik zu erforschen. Die asketische Seite von Nietzsche war beinahe schon masochistisch. Aber im Gegensatz zu Foucault, der in der Philosophie sein wohl beunruhigendster Schüler war, litt Nietzsche nicht an einem sexuellen, sondern an einem psychologischen Masochismus, der im Grunde beinahe christlich war. Ein seltsames Epitaph für den Propheten des Dionysos und des Übermenschen.

Nietzsche und die Nazis

Nichts hat Nietzsche mehr geschadet als die vermeintlichen Verbindungslinien zum Nationalsozialismus. Nazis wie Alfred Bäumler, Parteimitglied und Professor für Philosophie in Berlin, versuchten Nietzsche zu einem Vorläufer der Bewegung zu stilisieren. Aus ihrem Zusammenhang gerissen, klingen einige von Nietzsches Formulierungen – die »blonde Bestie«, der »Wille zur Macht« auch ganz passend. Aber Denkern wie Hegel, Schopenhauer und sogar Kant, diesem Eckpfeiler der Aufklärung, erging es ähnlich. Ein Blick auf das, was Nietzsche, der die französische Kultur bewunderte und seine Landsleute derart verachtete, dass er behauptete, ein Pole zu sein, über das Deutsche Reich schrieb, genügt, um sich vorstellen zu können, wie seine Meinung über das »Dritte Reich« ausgefallen wäre. Vor allem hätte Nietzsche die Haltung der Nazis gegenüber den Emanzipationsbestrebungen der Juden abgelehnt. Er verehrte Spinoza, den ersten der großen jüdischen Denker, der das Ghetto verließ; für ihn war Heinrich Heine mit seiner »göttliche[n] Bosheit, ohne die ich mir das Vollkommne nicht zu denken vermag«, der wichtigste deutsche Dichter des 19. Jahrhunderts, hinter dem er sich selbst bescheiden den zweiten Platz einräumte; er wusste, dass der von ihm verehrte Bizet jüdische Vorfahren hatte, und er pries Offenbach, den jüdischen Operetten-Komponisten, als »diesen geistreichsten und übermüthigsten Satyr, der als Musiker zur grossen Tradition hält«. In *Menschliches, Allzumenschliches* (1878) griff er den deutschen Antisemitismus offen an. Und kurz bevor er 1889 dem Wahnsinn anheimfiel, sagte er noch: »Ich lasse eben alle Antisemiten erschießen.« Für beinahe ein Jahrzehnt war der jüdische Paul Rée sein bester Freund, jener Mann, der seine einzige Chance auf ein Liebesglück mit Lou Salomé zunichtemachte. Wenn Nietzsche auch nur eine Spur antisemitischer Gefühle gehegt hätte, wären sie wohl hier zum Ausdruck gekommen. Aber nichts dergleichen geschah.

Aber selbst wenn man Nietzsche von dem Vorwurf, ein Antisemit und Pate des Nationalsozialismus zu sein, freisprechen kann, wirft seine Bewunderung für »große Männer« wie Julius Cäsar, Napoleon I. und Cesare Borgia, diesen skrupellosesten aller Renaissance-Tyrannen, doch Fragen auf. Es deutet sich zumindest an, dass er – wie später die Schriftsteller Luigi Pirandello, Ezra Pound und W. B. Yeats – durchaus eine potenzielle Sympathie für den Faschismus hätte entwickeln können. Benito Mussolini, der für einen Diktator überraschend gebildet war, las Nietzsche und erkor *Vivi Pericolosamente* (Lebe gefährlich) zu seinem Wahlspruch. Aber weder antike noch neuzeitliche Diktatoren haben jemals wirklich philosophischer Unterstützung bedurft, und Politik war für Nietzsche, wie er selbst zugab, immer wenig reizvoll, er bezeichnete sich einmal als »den letzten unpolitischen Deutschen«. Elitär war er sicherlich. Seine Bewunderung für starke Aristokratien und seine Weigerung, Mitleid mit den Schwächeren zu haben, wie es die jüdisch-christliche (und stoische und buddhistische) Überzeugung verlangt, verleiht einigen seiner Schriften eine abstoßende, grausame Note. Aber selbst wenn sich unter Nietzsches Verehrern einige Nazisympathisanten wie Heidegger finden, so überwiegen doch die linken Nietzscheianer wie Herbert Marcuse, Karl Jaspers oder Jean-Paul Sartre.

4
Bertrand Russell (1872–1970)
Die Arithmetik menschlichen Verhaltens

Ich fand großes Vergnügen an der Mathematik ... und hoffte, dass es eines Tages eine Arithmetik des menschlichen Verhaltens geben würde, genauso präzise wie Mathematik.«

Bertrand Russell, Portraits from Memory

Mitte des 20. Jahrhunderts war Bertrand Russell für viele *der* Philosoph, genauso wie Einstein *der* Wissenschaftler war. Mit weißem Haar und edel zerfurchtem Antlitz wurde Russell dieser Rolle durchaus gerecht, während er an seiner Pfeife zog. Er klang auch so, wenn er weise Kommentare zu politischen oder gesellschaftlichen Themen abgab. 1948 hielt er die erste der Reith Lectures im Radio der BBC, während seine *Philosophie des Abendlandes (The History of Western Philosophy)* zum ersten philosophischen Bestseller avancierte. So wurde Russells Name allseits bekannt, und er verdiente – für einen Philosophen – nicht schlecht; und doch war dieses Werk nur eines aus einer langen Reihe von Publikationen, die 1896 mit *Die deutsche Sozialdemokratie (German Social Democracy)* begann und einundsiebzig Jahre später mit *Das Vietnam-Tribunal* (*War Crimes in Vietnam*, 1967) endete. Russell war nie ein engstirniger akademischer Philosoph, und als er 1950 den Nobelpreis erhielt – für Literatur, denn die Kategorie Philosophie existiert nicht –, schien das nur angemessen zu sein.

Gut ins Bild passt auch jenes Dokument, das er zusammen

mit Einstein und fünf weiteren Nobelpreisträgern unterschrieb und das vor den katastrophalen Auswirkungen eines Atomkriegs warnte, genauso wie seine späteren Kampagnen gegen Atomwaffen mit der *Campaign for Nuclear Disarmament* (CND) und dem *Committee of 100*. 1961, als er bereits fast neunzig war, musste er wegen der Teilnahme an einem Sit-in ins Gefängnis. Heldentaten wie diese lassen ihn als einen Friedenspropheten und Verfechter gesunden Menschenverstandes erscheinen. Nach eigener Aussage wurde er von drei Leidenschaften geleitet, die »einfach, doch übermächtig ... [waren], das Verlangen nach Liebe, der Drang nach Erkenntnis und ein unerträgliches Mitleid für die Leiden der Menschheit.« Genau das erwartet die Öffentlichkeit von einem Philosophen.

Aber Russell erfüllte auch die Erwartungen der akademischen Welt, vor allem mit seinen *Principia Mathematica*, die er zusammen mit Alfred North Whitehead verfasste. Dieses wichtige Buch sicherte seinen weltweiten Ruhm. Indem Russell mathematische Logik auf die Sprache anwendete, hatte er Anteil an der Begründung der analytischen Philosophie, die in der englischsprachigen Welt des 20. Jahrhunderts weitgehend dominieren sollte. Ludwig Wittgenstein fühlte sich durch die Lektüre von Russells Arbeiten zur Philosophie berufen. Aber Russell selbst kam sich 1913 nach Abschluss der *Principia* geistig erschöpft und ausgebrannt vor, obwohl er erst vierzig war. Zu dieser Zeit hatte die Kritik Wittgensteins bereits sein Selbstbewusstsein untergraben. Während des Ersten Weltkriegs hatte Russell wegen seines pazifistischen Engagements seinen Lehrstuhl am Trinity College in Cambridge verloren und musste sogar eine Gefängnisstrafe verbüßen. Es folgten eine zweite Ehe, Kinder und endlose finanzielle Kalamitäten.

So kam es, dass Russell zeit seines Lebens fast keine ›richtige‹ Philosophie mehr betrieb, obwohl er siebenundneunzig Jahre alt wurde und erst 1970 starb. Auf einer Lesereise durch die Vereinigten Staaten wurde Russell von der Direktorin einer schicken Mädchenschule gefragt, warum er die analytische Philosophie aufgegeben habe. »Weil ich es vorziehe, Sex zu haben«, soll seine Antwort gewesen sein. Aber um seine Rechnungen bezahlen zu können, schrieb er unaufhörlich, um die 2000 Wörter am Tag. Eine gewisse Oberflächlichkeit kann da nicht ausbleiben, doch in einigen seiner Werke bringt er für damalige Verhältnisse radikale Meinungen zu Themen wie Sex, Ehe, Scheidung, Bildung, Kindererziehung, Weltregierung und Abrüstung zum Ausdruck. Solche Ansichten – die andere teilten, Russell aber oft sehr gekonnt und überzeugend vertrat – haben seither das westliche Denken durchdrungen und sind Teil eines liberalen Unterbewusstseins geworden, so akzeptiert, dass sie kaum mehr hinterfragt werden. Russells populäre Schriften sind gerade deswegen so bedeutsam, weil er viele erst später aufkommende Trends vorwegnahm oder erstmalig propagierte. Kirchenmänner und andere Konservative, die ihm Unmoral vorwarfen, hatten in gewisser Weise recht. Russell trat für eine gesellschaftliche und moralische (sprich: sexuelle) Revolution ein, die seither Wirklichkeit geworden ist. Wir leben heute mit einer stetig ansteigenden Scheidungsrate und sind somit auch die Erben von »Dirty Bertie« (einer seiner weniger schmeichelhaften Spitznamen), der während seines langen Lebens vier Ehefrauen und zahllose Geliebte verschlissen hat, ohne sich dafür zu rechtfertigen.

Russell verdankt es seinen populären Schriften, die oftmals sehr amüsant sind, dass er »der Voltaire des 20. Jahrhunderts« genannt wurde. Der Vergleich ist durchaus passend, beide

Männer waren nach Golo Mann »keine sehr tiefen Geister«, sie waren liberale Aristokraten, die zeitweilig sehr unbequeme, sogar gewagte Meinungen vertraten. Aber während Voltaire am Ende seines Lebens von ganz Europa gefeiert wurde, mit einem gütigen Lächeln auf seinem Greisengesicht, beendete Russell sein noch längeres Leben inmitten von familiären Katastrophen und gegenseitigen Schuldzuweisungen. Er hinterließ eine »lange Spur von emotionaler Zerstörung«, wie es sein Biograf Ray Monk beschreibt. Russell selbst sah sich »verfolgt von den Geistern von Verrückten«. Sein Testament von 1966 erwähnt nicht einmal seinen Erstgeborenen John, auf den er einst so große Hoffnungen gesetzt hatte und den er später in eine Anstalt einweisen lassen wollte. Stattdessen sollte sein ganzer Besitz an Ralph Schoenman gehen, seinen umstrittenen jungen Pressesprecher. Aber am Ende zerstritt sich Russell auch mit Schoenman.

Rationales, aufklärerisches Denken schützte Russell nicht davor, ein schrecklicher Vater und Großvater zu werden, obwohl er unbedingt Kinder haben wollte. Als Ehemann oder Liebhaber war er meist nicht besser. Ob und inwiefern sein menschliches Versagen sein Denken unwirksam macht und inwieweit es nur seinen eigenen schwierigen Charakter widerspiegelt, ist keine unbedeutende Frage. Im Gegensatz zu seinen hochtrabenden Äußerungen über die Menschheit an sich konnte Russell im Umgang mit anderen von einer kalten Gleichgültigkeit sein, die »zwei grundsätzliche Eigenschaften« vermuten lässt, »eine tief verankerte Angst vor dem Wahnsinn und ein überdimensionales Geltungsbedürfnis« (so drückt es Monk aus). Beides wurde durch seine vornehme Abstammung begünstigt, aber die Eitelkeit wurde durch seine akademischen Erfolge noch verstärkt. Mit dreiundzwanzig schon wurde er Fellow am Trinity College, mit achtunddreißig Fellow der Royal Society aufgrund seiner Arbeiten in Logik und Mathematik. Von diesen intellektuellen und gesellschaftlichen Höhen blickte Russell nun in herablassendem Wohlwollen hinunter auf die restliche Menschheit. Und nur selten ließ er die Maske eines liberalen Humanisten fallen und offenbarte die eisige Arroganz eines konservativen Großherzogs: »Darwin war mehr wert als 30 Millionen gewöhnliche Menschen.«

Bertrand Russell wurde am 18. Mai 1872 geboren. Sein Großvater, der erste Earl Russell, auch bekannt als Lord John Russell, war zweimal Premierminister unter Queen Victoria und hatte vorher die Verabschiedung der Great Reform Bill von 1832 (eine weniger radikale Reform, als der Name vermuten lässt) im Parlament befürwortet. Doch der Aufstieg der Dynastie zu Macht und immensem Reichtum hatte bereits im 16. Jahrhundert mit dem ersten Earl of Bedford begonnen, einem der vielen Höflinge, die sich nach der Auflösung der Klöster durch Heinrich VIII. Grundbesitz aneignen konnten. Die Russells liebäugelten immer schon mit revolutionären Ideen; Lord William Russell wurde 1683 hingerichtet als einer der Rye-House-Verschwörer, die ein Attentat auf Charles II. planten. Russells Vater, Viscount Amberley, vertrat dermaßen revolutionäre Überzeugungen – er war zugleich Agnostiker und Feminist –, dass er seine politische Karriere ruinierte; besonders sein Eintreten für Geburtenkontrolle wirkte auf die Wählerschaft befremdlich. Natürlich bestimmte Amberley seinen Freund, den liberalen Philosoph John Stuart Mill, als Bertrands Paten. Auch Russells Mutter, Kate Stanley, war von hohem Adel – ihr Stammbaum ließ sich bis 1066 zurückverfolgen – und neigte ebenfalls zu radikalen Ansichten.

Russells glückliche Kindheit wurde bald von Todesfällen überschattet. Mutter und Schwester starben 1874 an Diphtherie. Sein Vater versank in Melancholie und folgte ihnen weniger als zwei Jahre später ins Grab, allerdings mit einem ausgesprochen unchristlichen Begräbnis. Auch die beiden Vormünder, die er für seine Söhne bestimmt hatte, waren Atheisten. Doch die erwiesen sich in den Augen von Russells Großeltern als inakzeptabel, vor allem nachdem herauskam, dass Lady Amberley einem der beiden, dem an Tuberkulose erkrankten Biologen Douglas Spalding, aus Freundlichkeit oder aus Mitleid erlaubt hatte, eine Nacht mit ihr zu verbringen. Russell bemerkte später: »dass sie daraus irgendwelchen Lustgewinn gezogen hätte, dafür habe ich keinen Beweis gefunden.« Also zogen der dreijährige Bertrand und sein sieben Jahre älterer Bruder Frank stattdessen zu den Großeltern nach Pembroke Lodge im Park von Richmond, ein lang gestrecktes, niedriges Gebäude mit einem herrlichen Ausblick auf die Themse.

Lord Russell, umgänglich, aber schon sehr alt – er hatte Napoleon auf Elba besucht –, starb 1878, und Bertrand blieb in der Obhut seiner Großmutter zurück. Lady Russell war keine unverbesserliche Reaktionäre – sie unterstützte die Autonomiebestrebungen Irlands und akzeptierte Darwins Theorien –, aber sie kam aus einer Familie schottischer Presbyterianer, und das Leben in Pembroke Lodge war spartanisch. Während Frank in Winchester in die Schule kam, blieb Bertie zu Hause, um »in Reinheit, Frömmigkeit und Güte erzogen … und dazu angehalten zu werden, in die Fußstapfen seines Großvaters zu treten, Premierminister zu werden und das geheiligte Werk der Reform fortzuführen«, so beschreibt es jedenfalls der Philosoph George Santayana, der später ein Freund wurde. Es war kein einfaches Leben. Jeder Tag begann mit einem kalten Bad, anschließend übte Bertie Klavier in einem ungeheizten Zimmer. Früchte, Zucker, Schokolade und sogar bequeme Stühle waren ihm verboten, dafür war Beten unabdingbar und fand sogar noch häufiger statt als in den meisten viktorianischen Häusern. Denn Lady Russell war auf erdrückende, Schuldgefühle erzeugende Weise religiös. An seinem zwölften Geburtstag bekam Bertie von ihr eine Bibel, als Widmung schrieb sie ihre Lieblingsverse hinein: »Du sollst der Menge nicht auf dem Weg zum Bösen folgen … Laß dir nicht grauen und entsetze dich nicht; denn der Herr, dein Gott, ist mit dir in allem, was du tun wirst.« Die unbeabsichtigte Folge von alldem war, dass Russell zwar physisch und mental abgehärtet wurde, aber emotional große Schäden erlitt. Als er ein Junge war, traf Russell nur selten auf andere Kinder seines Alters – seine Cousins aus der Stanley-Familie, eine laute, ausgelassene Bande, die sein Bruder Frank sehr schätzte, wirkten auf ihn eher beunruhigend als erfreulich. Stattdessen sollten seine Tante Agatha, eine neurotische alte Jungfer, und sein Onkel Rollo, der Psalme schrieb, in Pembroke Lodge für angemessene, erbauliche Gesellschaft sorgen. Viele Themen wurden in diesem Haushalt, in dem es still wie in einer Gruft war, niemals erwähnt: Geld, Sex und vor allem das Schicksal von Onkel Willy, der zwei Männer ermordet hatte und nun im Irrenhaus saß. Russell wurde zeit seines Lebens von der Angst verfolgt, dass dieser Wahnsinn erblich sein könnte. Aber es gab auch Lehrer und Gouvernanten – Wilhelmina aus Deutschland schätzte er ganz besonders –, mit denen er offener sprechen konnte, und bald schon erwies sich Russell als intellektuell äußerst vielversprechend. Als er elf wurde, weihte ihn sein Bruder Frank in die Geheimnisse der Mathematik ein. Russell war fasziniert, wenngleich es ihn enttäuschte, dass Frank keine Begründung für die Axiome des Euklid bieten konnte und stattdessen behauptete, man müsse sie eben als erwiesen annehmen. Dies war »eines der größten Ereignisse meines Lebens, atemberaubend wie die erste Liebe. Ich hatte mir nicht vorstellen können, daß es etwas so Köstliches auf der Welt gäbe«, schrieb er später. Für einige Monate hatte er einen Agnostiker als Lehrer, der aber entlassen wurde, um Russells Glauben nicht zu unterminieren – vergebens, denn der hochintelligente Junge nahm längst nichts mehr als selbstverständlich hin. Als er seine Zweifel der Großmutter gegenüber äußerte, antwortete sie nur mit dem Wortspiel: »Was ist Geist? Nicht Materie. Was ist Materie? Nie Geist!« »Als sie diesen Spruch fünfzehn oder sechzehn Mal wiederholt hatte, machte er mir keinen Spaß mehr«, erinnerte sich Russell. Von nun an behielt er Zweifel über ethische Fragen oder die Unsterblichkeit für sich und schrieb in Altgriechisch in sein Tagebuch, um es vor neugierigen Blicken zu schützen.

Aber das Leben in Pembroke Lodge hatte auch seine erfreulichen Momente. In der Bibliothek seines Großvaters stieß Russell auf Freidenker wie Machiavelli, Swift, Gibbon, Byron, seinen Paten J. S. Mill und vor allem Shelley, dessen Dichtung er liebte. Außerdem kamen oft berühmte Gäste. Einmal fand sich Russell ganz alleine mit dem Premierminister Gladstone, als die Damen sich nach dem Dinner zurückgezogen hatten. (Der große alte Mann öffnete den Mund nur, um zu bemerken: »Sehr guter Portwein, den man mir da gegeben hat, aber warum hat man ihn mir in einem Rotweinglas serviert?«) Solch illustre, aber bejahrte Besucher konnten den Mangel an lebhafterer Gesellschaft kaum ausgleichen. Russell schrieb später: »Von früher Jugend an [habe ich] die Qual der Einsamkeit gefühlt. Ich bin ihr fast völlig in den Augenblicken der Liebe entronnen«. Von der britischen Regierung sprach der lebenslange Rebell allerdings gern als »Wir«, wie Freunde bemerkten.

1883 heiratete Onkel Rollo und verlegte seinen Wohnsitz in

die Nähe von Hindhead in den Hügeln von Surrey. Als der siebzehnjährige Russell einige Jahre später zu Besuch war, lernte er die Pearsall Smiths kennen, reiche amerikanische Quäker, die ganz in der Nähe in Friday Hill wohnten. Die Familie war recht unterhaltsam. Robert, der Vater, hatte sein Priesteramt aufgegeben, als er entdeckte, dass seine Liebe zu gewissen Damen in seiner Gemeinde mehr fleischlicher als geistiger Natur war; seine Frau Hannah war eine Mischung aus latentem Sadismus und religiösem Eifer, sie war es auch, die 1895 vorschlug, man möge Oscar Wilde nach seiner Verurteilung kastrieren; der Sohn, Logan, sollte ein dilettierender Schriftsteller werden, während die älteste Tochter Mary gerade im Begriff war, ihren ersten Mann zugunsten des Kunsthistorikers Bernard Berenson zu verlassen. Aber Russell verliebte sich in Alys, die schüchterne jüngere Tochter, blauäugig, gertenschlank, liebenswürdig, fünf Jahre älter als er und eine gebildete Absolventin des Bryn Mawr Women's College in den Vereinigten Staaten. Zuerst erwiderte sie seine Liebe zwar nicht, aber als sie es dann tat, ließ ihre Hingabe niemals nach, und noch in ihren Achtzigern wartete sie vergeblich darauf, dass Russell zu ihr zurückkehren würde. Aber vorläufig schwieg Russell noch über seine Gefühle.

1890 ging »dieser schüchterne Tugendbold« (Russell über sich selbst) ans Trinity College nach Cambridge, mit einem Stipendium für Mathematik. (Russell hatte sich für Mathematik entschieden, weil sie »nicht nur Wahrheit, sondern auch überragende Schönheit besitzt – eine kalte und strenge Schönheit, wie die einer Skulptur«, schrieb er 1907. Cambridge erwies sich als »eine neue Welt voller Freuden«. Hier waren Gleichgesinnte, die sich für das »ganze Universum geistiger Abenteuer« interessierten und mit denen er nächtelang diskutieren konnte. Unter seinen neuen Bekannten waren die Trevelyan-Brüder – von denen der eine, George, später als Rektor des Trinity College Russell dazu verhalf, nach Cambridge zurückzukehren – und G. E. Moore, ein Philosoph von überragender moralischer und intellektueller Integrität. Russell gewann schnell Moores Respekt, aber nicht seine Freundschaft, denn Moore war der Erste, der bei Russell das Fehlen jeglichen menschlichen Gefühls feststellte. Russell wurde in den exklusiven Debattierclub »Die Apostel« aufgenommen, zu jener Zeit ein sehr spartanischer Verein (sie ernährten sich hauptsächlich von Sardinenbrötchen), dem noch der homoerotische Touch fehlte, den erst Lytton Strachey und John Maynard Keynes mitbrachten, als sie später Mitglieder wurden. Aber Cambridge passte Russell »wie ein Handschuh«, und in diesem fröhlichen atheistischen Klima warf er die letzten Überbleibsel seiner christlichen Erziehung über Bord. Was er nicht ablegte, war sein leidenschaftliches Streben danach, die allgemeinsten Prinzipien der Wirklichkeit offenzulegen. Seine jugendliche Begeisterung für Pythagoras, Platons Vorgänger in mystischer Zahlenlehre, verblasste zusehends in einem »schrittweisen Rückzug«. Russells Sehnsucht nach intellektueller Gewissheit liegt seiner späteren Suche nach einer logischen Basis der Mathematik zugrunde.

Nachdem er 1893 die Bestnote erhalten hatte, beschloss Russell, der von einem Fach enttäuscht war, das damals in Form »pfiffiger Tricks und raffinierter Kunstgriffe« unterrichtet wurde, zur Philosophie zu wechseln, diesem »Niemandsland … zwischen Theologie und Wissenschaft«, wo er im nächsten Jahr wiederum brillierte. Die englische Philosophie wurde damals vom Hegel'schen Idealismus dominiert, nach dem das Universum, Geist und Materie, ein unteilbares Ganzes waren, »wie ein Wackelpudding: man schüttele einen Teil und der Rest wackelt auch«. Russell überwand seinen

Skeptizismus und »glaubte für eine Weile mehr oder weniger daran.«

1894 erbte Russell 20 000 Pfund (damals eine enorme Summe) und konnte es sich leisten, unabhängig zu werden. Im vergangenen Sommer hatte er endlich Alys seine Gefühle offenbart. Nach endlosem ernsthaften Werben, auf Kahnfahrten und Spaziergängen, ständig diskutierend – Russell teilte viele von Alys' radikalen Ansichten, vor allem hinsichtlich der Gleichberechtigung der Frau, allerdings nicht ihre Abneigung gegen Sex –, sagte sie schließlich Ja. Sie küssten sich zum ersten Mal an einem verschneiten Tag im Januar 1894. Alys war erst das zweite Mädchen, das Russell küssen sollte; das erste war ein Hausmädchen in Pembroke Lodge gewesen. Bald danach, auf sein Insistieren hin und durchaus unwillig, ließ sie ihn ihre Brüste küssen.

Alys' Eltern hatten ihre Zweifel über die Verlobung, aber Lady Russell war geradezu entsetzt über diese »Jugendverführerin und unstandesgemäße Abenteurerin«, die ihr den geliebten Bertie rauben wollte. Sie setzte alles daran, die Heiratspläne zu durchkreuzen. Es wurde ein Arzt hinzugezogen, um Bertie über den Wahnsinn, der in der Familie lag, zu berichten; Russell war erschüttert, bemerkte aber nur, dass Alys und er immer verhüten würden. Lady Russell nahm einen Kurswechsel vor und verlangte nun, dass Russell seiner Abstammung gerecht werden und in die Politik gehen solle. Diese Strategie zeigte mehr Wirkung. Russell, der immer zwischen einer akademischen Karriere und der Politik hin- und hergerissen war, stimmte zu, für drei Monate als Attaché des britischen Botschafters nach Paris zu gehen. Seine Familie hoffte, dass seine Neigung für die unpassende Amerikanerin sich während dieser Trennung verflüchtigen würde. Vergebens. Das Paris des *fin de siècle* ödete Russell an, er sehnte sich nur nach Alys. Der diplomatische Dienst war ebenso langweilig, und er war es bald leid, mit dem französischen Außenminister darüber zu diskutieren, ob man Hummer als Fisch bezeichnen solle oder nicht. In seinen zahlreichen Briefen an Alys mischt sich voreheliche Begeisterung mit Herablassung: »Ich nehme nicht an, daß Du versucht sein könntest, zu abhängig von mir zu werden, weil Du merken wirst, daß es mich anödet, wenn Du stets mit mir einverstanden bist, und daß ich hin und wieder einen Streit brauche, um meinem Gehirn etwas Übung zu verschaffen«, schrieb er am 22. Oktober.

Manchmal weinte Alys, wenn sie einen solchen Brief erhielt, aber pünktlich am 13. Dezember wurden sie getraut – Russell verkniff sich seinen Atheismus während der Quäker-Zeremonie, der die meisten seiner Anverwandten fernblieben – und gingen auf Hochzeitsreise nach Holland und Deutschland. Von nun an konnte Russell ohne schlechtes Gewissen Sex haben – damals für viele Männer einer der Hauptgründe für eine Heirat –, aber er fand Alys' Flanellnachthemden ziemlich unansprechend. Emotional und finanziell abgesichert, gab es für Russell keinen Grund zu arbeiten, selbst nachdem er im Oktober 1895 zum Fellow des Trinity College ernannt wurde. Doch Müßiggang zählte nie zu seinen Lastern. Nach einem weiteren Aufenthalt in Deutschland schrieb er sein erstes Buch, *Die deutsche Sozialdemokratie*, das 1896 erschien. Später sagte er: » Ich interessierte mich nicht länger dafür, nachdem ich beschlossen hatte, mich der mathematischen Philosophie zu widmen.« Aber er schrieb erstaunlich scharfsinnig über den Marxismus (die Sozialdemokraten waren damals fast alle Marxisten). Er hielt Marx' Theorie der Ökonomie für fehlerhaft, betonte aber, dass die wahre Faszination des Marxismus in seiner Kombination aus dem intellektuellen Prestige einer (Pseudo-)Wissenschaft und der emotionalen Sogwirkung eines großen Mythos oder einer Religion liege – und das lange bevor Lenin oder Stalin von Plakaten und Postern stierten. Im Anhang fand sich ein Text von Alys mit dem Titel »Die Sozialdemokratie und die Frauenfrage in Deutschland«, aber dies blieb ihre einzige gemeinsame Arbeit.

Politische Analysen rückten in den folgenden vierzehn Jahren in den Hintergrund, während Russell sich intensiv mit Mathematik und Logik beschäftigte und an seinen beiden Hauptwerken, *The Principles of Mathematics* (1903) und *Principia Mathematica* (1910–13), schrieb. Er wollte eine völlig neue logische Grundlage für die Mathematik entwickeln. Seit 1898 lehnte Russell den Hegel'schen Idealismus ab – und »fühlte eine große Erleichterung, als sei ich aus einem Treibhaus auf eine windige Hochebene entkommen« – und neigte mehr zu Moores empirischer Sicht, dass die Welt »wie ein Haufen Schrotkörner« zu betrachten sei. Er schrieb die *Principles* in kürzester Zeit und konnte bereits 1900 den ersten Entwurf von 200 000 Wörtern beenden, aber nun wurde ihm klar, dass einige komplizierte Probleme auf ihn warteten, besonders die »Russell'sche Antinomie«. (Ganz einfach und unmathematisch ausgedrückt, handelt es sich dabei um das Paradox des Epimenides: Alle Kreter sind Lügner.)

Für sein nächstes, noch bedeutenderes Werk, *Principia Mathematica*, suchte Russell die Zusammenarbeit mit Alfred North Whitehead, seinem früheren Lehrer, mit dem er befreundet war. Zuerst dachte er, die Arbeit könnte in ein bis zwei Jahren bewältigt werden, aber sie dauerte fast ein Jahrzehnt. Manchmal saß Russell den ganzen Tag lang da und starrte auf eine leere Seite, unfähig, etwas zu schreiben. Die mathematische Trilogie, die schließlich in den Jahren 1910–13 erschien – die Manuskripte waren so umfangreich, dass sie mit einer Droschke zur Cambridge University Press gekarrt werden mussten, und so voller Furcht einflößender höherer Mathematik, dass Russell später scherzte, nur sechs Menschen auf der Welt hätten sein Werk gelesen und auch verstanden –, brachte ihren Autoren kein Geld ein. Aber sie untermauerte deren akademische Reputation, wurde sie doch als wichtigster Beitrag zur Logik seit Aristoteles (also seit 2000 Jahren) angesehen. Auch wenn Russell jegliche Verbindung zwischen seinen »richtigen« philosophischen Arbeiten und seinen populären Schriften stets in Abrede stellte, so basierte seine Autorität als Kritiker gesellschaftlicher und politischer Missstände letztlich auf diesen beiden monumentalen Werken, selbst wenn nur wenige sie gelesen haben. Er bekam den Nobelpreis schließlich nicht für Texte wie: »Wer darf Lippenstift verwenden?« oder »Sollten Sozialisten gute Zigarren rauchen?«, die in den dreißiger Jahren in der Hearst Press erschienen. Aber er fühlte sich nun berufen, zu beinahe allen menschlichen Problemen seine Meinung abzugeben.

Unter seinen ersten populären Essays war *Was der freie Mensch verehrt (A Free Man's Worship)*, er schrieb ihn 1902 während eines Besuchs bei den Berensons in Italien – mit denen er mittlerweile verschwägert war, Mary hatte Bernard Berenson geheiratet – in der Absicht »den Nicht-Religiösen Trost zu spenden«. Der hoheitsvolle, lyrische Tenor erinnert an Berenson und Walter Pater: »Den Kampf um persönliches Glück aufzugeben, alles zeitliche Wünschen von uns abzustreifen und vor Leidenschaft nach den ewigen Dingen zu glühen – dies heißt Freisein, dies heißt Verehrung des freien Menschen«, aber es deuten sich auch die inneren Kämpfe an, die Russell durchlebte. Während seine akademische Karriere blühte und gedieh, war sein Gefühlsleben ganz und gar verödet. Die Russells lebten während des ersten Trimesters 1901 im Downing College zusammen mit Whitehead und Evelyn, seiner schönen, lebhaften und um einiges jüngeren Frau. Hier hatte Russell ein geradezu mystisches Erlebnis. Als er von einem Vortrag über Euripides' Tragödie *Hippolytus* zurückkehrte, erlitt Evelyn gerade eine Herzattacke:

> Sie schien wie durch eine Mauer von Qual geschieden zu sein von allen und allem. Das Bewußtsein der Einsamkeit einer jeden Menschenseele übermannte mich ... Jetzt schien plötzlich der Boden unter meinen Füßen nachzugeben, und ich befand mich in einer ganz anderen Sphäre ... auf einmal erfüllt von halbmystischen Gefühlen über Schönheit ... von einem Verlangen, fast so tief wie das des Buddha, eine Weltanschauung zu finden, die das menschliche Leben erträglicher machen würde.

Russell ließ seine eigenen Gefühle für Evelyn beiseite, die nicht gerade unleidenschaftlicher Art waren. Auch wenn er ihnen keinen Ausdruck verlieh, hatten sie längst jede Liebe für Alys verdrängt. »Ich machte eines Tages einen kleinen Radausflug, als mich plötzlich der Gedanke überfiel, dass ich Alys nicht mehr liebe. Ich hatte bis zu diesem Augenblick auch nicht die leiseste Ahnung gehabt, dass meine Liebe zu ihr auch nur nachgelassen habe. Diese Entdeckung nun warf die schwierigsten Fragen auf«, schrieb er in seiner *Autobiographie*, die nicht ganz so aufrichtig ist, wie es scheinen mag. Seine Fahrrad-Offenbarung wirkt wenig überzeugend, aber die Ehe wurde beiden immer unerträglicher. Russell, der versuchte, seiner zunehmenden Abneigung gegenüber Alys Herr zu werden, lehnte es ab, mit ihr zu schlafen – er war wohl auch nicht dazu in der Lage –, und vermied ihre Gesellschaft, so gut er konnte. Noch in seinen Dreißigern litt er an seinem zölibatären und auch emotional entsagungsvollen Leben, das zehn

Jahre lang andauerte. Während dieser Zeit verhinderte nur seine Arbeit, dass er verrückt wurde oder Selbstmordgedanken nachgab.

Alys war ebenfalls sehr unglücklich. Sie wollte am liebsten sterben und war bestürzt, als sich herausstellte, dass ein Knoten in ihrer Brust *kein* Krebsgeschwür war. Russells Verhalten ihr gegenüber war von rücksichtsloser, kaltblütiger Offenheit, ganz so, wie es seiner Meinung nach einem Philosophen ziemte. »Als sie wiederkam, eröffnete ich ihr, daß ich das Zimmer nicht mehr mit ihr teilen wolle und gestand ihr schließlich, daß meine Liebe erstorben war«, protokolliert er ungerührt.

Russell hatte sein Interesse an Politik nie verloren, und jetzt bot sie ihm einen Ausweg aus seinem ehelichen Jammertal. Lange schon war er mit den beiden Sozialisten Beatrice und Sidney Webb befreundet, und nun wurde er ein Sympathisant der Fabian Society, obgleich seine Überzeugungen eher liberal als sozialistisch waren. Als engagierter Kandidat der Frauenrechtler ließ er sich 1907 für die Nachwahl zum Unterhaus aufstellen, scheiterte aber daran, den Sitz für Wimbledon zu erringen – nach einer hitzigen Kampagne, während der Ratten losgelassen und mit faulen Eiern auf Alys geworfen wurde. Auch wenn einige Zeitgenossen der Ansicht waren, dass Russells Tätigkeit in der Politik in etwa so sinnvoll sei, als wenn man »mit einer Rasierklinge Bäume fällen« würde, unterstützte er während der landesweiten Wahlen im Januar 1910 energisch die Kandidatur von Philip Morrell, einem Liberalen, dessen Ansichten er teilte und der mit der extravaganten Lady Ottoline verheiratet war. Lady Ottoline und Russell waren seit längerer Zeit flüchtig miteinander bekannt; im September 1909 hatte sie in ihr Tagebuch geschrieben: »Ich glaube nicht, jemals einem attraktiveren Mann begegnet zu sein, aber sehr beunruhigend, so scharf, so hellsichtig und überaus klug.« Russell bemerkte ihr Pferdegesicht und ihr schönes rotes Haar ebenso wie die Tatsache, dass sie einen ihm »übertrieben vorkommenden Gebrauch von Puder und Parfüm« machte, aber er war fasziniert.

Als Russell im März 1911 auf dem Weg zu einer Konferenz in Paris war, machte er in London Halt und dinierte im Hause der Morrells. Philip war nicht anwesend, und nachdem die anderen Gäste gegangen waren, blieb Russell – und redete stundenlang mit Lady Ottoline: »Plötzlich ließ meine ständige Beherrschung nach, es war wie ein Dammbruch. Ich fühlte mich überwältigt von Liebe und Leidenschaft.« Ottoline war allerdings »völlig unvorbereitet auf diese Flutwelle der Leidenschaft, die mich auf einmal überrollte ... Es war, als ob er mit einem Mal aus dem Grabe auferstanden wäre ... Meine Imagination wurde mitgerissen, aber nicht mein Herz.« Am nächsten Tag schrieb Russell ihr im Zug nach Paris den ersten poetischen Brief von zweitausenden, die noch folgen sollten und in denen er ihr nicht nur detailliert seine Liebe schilderte, sondern auch auf seine Beziehungen zu Männern wie Wittgenstein einging.

Ottoline war in jeder Hinsicht Russells größte und eindrucksvollste Liebe. Sie überragte den kleinen Philosophen um Längen und betonte ihre Gestalt mit riesigen Hüten und romantischen Gewändern; sie umgab sich mit Künstlern und Literaten, unter ihnen auch einige, die der Bloomsbury-Clique um Virginia Woolf angehörten. Von 1915 an richtete sie opulente Feste in Garsington Manor in Oxfordshire aus, bei denen Lytton Strachey gelegentlich in ihren hohen Schuhen herumtorkelte. Viele ihrer Gäste vergalten ihr diese Großzügigkeit, indem sie die Hand bissen, die sie gefüttert und gestreichelt hatte – D. H. Lawrence spottete über sie in *Liebende*

Frauen, und Aldous Huxley tat dasselbe in *Parallelen der Liebe*. Ottoline konnte einem schon zu viel werden, aber für Russell war sie eine Befreiung, wie seine Briefe, die er anfangs beinahe stündlich verfasste, verdeutlichen: »Meine Liebste, ich sehne mich nach Dir. Ich kann die Freude auf Deinen Kuß morgen kaum ertragen … Wohin ich auch gehe und was ich auch tue, Du bist immer bei mir, wie eine erinnerte Melodie … Überall bringt der Glanz Deiner Liebe die Welt für mich zum Strahlen.« Ottoline verlor nicht ganz so die Fassung. Russells Tochter Kate beschreibt sie folgendermaßen: »Sie lachte über ihn. Sie umgab sich mit wunderbaren Kunstgegenständen und herrlichen Parfüms, die seine Sinne berauschten, nachdem er sich an sie gewöhnt hatte.«

Ottoline hatte zu jener Zeit zwei Liebhaber, den Maler Henry Lamb und den Kunstkritiker Roger Fry – sie betete die Kunst an –, teilte das Bett aber immer noch mit ihrem toleranten Ehemann. Russells Erwartung, dass sie alles aufgeben würde – selbst ihre Tochter –, wurde bald enttäuscht. Ottoline, die fast ebenso willensstark, wenngleich nicht annähernd so egozentrisch wie der Philosoph war, hielt ihre Ehe aufrecht. Sie war in so vielen Dingen ganz sein Gegenteil, dass sich bald Probleme einstellten. Während sich Russell nach ihr verzehrte, fand sie ihn physisch eher abstoßend. Man konnte ihn kaum gut aussehend nennen, er war zu mager, nicht eben stattlich, hatte eine große Nase und litt an Mundgeruch (er hatte eine akute Zahnfleischentzündung). Aber sein Geist faszinierte sie – nicht unerheblich für eine Affäre, die sich zu großen Teilen in Briefen manifestierte.

Ein weiterer bedeutsamer Streitpunkt war die Religion. Ottoline, die zur Frömmigkeit erzogen war, blieb dem Mystischen zugeneigt, was Russell mit seinem »vollkommen kalten Intellekt«, wie sie es nannte, nur schwer akzeptieren konnte.

Trotzdem verhielt sich Russell ihr gegenüber ganz wie ein normaler Liebender, er zählte die Minuten bis zu ihrer Ankunft und litt unter ihrer Abwesenheit. Aldous Huxleys Bonmot »High brow, low groin« (etwa: Hoher Anspruch, niedrige Gesinnung), das er vermutlich im Hinblick auf Russell kreierte, traf diesmal nicht ins Schwarze. Russell war gerade dabei, die Freuden der Musik und der Dichtung wiederzuentdecken, er wollte sogar die Philosophie aufgeben und einen Roman schreiben. Dabei entstand *The Perplexities of John Forstice*, ein Text, der seine mangelnde literarische Begabung allzu deutlich machte und deshalb beiseitegelegt wurde. Weitaus erfolgreicher war sein enorm populärer Bestseller *Die Probleme der Philosophie (The Problems of Philosophy)*, den er 1912 für die Home University Library verfasste. Er beginnt mit der Frage: »Gibt es irgendein Wissen in der Welt, das so sicher ist, daß kein vernünftiger Mensch es bezweifeln kann? Diese Frage, die vielleicht auf den ersten Blick nicht schwer zu beantworten scheint, ist in Wahrheit eine der schwierigsten, die überhaupt gestellt werden können.« Russell bringt es fertig, in dem schmalen Band neben weiteren philosophischen Fragen zum eigentlichen Thema seiner wichtigsten Werke vorzudringen: der Suche nach Gewissheit, die er allgemein verständlich, ohne trivial zu werden, darstellt.

Im Oktober 1911 begegnet Russell in Cambridge ein heftiger junger Mann, der seine Arbeit genauso nachhaltig beeinflussen sollte wie Ottoline sein Liebesleben. Ludwig Wittgenstein, der unglücklich Maschinenbau und Flugzeugtechnik in Manchester studierte, war überwältigt von der Lektüre der *Principles of Mathematics*. Auf den Rat des deutschen Philosophen Gottlob Frege hin hatte Wittgenstein Russell aufgesucht, er befand sich in einem Zustand quälender Unentschlossenheit. Denn das Ingenieurwesen zugunsten der

Philosophie aufzugeben würde seinen Vater, einen einflussreichen Industriellen, verärgern. Zunächst behandelte Russell Wittgenstein mit amüsierter Herablassung. »Er ist gepanzert gegen alle Vernunftattacken, sich weiterhin mit ihm zu befassen ist reine Zeitverschwendung«, schrieb er an Ottoline. Aber schon bald war Russell voller Anerkennung: » Er ist literarisch gebildet, sehr musikalisch ... und, glaube ich, wirklich intelligent.« Während der Weihnachtsferien, die er in Wien verbrachte, schrieb Wittgenstein einen Aufsatz, der Russell von seinem Genie überzeugte. Schon kurz darauf notierte Russell: »Wittgenstein ist ein großes Ereignis in meinem Leben ... ich liebe ihn und spüre, daß er die Probleme lösen wird, für deren Lösung ich zu alt bin [Russell war noch keine vierzig] ... Seine philosophische Leidenschaft ist stärker als meine. Gegenüber seinen Lawinen wirken meine wie Schneebälle ... Er hat ein einmaliges Vermögen, die wirklich wichtigen Dinge zu erkennen.« Er war berührt, dass Wittgenstein einer der ganz wenigen war, die die ästhetische Schönheit der *Principia* erkannten. Im Juli 1912 äußerte er Wittgensteins Schwester Hermine gegenüber, die zu Besuch in Cambridge war, er erwarte, dass der »nächste bedeutende Schritt in der Philosophie von Ihrem Herrn Bruder kommen müsse.«

Wittgenstein entwickelte sich von Russells Protegé zu seinem Meister – eine Tatsache, die Russell stillschweigend anerkannte, indem er 1913 die Arbeit an seinem jüngsten Buch, *Theory of Knowledge*, aufgab, nachdem Wittgenstein es kritisiert hatte. Später schrieb er: »Ich sah ein, daß er recht hatte ... und daß ich nie wieder hoffen dürfte, ein grundlegendes philosophisches Werk zu schaffen.« Diese Erkenntnis wurde durch Russells Lektüre des *Tractatus* im Jahr 1920 nur bestätigt. Er trug dazu bei, dass Wittgenstein sein erstes Buch veröffentlichen konnte, und schrieb sogar das Vorwort, das Wittgenstein wie immer mit schonungsloser Ehrlichkeit für seinen Mangel an Einsicht kritisierte.

Auch wenn Russells Offenheit von intellektueller Großzügigkeit zeugt, verschlechterte sich sein Benehmen in anderen Bereichen ganz rapide, vielleicht aus kompensatorischen Gründen. Seine Beziehung zu Ottoline hatte eine lange unterdrückte, zügellose Libido entfesselt, doch Ottoline bestand nun darauf, dass ihr Verhältnis rein platonisch sein sollte. Für Russell hatte das wenig Reiz, und er begann eine Reihe von Affären. Während einer Vortragsreise durch die Vereinigten Staaten im Frühling 1914 hinterließ er im Großen und Ganzen einen günstigen Eindruck. Aber dem jungen T. S. Eliot, der damals in Harvard studierte, schien er weniger einem Weisen als einem Satyr zu ähneln. Eliot verewigte Russell in den Zeilen:

> Priapus im Gebüsch
> Der nach der Dame auf der Schaukel glotzt

Wenngleich er die Vereinigten Staaten im Allgemeinen ablehnte – Harvard war ein »verschlafenes Nest« –, gefiel ihm zumindest eine der Einheimischen. Helen Dudley, eine achtundzwanzigjährige Absolventin des Bryn Mawr College und der Oxford University und die Tochter seines Chicagoer Gastgebers, verliebte sich in den priapeischen Philosophen. Sie schliefen miteinander, und Helen dachte, sie wären verlobt, aber Russell war noch mit Alys verheiratet. Er ermutigte sie jedoch, ihm über den Atlantik zu folgen – damals weder eine billige noch eine unaufwendige Reise –, und Helen traf in London ein, als Russell gerade versuchte, seine Affäre mit Ottoline wieder in Schwung zu bringen. Da Helen über wenig Geld verfügte, schlug Russell vor, sie solle bei den Morrells wohnen. Helen wusste zunächst nichts von der Affäre mit Ottoline, die nun gezwungen war, sich um ihre nervöse Rivalin zu kümmern. Russell wollte nur noch aus dieser fatalen Dreiecksbeziehung entkommen, denn »die ganze Zeit war ein lähmender Terror«, wie er zugab. Aber er schlief weiterhin mit Helen – obwohl er Ottoline gesagt hatte, es wäre vorbei –, und Helen vertraute sich Ottoline an. Sie tauchte manchmal in Bloomsbury auf und hämmerte an die Tür von Russells Wohnung, während Russell und Ottoline dort waren. Nur einmal öffnete er die Tür – um ihr ein Glas Wasser zu geben –, aber er ließ sie nie in die Wohnung. Helen kehrte nach Amerika zurück und erlitt dort einen Nervenzusammenbruch, erkrankte an einer Paralyse und wurde dann wahnsinnig. »Das brach ihr das Herz«, notierte Russell kurz und knapp in seiner *Autobiographie*.

Der Ausbruch des Ersten Weltkriegs im August 1914 überschattete bald diese privaten Leidenschaften. Volkszorn kochte hoch, und bislang friedliche Bürger verwandelten sich in enthusiastische Kriegstreiber und Gegner alles Deutschen – sogar Dackel hielt man jetzt für eine hündische Fünfte Kolonne. All das setzte Russell in Erstaunen und sollte seine Sicht auf die Menschheit nachhaltig verändern. Als ein Bewunderer deutscher Kultur konnte er es erst kaum fassen, dass die Mehrheit der Briten für den Krieg war. Aber diese Mehrheit bestand aus alten Freunden wie Whitehead und den meisten Mitgliedern des Trinity College, das ihm 1916 seine Dozentur entzog.

Damals arbeitete Russell für die Vereinigung der Kriegsdienstverweigerer (die Wehrpflicht wurde im Januar 1916 eingeführt) und war Redakteur der zugehörigen Wochenzeitung *The Tribunal*. »Ich sah die jungen Männer, die in Truppentransporte verladen wurden, um an der Somme abgeschlachtet zu werden – bloß weil es stupide Generäle gab. Ich beobachtete sie mit einem Mitgefühl, das voll von schmerzlichem Entsetzen war, und bewirkte, daß ich mich der realen Welt in einer Art Bruderschaft des Elends zugehörig fühlte«, notierte er, ein Beleg für seine grundlegend veränderte Haltung. Anfang 1916 hielt er acht Vorträge, die unter dem Titel *Grundlagen für eine soziale Umgestaltung* (*Principles of Social Reconstruction*, 1921) veröffentlicht wurden und sich nicht nur mit dem Krieg, sondern auch mit der Rolle des Staates, mit Instinkt versus Vernunft – ersterem maß er größere Bedeutung als in früheren Werken zu – und mit Erziehung, Ehe und Familie beschäftigten. Diese Texte gehören zu seinen eloquentesten und weitsichtigsten Schriften. Er war jetzt der Ansicht, dass Kapitalismus sowie Nationalismus Ursache des Krieges waren, sprach sich für eine sozialistische Weltregierung aus, gab aber wie üblich keinen Hinweis darauf, wie sich dies verwirklichen ließe, und schlug vor, die britische und die deutsche Marine durch internationale Streitkräfte zu ersetzen, was Millionen gegen ihn aufbrachte. Eine typische wutschäumende Kritik im *Spectator*, die das Buch als »durch und durch verderbt« abtat, entzückte ihn.

Nachdem er so unerwartet seine Begabung als Aktivist unter Beweis gestellt hatte, avancierte er zum ersten Kritiker der Regierung und setzte sich der Gefahr einer Verhaftung aus. 1916 bekannte er sich dazu, ein Flugblatt zur Verteidigung eines Kriegsdienstverweigerers verfasst zu haben. Er wurde dazu verurteilt, entweder eine Geldstrafe zu zahlen oder ins Gefängnis zu gehen – »genau das, was ich wollte«, schrieb er an Ottoline und lehnte es ab zu zahlen. Das Gericht verfügte stattdessen eine Beschlagnahme seiner Besitztümer, aber seine Freunde kauften all seine Bücher auf und gaben sie ihm zurück. Seine Bewegungsfreiheit wurde zunehmend eingeschränkt – in die Vereinigten Staaten und einige Teile Englands durfte er nicht mehr reisen. All dies machte ihn in den Augen der Kriegsgegner zu einem Helden, aber der Anlass für seine tatsächliche Verhaftung war beinahe lächerlich.

Als er Weihnachten 1917 in Garsington weilte, schlug er halb im Spaß vor, dass die US-Truppen, die mittlerweile in Europa eintrafen, gegen britische Streikende eingesetzt werden könnten, eine Absurdität, die er in der *Tribunal* wiederholte. Dieses Mal lautete die Anklage »Verletzung des Kriegsnotstandsgesetzes«, und er wurde zu sechs Monaten Gefängnis verurteilt. Aber dank seiner Beziehungen kam er in die komfortablere Erste Abteilung, wo er seine eigene Zelle hatte, die ein Mitgefangener sauber hielt, und konnte dort über weniger kontroverse Themen schreiben. (Auch wenn er diesen »Bruderkrieg«, wie er es nannte, ablehnte, kann man Russell nicht als waschechten Pazifisten bezeichnen. Er fand, dass Kriege gelegentlich notwendig waren – so zum Beispiel die englischen und amerikanischen Bürgerkriege – oder zumindest vertretbar, wie auch die Ausrottung der amerikanischen Indianer, die es der westlichen Zivilisation erst ermöglicht hatte, sich weiter auszudehnen. Die westliche Zivilisation war in seinen Augen die höchste menschliche Errungenschaft, eine Ansicht, die damals nicht gerade unpopulär war.)

Als er aus dem Gefängnis entlassen wurde, war der Krieg fast zu Ende. Am Tage des Waffenstillstandes bahnte sich Russell einen Weg durch die tobende Menge und fühlte sich isolierter denn je. Mit sechsundvierzig, ohne Arbeit oder Familie, fragte er sich, was er nun anfangen sollte – und mit wem. Die Kriegsjahre hatte er nicht eben enthaltsam verbracht. 1915 war er Vivien Eliot, der Frau des Dichters, begegnet und soll sie verführt haben. Obwohl sie erst jung verheiratet waren, war die Beziehung der Eliots problembelastet, sie hatten nur sehr wenig Geld. Russell unterstützte sie finanziell – er konnte bemerkenswert großzügig sein – und schlief dann quasi im Gegenzug mit Vivien, die Eliot unbekümmert seiner Obhut überlassen hatte. Er wohnte sogar in ihrer Londoner Wohnung, wenn Eliot nicht da war, und kaufte Vivien »seidene Unterkleider und allen möglichen Firlefanz«, wie Ottoline bemerkte. Vivien war äußerst attraktiv – Aldous Huxley bezeichnete sie als »leibhaftige Provokation« –, aber sie war emotional und auch mental labil. Auch wenn Graham Greenes Aussage, dass »der Wahnsinn von Mrs. Eliot aus der Verführung und dem Verlassenwerden durch Russell entsprang«, zu pauschal klingt, hat die Affäre mit Russell, der sie ohne Vorwarnung sitzen ließ, als er sie satt hatte, ihrem fragilen Geisteszustand sicher geschadet. Vivian verbrachte ihre letzten achtzehn Jahre in einer Irrenanstalt, in die sie ihr Bruder und ihr Mann gegen ihren Willen hatten einweisen lassen.

Eine weitaus ernstere Liaison – anfangs neben seiner Affäre mit Vivien und trotz seiner anhaltenden Neigung für Ottoline – verband Russell mit Lady Constance Malleson, die als Schauspielerin unter dem Künstlernamen Colette O'Niel bekannt war. Als eine weitere aristokratische Schönheit mit einem unkomplizierten Ehemann besaß sie enorme erotische Anziehungskraft, aber sie hatte auch andere Liebhaber. »Colettes Fähigkeit, zur gleichen Zeit in verschiedene Männer verliebt zu sein, war erstaunlich«, notierte er indigniert, aber sie blieben viele Jahre in Verbindung und frischten ihre Affäre von Zeit zu Zeit auf.

Russell, der jetzt fast fünfzig war, sehnte sich zunehmend nach eigenen Kindern; er brauchte nur noch die passende Mutter. Er entschied sich schließlich für Dora Black, eine Akademikerin aus Cambridge: intelligent, zielstrebig, zweiundzwanzig Jahre jünger als er, eine Sozialistin, die von einer

Ehe nicht gerade begeistert war. Aber sie wollte Kinder, und Russell bestand auf einer Heirat – unter anderem, um den Fortbestand des Russell-Titels sicherzustellen, und obwohl Dora ob der Aussicht, eine Gräfin zu werden, entrüstet war, stimmte sie zu. Es sollte eine »offene Ehe« werden, was zu jener Zeit sehr unüblich war. »Wir teilten beide die Ansicht, daß in einer Ehe kleinere Affären erlaubt wären ... wir legten es schriftlich nieder ... doch wenn sie das Kind eines anderen bekommen sollte, wäre das ein Scheidungsgrund«, berichtet Russell. Die allzeit gefügige Alys erklärte sich bereit, die Scheidung einzureichen, und Dora und Russell wurden am 27. September 1921 getraut.

Russell hatte bereits Russland bereist, und er hatte eine einjährige Vortragsreise durch China unternommen und war begeistert von der uralten, vornehmen Kultur, die schon am Untergehen war. Das bolschewistische Russland hinterließ einen gänzlich anderen Eindruck. War er bei seiner Ankunft im Jahr 1920 noch vorsichtig optimistisch – er war ein Befürworter der beiden Revolutionen von 1917 –, verließ er das Land voller Abscheu. Ihm wurde ein einstündiges Interview mit Lenin zugebilligt. »Ich glaube nicht, daß ich ihn vorher für einen großen Mann gehalten hatte, aber im Laufe unserer Unterhaltung wurde ich mir vor allem seiner intellektuellen Grenzen bewußt und seiner eher beschränkten marxistischen Orthodoxie, wie auch eines deutlichen Hanges zu boshafter Grausamkeit.« Russell konnte die Erheiterung Lenins über Berichte von Großgrundbesitzern, die man am nächsten Baum aufgeknüpft hatte, nicht teilen. Sobald er die Sowjetunion verlassen hatte, schrieb er Ottoline: »Der Bolschewismus ist eine exklusive, tyrannische Bürokratie, mit einem raffinierteren und schrecklicheren Spitzelsystem als das des Zaren, und einer ebenso unverschämten wie gefühllosen Aristokratie.«

Russells Ablehnung des russischen Kommunismus – die unter den westlichen Intellektuellen seiner Zeit ganz unüblich war und auch von Dora nicht geteilt wurde, die später ihre eigene sowjetische Pilgerfahrt antreten sollte – dominierte sein Weltbild für die nächsten vierzig Jahre.

Die Geburt des ersten Sohnes John im November 1921 erfüllte Russell mit atavistischem väterlichen Stolz – er ließ den alten aristokratischen Brauch, in einer offenen Kutsche durch London zu fahren und die Mutter und das Neugeborene zu präsentieren, wieder aufleben. Russell hat sich ausführlich mit Fragen der modernen Kindererziehung beschäftigt. Er verwarf Rousseaus *Emile*, war aber beeindruckt von Maria Montessori und Iwan Pawlow. Als weitaus einflussreicher erwies sich – leider – der amerikanische Behaviorist J. B. Watson, dessen Ideen Russell in seinem Buch *Erziehung, vornehmlich in frühester Kindheit (On Education Especially in Early Childhood)* von 1926 wiedergibt. Er verkündet:

> Es ist ganz selbstverständlich, daß die Charaktererziehung bei der Geburt anzufangen hat und ganz andere Methoden verlangt, wie sie bisher bei Ammen und unwissenden Müttern gang und gäbe waren … Jede Mutter wünscht sich, daß ihr Kind schläft, weil es für das Kind gesund und für die Mutter bequemer ist. Die Mütter hatten sich eine gewisse Technik ausgedacht: das Kind wurde in der Wiege geschaukelt und Schlaflieder wurden ihm vorgesungen. Es blieb Männern, die die Sache wissenschaftlich untersuchten, vorbehalten, zu entdecken, daß diese Technik vollkommen falsch war … ist sie doch die Quelle schlechter Angewohnheiten. … Kinder sind viel schlauer, als Erwachsene sich vorzustellen vermögen. Wenn sie herausgefunden haben, daß Schreien angenehme Resultate zeitigt, dann schreien sie … Manche dieser Forderungen erscheinen

vielleicht hart, aber die Erfahrung hat gezeigt, daß sie der Gesundheit und dem Glück des Kindes nur förderlich sind.

»Wessen Erfahrung?«, wunderte sich Kate Russell viele Jahre später. »Weder meine als Kind noch die meiner Mutter.« Als das zweite Kind fühlte sich Kate, die 1923 geboren wurde, oft vernachlässigt, aber sie erwies sich letztendlich als das stärkere der beiden Geschwister.

Trotz solcher Versuche der Charakterbildung waren die ersten Jahre ihrer Kindheit oft glücklich; den Sommer über lebten sie in Carn Voel, einem Haus an der Küste von Cornwall, das Kate später den Garten Eden nannte. Hier verbrachte Russell den Morgen damit, Artikel und Bücher zu schreiben. (Sein Erbe hatte er längst an die Eliots und andere verschenkt.) Einige seiner Bücher, wie das *ABC der Atome* (*ABC of Atoms*, 1923), behandelten Themen, bei denen er sich äußerst gut auskannte, auf allgemein verständliche Weise; andere wieder, wie *Erziehung*, zeugten mehr von Anmaßung als von Einsicht. Kate erinnert sich, dass er zügig Seite um Seite mit seiner makellosen Handschrift bedeckte und niemals etwas durchstrich. Die Nachmittage verbrachte man am Strand, wo Russell sich daran erfreute, »zwei gesunde, fröhliche Kinder zu beobachten, die die Freuden der See und der Felsen, der Sonne und des Sturms kennenlernten«. Dies waren mit die glücklichsten Augenblicke seines Lebens. Aber selbst da konnte Russell es nicht lassen, eine »freie und furchtlose Generation« erschaffen zu wollen. Er machte sich daran, Johns kindlicher Angst vor dem Wasser mittels behavioristischer Methoden beizukommen. »Etwa zwei Wochen lang tauchten wir ihn jeden Tag bis zum Hals ins Wasser, obwohl er Angst hatte und sich wehrte ... Sein Widerstand nahm immer mehr ab, und die Angst verging zwar nicht völlig, aber verwandelte sich teilweise in Stolz«, hält Russell selbstgefällig fest. »Mein Vater war so ein freundlicher Mensch, aber seine Erziehungsmethoden wirkten auf den kindlichen Geist wie tätliche Übergriffe«, sagte Kate später.

Als die Kinder größer wurden, beschlossen die Russells, ihre eigene Schule zu gründen – ein seltsames Unterfangen für einen Philosophen, aber ein folgerichtiges Ergebnis seiner aktuellen utopischen Vorstellungen. Sein Bruder Frank vermietete ihnen das Telegraph House, tief in den Sussex Downs gelegen, und 1927 zogen sie ein, in der Hoffnung, ihren Kindern eine Erziehung geben zu können, bei der emotionale Bedürfnisse nicht hinter der intellektuellen Entwicklung zurücktreten müssten. Aber genau das sollte geschehen. Russell, der sich in einem Turmzimmer eingerichtet hatte, fesselte sein jugendliches Publikum mit Vorträgen über Geschichte, Mathematik, Wissenschaft und Religion. Hier konnte er sich selbst kleinen Kindern ausgesprochen gut mitteilen, und da er meist unkonventionelle Lehrer aussuchte, war der Unterricht in Beacon Hill von hervorragender Qualität. Aber was administrative Pflichten und den täglichen Umgang mit den oft auch schwierigen Kindern anging, war Russell gänzlich unfähig.

Kate erinnerte sich, dass sie stets »nur eines der Kinder war, ohne eine Sonderposition einzunehmen, und sich immer unbestimmt unglücklich« fühlte, aber ihrem Bruder erging es noch schlechter. Ständigen Schikanen und Sticheleien ausgesetzt, neigte John – der klein für sein Alter war und von den anderen (unfairerweise) als bevorzugter Liebling der Eltern betrachtet wurde – zur Hysterie und flüchtete sich schließlich in ein bedenkliches Schweigen. Russell räumte später ein: »Den Kindern Freiheit zu gewähren hieß eine Herrschaft des Terrors einzuführen, bei der die Schwachen unter den Starken zitterten und litten.« Anstatt ein Wegbereiter für die

Freiheit der Kinder zu sein, sah er sich selbst in die verhasste Rolle eines Schuldirektors gedrängt. Viele der Kinder waren schwer erziehbar und kamen nach Beacon Hill, nachdem sie von diversen anderen Schulen geflogen waren. Dora, die die Schule später noch zehn Jahre lang alleine weiterführte, erwies sich rundum als entschiedener und durchsetzungsstärker. Sie bestand darauf, dass die Kinder bei jeder Witterung bei offenen Fenstern schlafen mussten. Deshalb überrascht es kaum, dass die Kinder oft krank waren; John wäre 1929 fast gestorben.

Um Beacon Hill finanzieren zu können, brauchte es mehr als die Schulgelder der Kinder, und Russell begann erneut, auf Vortragsreisen zu gehen und zu schreiben. Aber ihr berüchtigter Gründer und die nackt umherstreunenden Kinder brachten die Schule bald in Verruf. Angeblich soll ein Enthüllungsjournalist, dem die Haustür von einem nackten Kleinkind geöffnet wurde, ausgerufen haben: »Gütiger Gott!«, worauf ihm umgehend mitgeteilt wurde, es gebe keinen Gott. Gerüchte von Sex unter den Schülern grassierten, entbehrten aber jeder Grundlage. Zutreffender war, dass in der Ehe der Russells zunehmend Spannungen auftraten. Dora kümmerte sich mehr und mehr um ihre eigene politische Karriere, seit Russell 1924 auf einer Vortragsreise durch die Vereinigten Staaten war. Er hatte sich zwei Mal als Kandidat für die Labour Party aufstellen lassen, der nach 1914 vorläufig seine Loyalität galt. Jetzt kandidierte sie für denselben unerreichbaren Sitz im Wahlkreis Chelsea (sie erhielt mehr Stimmen als er seinerzeit) und wurde zur Vorkämpferin von Geburtenkontrolle, was damals geradezu als gesetzeswidrig galt. So lernte sie den Labour Aktivisten Roy Randall kennen, mit dem sie bald eine Affäre unterhielt, denn freie Liebe gehörte zu ihren Grundüberzeugungen.

Zunächst war das noch keine Katastrophe, obwohl Russell vor Eifersucht kochte. Er litt seit 1925 an einem Potenzproblem, das nicht etwa physiologische Ursachen hatte, sondern seinem nachlassenden Interesse an Dora anzulasten war, und hatte deshalb eine Affäre mit einer flotten Schweizer Lehrerin angefangen. Dieses Verhalten wurde bald von anderen Mitgliedern des Lehrkörpers imitiert. In Beacon Hill mag es nächtens lebhaft zugegangen sein, doch Russell versuchte wegen der Kinder seine Ehe aufrechtzuerhalten. In *Ehe und Moral* (*Marriage and Morals*, 1929) hatte Russell geschrieben: »Ehebruch sollte meiner Ansicht nach kein Scheidungsgrund sein«, und er versuchte, seinem Grundsatz gerecht zu werden, dass Eifersucht – nicht Untreue – die große Zerstörerin der Ehe sei. (Er spricht sich zwar nicht dezidiert für Promiskuität aus, aber greift – natürlich – die christliche Sexualmoral an und behauptet, dass außereheliche Affären Spannungen innerhalb der Ehe abbauen. Von gegenseitiger Zuneigung, Loyalität und Freude in der Ehe schweigt Russell – ein Punkt, auf dem der Romancier John Cowper Powys herumritt, als die beiden Männer 1928 über die Ehe debattierten. Powys war ein Verfechter ehelicher Treue.)

Dann verliebte sich Dora während ihrer eigenen Vortragsreise durch die Vereinigten Staaten im Jahr 1928 bis über beide Ohren in Griffin Barry, einen bisexuellen kommunistischen Sympathisanten und Abenteurer, der ihr zurück nach Europa und an die Riviera folgte. Russells Toleranz war überbeansprucht, aber Dora ignorierte es. Aber Russell konnte seinerseits nicht ignorieren, dass sie schwanger wurde. Barrys Tochter Harriet wurde im Juli 1930 geboren und erhielt Russells Namen – das verdross ihn, und er versuchte jahrelang, ihren Namen aus dem *Debretts* entfernen zu lassen, ein Anzeichen für seine tief verwurzelten dynastischen Gefühle. Es folgte ein weiteres Kind von Barry, aber zu jener Zeit war Dora bereits in Paul Gillard vernarrt, einen schwächlichen Ex-Lover von Barry, der vorgab, ein sowjetischer Agent zu sein, seine Tage aber mit Kneipentouren hinbrachte. Russell, der versucht hatte, Barry zu tolerieren, verabscheute diesen »besoffenen schwulen Spion«, und die Ehe endete in bitterem Hass.

Inzwischen aber hatte sich Russell in Patricia Spence verliebt, Peter genannt, eine Studentin aus Oxford, die 1930 oft auf die älteren Russell-Kinder aufpasste. Damals gerade zwanzig (und somit achtunddreißig Jahre jünger als Russell), groß gewachsen und sehr mondän, gefiel Peter zunächst auch Kate, die sich an sie erinnert als »eine der schönsten Frauen, die ich je gesehen habe ... voller Elan und Lebensfreude.« Peter und Russell heirateten 1936. Sie schien die perfekte Vorzeigefrau für den frischgebackenen Earl zu sein – Russell hatte den Titel nach Franks Tod im Jahr 1931 geerbt –, denn obgleich sie Russell zeitweilig bei seiner Arbeit half, bewunderten seine Freunde doch nur ihre Eleganz und nicht ihren Intellekt. Die Kinder pendelten zwischen ihren Eltern hin und her und litten unweigerlich unter einer erbittert ausgefochtenen Scheidung, bei der keiner der Beteiligten auch nur eine Spur guten Willens zeigte, von Güte oder Einsicht, wie sie beide Partner stets gepredigt hatten, konnte schon gar nicht die Rede sein. Russell entwickelte einen verächtlichen Hass gegenüber seiner Ex-Frau, trickste sie in rechtlichen Belangen aus und versuchte, die Kinder gegen sie auszuspielen, wann immer er konnte. John, der seiner Mutter gegenüber loyal war, zog sich immer mehr zurück; Kate zog halb schuldbewusst die Eleganz von Telegraph House, wo Russell und Peter jetzt lebten, dem Durcheinander in Doras Haushalt vor. Peter gelang es sogar, die Möbel – die hauptsächlich von Wittgenstein entworfen waren und somit eine gewisse Strenge ausstrahlten – effektvoll in Szene zu setzen. Beide Kinder kamen 1934 nach Dartington in Devon, und Kate liebte die Schule: »Sie erhielt meine geistige Gesundheit, bildete meinen Geist und ... bot mir eine stabile Umgebung«, erinnert sie sich.

Die dreißiger Jahre waren eine düstere Zeit für Russell, wie seine Bücher belegen. In *Erziehung und Gesellschaft* (*Education and the Social Order*, 1932) nimmt er eine halb autoritäre Haltung zur Erziehung ein und scheint geradezu Platons Aufteilung der Menschen in Herrscher und Beherrschte zu befürworten, und das Buch belegt, wie desillusioniert Russell aus seinem Schulprojekt hervorging. In *Das naturwissenschaftliche Zeitalter* (*The Scientific Outlook*, 1931) sah Russell düster eine von Technokraten regierte Welt voraus, in der alle menschliche Freiheit verschwunden ist. Seine These von der Fehlbarkeit der Wissenschaft wurde später von Karl Popper aufgegriffen und die von der Tyrannei der Technokratie von Herbert Marcuse, Jürgen Habermas und anderen Gurus der radikalen sechziger Jahre. (Russell beschuldigte damals Aldous Huxley, dieser habe seine Ideen in *Schöne neue Welt* plagiiert, aber Huxleys anti-utopistischer Roman war eine Satire auf ein Zeitalter voller Utopien. Wenn es überhaupt einen Vorläufer gab, so war es Jewgenij Samjatins *Wir* von 1920.) Von Unterhaltszahlungen belastet und ermüdet vom Schreiben zahlloser Artikel – seine Wertpapiere hatten sich beim Börsenkrach von 1929 in Luft aufgelöst –, machte Russell den Versuch, wieder als Philosophieprofessor tätig zu werden, zunächst in Cambridge, wo Moore ihn abblitzen ließ, dann in Harvard und zuletzt in Oxford, wo er 1937/38 einige Vorlesungen hielt. Waren die *Principia* zwischen den Kriegen sehr einflussreich gewesen, so klang Russell nun überholt, denn er hatte die aktuellen Entwicklungen ignoriert. Schließlich wurde ihm eine Stelle in Chicago angeboten, und er schiffte sich während der München-Krise im September 1938 mit Peter und ihrem kleinen Sohn Conrad nach Amerika ein. Russell befürwortete die Appeasement-Politik gegenüber Hitler, sein Pazifismus gründete sowohl auf einer Abscheu vor dem Krieg als auch auf einer Fehleinschätzung Hitlerdeutschlands. 1936 hatte er in *Welcher Weg führt zum Frieden? (Which Way to Peace?)* gewaltlosen Widerstand à la Gandhi gegenüber dem Naziregime propagiert, es war das einzige Buch, von dem er sich später distanzierte.

Sein Aufenthalt in den Vereinigten Staaten stand unter keinem glücklichen Stern. Entsetzt über die Bedrohung Englands – Russell war auf seine Weise ein Patriot –, holte er Kate und John nach 1939 nach Kalifornien, wo er an der University of California in Los Angeles Vorlesungen hielt. Russell mochte zwar die UCLA, aber nicht deren Präsidenten, und als sich die Gelegenheit ergab, an das New York City College zu gehen, kündigte er freudig. Dies sollte sich als ein überstürzter Entschluss erweisen. Noch bevor seine Berufung bestätigt worden war, erhoben sich Proteste, um diesen »vertrockneten, geschiedenen und dekadenten Fürsprecher sexueller Promiskuität« – so beschrieb ihn *America*, das Wochenblatt der Jesuiten – daran zu hindern, die Jugend mit seinen Vorlesungen über Logik und Mathematik zu verderben. Ein Chor von religiösen Eiferern erhob sein Geheul und schlug Russell seine eigenen (teilweise) ironischen Äußerungen, vornehmlich aus *Ehe und Moral*, um die Ohren, und der Richter befand ihn als »nicht geeignet, an irgendeiner der Schulen unseres Landes zu unterrichten«. Russell stand jetzt ohne einen Job, tatsächlich ohne einen Pfennig da, bis das Schicksal in Gestalt von Alfred Barnes eingriff, dem exzentrischen Millionär und Begründer der *Barnes Foundation*. Barnes engagierte Russell, um Vorlesungen über Philosophiegeschichte zu halten, und finanzierte den Umzug der Russells nach Pennsylvania.

Wenn Russell kurzzeitig ein moderner Sokrates zu sein schien, der heldenhaft für geistige und sexuelle Freiheit eintrat, so offenbarte er nun seine eigene bigotte Ader. Weit davon entfernt, glücklich und frei aufzuwachsen, waren die älteren Kinder zu verstörten Jugendlichen geworden, besonders John litt an seiner Homosexualität. Er versuchte, dies seiner Familie auf indirekte Weise zu vermitteln, und benutzte dazu ein Ouija-Brett, das eines Abends buchstabierte: »John ist ein Homo«. Russell stellte sich – vielleicht absichtlich – dumm und tat diese Enthüllung als einen Scherz ab. Er teilte die damals herrschende Überzeugung, Homosexualität sei das Resultat elterlichen Versagens, und ergo konnte sein Sohn nicht schwul sein. Russells Ehe wurde immer schwieriger, und Kate und John freuten sich bald darauf, dieses Zuhause zu verlassen. Peter war es leid, ein Leben in Armut und mit einem achtunddreißig Jahre älteren Mann zu führen, und begann zahllose Affären, Russell reagierte darauf mit eisiger Höflichkeit. Und als Barnes ihn feuerte – der Millionär fand Anstoß an einem Artikel, in dem Russell sie beide miteinander verglichen hatte –, machte er sich an die Ausarbeitung seiner Vorlesungsnotizen, die er 1945 unter dem Titel *Philosophie des Abendlandes (History of Western Philosophy)* veröffentlichte. Die Akademiker kritisierten, dass er sich zu sehr auf Sekundärquellen verließ und oftmals wild generalisierte – die Kapitel über Kant, Hegel und Nietzsche sind unverschämt tendenziös und werden den großen Denkern überhaupt nicht gerecht; außerdem enthält das Buch ein Kapitel über Lord Byron, den wohl unintellektuellsten aller Dichter , aber das Buch ist eine äußerst lohnenswerte Lektüre; es ist in seinen Erkenntnissen wie in seinen Vorurteilen immer geistreich und scharfsinnig und hat wohl mehr Menschen die Philosophie nahegebracht als irgendein anderes.

Und plötzlich wendete sich das Blatt für den in die Jahre gekommenen Philosophen. Das Trinity College bot ihm erneut eine Professur an, und 1944 kehrte er nach Hause zurück. Er wurde nun zum Liebling des Establishments, bekam eine regelmäßige Sendung bei der BBC, hielt Vorträge für den British Council in Belgien, der Schweiz, Norwegen – hier entging er einmal bei einem Flugzeugabsturz nur knapp dem Tod, und auch nur deshalb, weil er als Raucher hinten saß – und Australien. 1949 wurde ihm der Order of Merit verliehen, eine Auszeichnung, der sich jeweils nur vierundzwanzig Menschen rühmen können. Russell, der schon lange die Bedrohung der Freiheit durch die Sowjetunion als alarmierend empfunden hatte, sah sich jetzt, als der Eiserne Vorhang Europa teilte, durch das Establishment in seinen Ansichten bestätigt. Aber er übertraf jeden Falken im Pentagon mit seinem Vorschlag, dass die USA ihr derzeitiges Monopol in Atomwaffen dazu nutzen sollten, sofort einen Präventivschlag auszuüben. »Ich würde jederzeit das Chaos und die Zerstörung, die ein Atomkrieg mit sich bringt, der Unterwerfung unter ein derartig bösartiges Regime wie das der Nazis vorziehen«, verkündete er im Oktober 1945, zwei Monate nach Hiroshima. Später sah er ein, dass ein solcher Krieg Millionen Menschen vernichten und alle Zivilisation um Jahrhunderte zurückwerfen würde, aber er fand diesen Preis nicht zu hoch. Als die Sowjets im August 1949 ihre erste Atombombe zündeten, änderte er seine Meinung und vertrat nun komplett entgegengesetzte Thesen. Bald stritt er ab, jemals einen Atomkrieg befürwortet zu haben.

Seine Kollegen hat er weder mit solchen öffentlichen Statements noch mit seinen Vorlesungen in Cambridge beeindrucken können – und schon gar nicht mit seiner *Philosophie des Abendlandes*. Die Freundschaft mit Wittgenstein, der mittlerweile Professor war, hatte bei ihrem letzten Zusammentreffen 1921 in Österreich ein Ende gefunden, auch wenn Russell 1929 zögernd zugesagt hatte, ihm gemeinsam mit Moore die Promotionsprüfung abzunehmen. Wittgenstein hielt Russells gesamte Schriften nach 1913 für wertlos – Russells große mathematische Werke sollte jeder Philosoph lesen, seine späteren Ergüsse am besten niemand. Russell wiederum hat Wittgensteins Spätwerk weder jemals anerkannt noch wirklich verstanden. Diese gegenseitige Abneigung bot die Untermalung für den berühmten Zwischenfall mit dem Feuerhaken im Jahr 1946.* Normalerweise gingen sich die beiden Männer aus dem Weg. Russell sah auch Moore nur selten und lebte in Cambridge geistig isoliert, auch wenn die Studenten sich in seine Vorlesungen drängelten.

Russells Privatleben verlief weiterhin stürmisch. 1948 verließ ihn Peter endgültig in einem Eifersuchtsanfall – Russells alte Liebe Colette war wieder aufgetaucht, aber das war nicht der einzige Grund. Eigentlich hatte Russell gerade ein Auge auf Gamel Brenan, die Frau des Autors Gerald Brenan, geworfen, auch wenn er bei ihr kein Glück hatte, ebenso wenig wie bei der Gattin eines jungen Kollegen aus Cambridge, die er gleichzeitig mit Liebesbriefen überhäufte. Russell wurde seinem Ruf als »philosophischer Wüstling« eindrucksvoll bis ins hohe Alter gerecht; er gab die Suche nach der idealen Frau nicht auf. Ein Freund bemerkte einmal, er suche »eine unmögliche Kombination von Kleopatra und Aspasia … Boadicea und Jeanne d'Arc«. Peter nahm Conrad mit, und Russell sollte seinen jüngsten Sohn erst zwanzig Jahre später wiedersehen.

* Siehe Kapitel 5

In der Zwischenzeit hielt Russells anhaltender Hass auf Dora beide davon ab, sich mit den wachsenden Problemen ihres Sohnes John zu beschäftigen. John hatte 1946 überstürzt Susan Lindsay geheiratet, wohl in einem Versuch, seine Homosexualität zu ›überwinden‹, und bald hatten sie neben Susans erstem Kind zwei gemeinsame Töchter. Weil John nicht in der Lage war, den Lebensunterhalt für seine Familie zu verdienen – er hatte literarische Ambitionen –, nahmen sie Russells Angebot an und zogen Anfang der fünfziger Jahre in sein Haus in Richmond.

Russells Schwiegertochter Susan, die ihn »Diddy« nannte, ihn verehrte und in vielerlei Hinsicht erstaunlich gut verstand, behauptete später, der achtzigjährige Philosoph habe sie verführt. Die Beweislage ist nicht eindeutig, aber ihre Verbundenheit kann John nur geschadet haben. Susan verließ ihn dann sowieso für den Schriftsteller Christopher Wordsworth. Ende 1954 war John schon erkrankt, und Russells alte Ängste über den erblichen Wahnsinn kamen wieder hervor. Er reagierte, indem er es tunlichst vermied, John überhaupt noch zu sehen, und es blieb der völlig verarmten Dora überlassen, sich fortan um ihn zu kümmern. Russell wollte John dauerhaft und gegen dessen Willen in eine Anstalt einweisen lassen, aber er konnte sich nicht durchsetzen. John wurde nicht entmündigt, aber er blieb sein Leben lang geistig verwirrt und lebte meist bei seiner Mutter. Seine Enkeltöchter sah Russell von Zeit zu Zeit, er fand besonders an Lucy Gefallen, der jüngsten und intelligentesten.

All diese häuslichen Querelen schadeten dem Image des illustren Bertrand Russell in den Augen der Öffentlichkeit kein bisschen. Der Nobelpreis unterstrich noch seine Autorität, und als er 1954 im Radio über die drohende Gefahr eines Atomkrieges sprach, die durch die Zündung der ersten Wasserstoffbombe auf dem Bikini-Atoll 1952 noch akuter geworden war, hörte die Welt ihm zu. Er beendete seine Sendung »Man's Peril« (Der Mensch in Gefahr) mit eloquentem Nachdruck: »Unser Appell als Menschen, die sich an Menschen wenden, lautet: Besinne dich auf deine Humanität und vergiß alles Übrige. Wenn dir dies gelingt, so steht der Weg zu einem neuen Paradies offen, andernfalls steht nur ein allgemeines Sterben bevor.« Diesen großen Worten folgten auch Taten. Er knöpfte sich den indischen Premierminister Nehru vor, als dieser 1955 in London war, und erntete wohlwollende Töne, und er brachte Albert Einstein und fünf weitere Nobelpreisträger dazu, das Russell-Einstein-Manifest zu unterzeichnen, für Einstein eine seiner letzten öffentlichen Taten. Das Manifest forderte friedliche Lösungen für internationale Krisen und sprach sich für Zusammenkünfte von Wissenschaftlern aus Ost und West aus. Die erste dieser Konferenzen, die Russell initiierte, fand 1957 in Pugwash, Kanada, statt – daher der Name Pugwash-Konferenzen. Sie haben sich seither als äußerst effektiv erwiesen, indem sie zum Beispiel das internationale Abkommen zum Stopp von Atomtests von 1963 erwirkten. 1958 wurde Russell der Präsident der neu gegründeten *Campaign for Nuclear Disarmament* (CND), aber er empfand die fröhlichen Aldermaston-Märsche – mit Dufflecoats, Bärten, Gitarren und pazifistischem Idealismus – als wenig wirksam angesichts einer Krise, die für ihn immer apokalyptischere Ausmaße annahm. 1960 trat er dem *Committee of 100* bei, das sich direkten illegalen Aktionen verschrieben hatte, und gab den Vorsitz bei der CND auf, gerade als deren Einfluss auf die britische Öffentlichkeit zuzunehmen begann.

Das *Committee of 100* war auf Betreiben von Ralph Schoenman entstanden, eines jungen amerikanischen Studenten mit einem komischen Kinnbart – die Oberlippe war glatt rasiert –, der eines Tages im Jahr 1960 vor Russells Tür stand. Schoenman beeindruckte Russell weniger durch seinen Intellekt als durch seine ungestüme Energie und seinen Charme, und er machte ihn zu seinem Pressesprecher – ein Posten, durch den Schoenman bald zu Russells Sprachrohr für beinahe jedes politische Thema wurde. Viele meinten, dass Schoenman Russells böser Geist war – »Russells Viper« taufte die Familie ihn –, aber Russell sah in ihm vielmehr einen Ersatzsohn, der die Rolle übernahm, die eigentlich John zugedacht war. Das Geheimnis des Einflusses, den Schoenman auf Russell ausübte, lag darin begründet, dass er dem alternden Philosophen zu schmeicheln wusste. Russells Eitelkeit nahm in seinen letzten Lebensjahren noch zu, während Schoenmans immer abstrusere Äußerungen in der Öffentlichkeit kaum mehr ernst genommen wurden. Zu Russells neunzigstem Geburtstag im Jahr 1962 organisierte Schoenman ein Konzert in der Royal Festival Hall und pries in seiner Rede »Berties Schönheit, die unberührt bleibt von der Niedertracht, dem Kleingeist und den Anfeindungen der erbärmlichen Menschheit«. Russell grinste verlegen ob solcher Elogen.

Russell war zuerst durchaus gewillt, an beide Seiten zu appellieren – wie in seinem offenen Brief an die sowjetische und die amerikanische Regierung, der 1957 im *New Statesman* erschien –, aber schließlich hielt er Amerika für den globalen Aggressor. Dieser Sinneswandel war teilweise darauf zurückzuführen, dass die Kommunisten freundlicher und öfter auf seine Friedensvorschläge reagierten als die Amerikaner, aber er spiegelt auch den zunehmenden Einfluss von Schoenmans neolinken Überzeugungen wider, die aus einer modischen Mischung aus Maoismus und Trotzkismus bestanden. Ein hysterischer Unterton machte sich bemerkbar, als er während einer Kundgebung 1961 den damaligen britischen Premierminister Harold Macmillan und John F. Kennedy als »weitaus bösartiger als Hitler« bezeichnete. Aber Russell konnte sich bereits im folgenden September rehabilitieren, als er nach einem großen Sit-in auf dem Trafalgar Square wegen zivilen Ungehorsams verhaftet wurde. Zwar verbrachte er die Haft auf der Krankenstation, wo er Krimis und die Biografie von Madame de Staël las, aber der Zwischenfall machte den fast neunzigjährigen Philosophen in den Augen der Öffentlichkeit zu einem wahren Helden. Solche Erfolge bestärkten ihn, während der Kuba-Krise im Oktober 1962 zu intervenieren. Russell schickte Telegramme an die sowjetische und die amerikanische Regierung, eine Antwort erhielt er nur von Chruschtschow, und veröffentlichte Flugblätter, die wahrscheinlich aus Schoenmans Feder stammten und auf denen zu lesen war: »IHR MÜSST STERBEN … WARUM? Weil die von Kubanern bevorzugte Regierung reichen Amerikanern nicht passt.« Russells Bemühungen hatten keinen erkennbaren Einfluss auf den Verlauf der Krise, aber alte Freunde und Pugwash-Kollegen wie Joseph Rotblatt waren entsetzt, dass einer der klügsten Köpfe der Welt auf so krude Propagandamethoden zurückgriff.

In dem Bewusstsein, dass sein Großvater Premierminister gewesen war (sogar zwei Mal), und von Schoenman ermutigt, befand Russell unerschrocken, dass die Rettung der Menschheit von seinen Taten abhängig sei, und gründete 1963 die *Bertrand Russell Peace Foundation*. Zur Finanzierung wurden Spendenaufrufe gestartet. Er entschloss sich außerdem dazu, seine Autobiografie zu veröffentlichen, die schon seit langem im Entstehen war, und seine Skripte und Briefe zu veräußern – die Macmaster University in Hamilton, Kanada, kaufte sie an.

Russells vornehmliches Angriffsziel waren die Amerikaner in Vietnam, und beinahe jeder Gegner der USA konnte sich seiner Zustimmung sicher sein. Er unterstützte Mao in China, Castro in Kuba und Che Guevara und den Guerillakrieg in Lateinamerika. Um die Aufmerksamkeit der Weltöffentlichkeit auf die Gräuel der Amerikaner in Vietnam zu richten, willigte er ein, ein Internationales Kriegsverbrechertribunal mitzubegründen. Dieses trat zum ersten Mal im Jahr 1967 in Stockholm zusammen, um – wenig überraschend – die Amerikaner für einen Völkermord von Hitler'schen Ausmaßen schuldig zu sprechen. (Russell nahm an diesen Treffen nicht teil. Schoenman schon, aber er sah sich bald ausmanövriert von glanzvolleren Außenstehenden wie Jean-Paul Sartre.) All diese Unternehmungen wurden damals als lächerlich abgetan, aber einige der Vorwürfe sollten sich später als durchaus zutreffend erweisen. Der scharfe Ton, in dem sie vorgebracht wurden, verprellte jedoch viele Westeuropäer, so auch Russells Tochter Kate. Russells Imageverlust – vom Weisen zum spinnerten Greis – beleuchtet eine Notiz aus *Private Eye* vom 15. August 1966:

> BERTRAND RUSSELL DURCHSCHWIMMT DEN ATLANTIK: Dem 94jährigen Philosophen gelang gestern ein Bravourstück. Der »fröhliche Friedenspilger« durchschwamm den Atlantik in zwei Stunden. Diese aktuelle Meldung erreichte uns aus der Ralph-Schoenman-Pressestelle.

Russells Privatleben verlief jetzt in glücklicheren Bahnen. 1952 hatte er zum vierten und letzten Mal geheiratet. Edith Finch, eine Amerikanerin, konnte ihm den Halt und die Unterstützung bieten, die er so nötig hatte. Sie ließen sich in Plas Penrhyn, einem Haus in der Nähe von Portmeirion in Nordwales, nieder. Russell liebte diese Landschaft wegen ihrer Berge und dem Meer. Hier schufen sie ein Heim für Russells Enkelkinder, die an denselben desaströsen Loyalitätskonflikten litten wie einst Kate und John – hin- und hergerissen zwischen dem bewunderten Großvater, ihrem Vater John und ihrer Großmutter Dora. (Russell sah John nach 1958 nur noch ein Mal.) Im November 1969 überredete Edith, die Schoenmans Unberechenbarkeit schon lange unerträglich fand – er war aus so vielen Ländern ausgewiesen worden, dass er jetzt mit einem falschen Pass reiste –, ihren Ehemann dazu, ein Memorandum zu unterschreiben, in dem er sich von allen Handlungen seines Pressesprechers seit Mitte der sechziger Jahre distanzierte. Das entsprach natürlich nicht den Tatsachen, denn Russell war immer über Schoenmans Vorgehen informiert gewesen und hatte es gebilligt, aber nun strich er ihn auch noch aus seinem Testament.

Russells eigenes Leben endete friedlich am 2. Februar 1970, aber das Unglück, das er verursacht hatte, existierte weiter. Er ließ zwei verbitterte Ex-Frauen zurück, seinen schizophrenen Sohn John, der nie wieder ganz gesund werden sollte, sowie zwei Enkelinnen, von denen die eine, Sarah, ebenfalls an Schizophrenie erkrankte. Lucy, die andere Enkelin, die ihren Großvater vergöttert hatte, schien sich zumindest eine Zeit lang vielversprechend zu entwickeln. Aber während ihrer Schulzeit in Dartington häuften sich ihre emotionalen Probleme, und sie fiel durch die Prüfungen, einmal, weil sie Mathematik belegte, aber eigentlich eine literarische Begabung hatte, dazu kamen die ewigen familiären Zwistigkeiten. Als sie sich in einen jungen marokkanischen Ladendieb verliebte (er klaute vorwiegend Bücher, und die Buchhandlung Foyles war sein bevorzugtes Jagdgebiet), verscherzte sie es sich derart mit ihrem Großvater, dass dieser 1966 allen Kontakt abbrach und jegliche Unterstützung einstellte. Mit kaum achtzehn Jahren von ihrer Familie verstoßen, wurde Lucy obdachlos. Ein wirres Wanderleben, unterbrochen von gelegentlichen Aufenthalten in Heilanstalten, endete 1975 mit einem schrecklichen Selbstmord; sie verbrannte sich selbst auf einem Friedhof in Cornwall. Nur Conrad, Russells jüngstem Sohn, gelang es, dem Russell-Fluch zu entgehen. Sehr zum Unmut seiner noch immer zornigen Mutter kam er Ende 1968 nach Plas Penrhyn und erfreute Russell mit unerwarteten philosophischen Kenntnissen. Endlich hatte er einen Sohn, mit dem er sich unterhalten konnte. Das Leben des fünften Earls, der glücklich verheiratet war, ähnelte jedoch dem seines Vaters in keiner Weise.

»Wenn ich mit gewöhnlichen Leuten spreche, kommt mir das wie Kleinkindgeplapper vor, das macht mich sehr einsam«, hatte Russell sich bei Ottoline Morrell im Juli 1915 beklagt. Sie hatte kein Mitleid mit ihm – und das aus guten Gründen. In Garsington kam Russell mit den hellsten Köpfen seiner Zeit zusammen – Lytton Strachey, Aldous Huxley, T. S. Eliot und John Maynard Keynes waren dort zu Gast –, er konnte sich also kaum über mangelnde geistige Anregung beschweren. Dass er trotzdem isoliert war, offenbaren einige Fotografien aus jenen Tagen, die ihn im Garten von Garsington zeigen: förmlich in einen dunklen dreiteiligen Anzug mit steifem Kragen gekleidet, während die anderen Gäste es sich in Flanell oder im Badeanzug bequem gemacht haben. Und er blieb dabei. Ein weiteres Foto von Russell und seiner ausladenden Familie, das im Sommer 1932 am Strand von Hendaye in Frankreich aufgenommen wurde, zeigt die anderen in Badesachen – und Russell immer noch steif im dunklen Zwirn mit Krawatte, als einzige Konzession an den Sommer trägt er einen Strohhut. Er blieb immer seltsam viktorianisch und fiel durch seine perfekten altmodischen Manieren auf. Auf die Frage, warum er sich immer aus der Hüfte verbeugte, wenn er jemandem vorgestellt wurde, antwortete er, er wüsste nicht, von wo sonst er es tun sollte. Aber sogar die Viktorianer spannten manchmal aus, und in seinen Überzeugungen war Russell so gar nicht wie sie. Vielmehr war er ein Verfechter gesellschaftlicher und sexueller Freiheiten, die uns heute selbstverständlich erscheinen. Seine Isolation und seine Rigidität hatten andere Ursachen.

Zeit seines Lebens wurde Russell von unklaren Ängsten heimgesucht, wie er sich schließlich selbst eingestand: »Diese Ängste haben mich viele Jahre daran gehindert, tiefe Gefühle zuzulassen, statt dessen habe ich, so gut ich konnte, ein intellektuelles und zeitweilig wohl auch frivoles Leben geführt«, schreibt er in seiner *Autobiographie*. Kate bedauerte, dass ihr Vater sich nicht mehr mit Freud beschäftigt hat, denn das hätte ihn vielleicht ermutigt, nach seinen eigenen unbewussten Motiven zu suchen, etwas, das er aus Angst oder aus Arroganz nie versuchte. Die wahrscheinlich treffendste Analyse von Russell findet sich bei D. H. Lawrence. Die beiden Männer – die sich im unvermeidlichen Garsington begegneten – waren gewissermaßen Antipoden, fühlten sich aber durchaus voneinander angezogen; 1915 entschlossen sie sich zu einem gemeinsamen Buchprojekt. Aber Lawrence, der abgestoßen vom Leben in Cambridge war – Keynes im Morgenmantel war für ihn aus unerfindlichen Gründen die personifizierte Verderbtheit –, wandte sich in einem Brief heftig gegen Russell, was den schon sorgenbeladenen Philosophen vernichtend traf:

> Sie sind voller unterdrückter Leidenschaften, die Sie feindselig und unsozial gemacht haben. Und das alles unter dem Deckmantel der Antikriegspropaganda. Mir erzählte eine Frau, die an einem Ihrer Treffen teilgenommen hat: ›Es erschien mir so

eigenartig, er sah so böse aus und sprach doch von Frieden und Liebe.‹ … Sie sind zu voll von teuflischen Repressionen, um etwas anderes zu sein als lüstern und grausam.

Wie dieser sehr englische Nietzsche-Schüler intuitiv erfasste, klangen die beschwörenden Appelle zu weltumspannendem Frieden und Liebe recht seltsam aus dem Munde eines Mannes, der von inneren Kämpfen geschüttelt wurde, die keine Arithmetik menschlichen Verhaltens jemals im Zaum halten würde.

5
Ludwig Wittgenstein (1889–1951)
Der zornige Ästhet

»Gott ist angekommen. Ich traf ihn im Fünf-Uhr-Fünfzehn-Zug.« *John Maynard Keynes, 1929*

»Denk nicht, sondern schau!« Dieser Rat, den Wittgenstein in seinen *Philosophischen Untersuchungen* gibt, bezog sich auf den Gebrauch von Wörtern, aber er könnte genauso gut auf das Verständnis seines Lebens und Werks angewendet werden. Über Wittgenstein nachzudenken ähnelt beinahe dem Sinnieren über Gott: die Versuchung, sich vor solch einem überwältigenden Geist in den Staub zu werfen, kann übermächtig werden. Sich den Mann selbst anzuschauen ist da vielversprechender.

Fraglos war Ludwig Wittgenstein eine epochale Gestalt in der modernen Philosophie, wohl der wichtigste und radikalste Denker des 20. Jahrhunderts, aber man muss sich ihm mit größter Vorsicht nähern. Jeder große Philosoph weist angeblich der Philosophie eine neue Richtung: Wittgenstein war erstaunlicherweise zweimal dazu in der Lage, und zum Ende seines vergleichsweise kurzen Lebens schien er kurz davor zu stehen, erneut einen Richtungswechsel zu initiieren. Der *Tractatus logico-philosophicus*, dieser schmale Aphorismenband, den Wittgenstein 1922 veröffentlichte, hatte einen immensen Einfluss auf den Wiener Kreis und jene Schule, die unter der Bezeichnung Logischer Positivismus bekannt werden sollte, auch wenn Wittgenstein selbst wenig Geduld mit seinen Anhängern hatte. In dem Glauben, dass er mit seinem Buch sämtliche Probleme der Philosophie gelöst hätte, wandte er sich anderen Dingen zu und wurde zeitweilig Grundschullehrer, Gärtner und Architekt.

Dass er ein philosophisches Genie war, war jedoch von Anfang an klar. Bereits 1911, nachdem sie sich erst wenige Wochen kannten, bezeichnete ihn Bertrand Russell – der erst sein begeisterter Lehrer, dann sein ehrfürchtiger Kollege und schließlich sein erbitterter Feind war – als »das beste mir bekannte Beispiel eines Genies im traditionellen Sinne – leidenschaftlich, tiefgründig, intensiv und dominant«. Und John Maynard Keynes, der große Ökonom und selbst nicht gerade ein unbedarfter Denker, brachte es später auf den Punkt: »Gott ist angekommen. Ich traf ihn im Fünf-Uhr-Fünfzehn-Zug.« Wittgensteins posthumer Ruhm wächst bis heute, und er selbst ist zum Inbegriff des charismatischen, kompromisslosen Genies geworden, sogar für jene, die sein Werk gar nicht kennen. Bücher über ihn erscheinen in immer größerer Anzahl – und Derek Jarman hat sogar einen außergewöhnlichen, angeblich biografischen Film über ihn gedreht. Die Wirkung seines zweiten großen Werkes, *Philosophische Untersuchungen* (1953), machte sich erst nach seinem Tod bemerkbar, und die weniger bekannten Thesen aus seiner dritten Phase beschäftigen die akademische Welt noch immer.

Wittgensteins Charisma verdankte sich seiner Überzeugung, dass er absolut recht hatte – und dass jene, die ihm widersprachen, vollkommen falschlagen und in intellektueller oder geistiger Hinsicht minderbemittelt waren. Natürlich macht die Klarheit und Überzeugungskraft seines Denkens viel von seinem Reiz aus. »Die Welt ist alles, was der Fall ist«, diese berühmte Eröffnung des *Tractatus logico-philosophicus*, seines ersten und bekanntesten Werkes, steht programmatisch für eine sorgfältige und systematische Untersuchung der Sprachfunktionen; und wenn er am Ende definiert hat, von was man sprechen kann, und mit dem Hinweis: »Von was man nicht sprechen kann, davon muß man schweigen« schließt, dann kommt er damit anderen Anschauungen oder weiterführenden Diskursen zuvor. Seine Arbeit ist das Produkt eines mathematischen Geistes, der zu makelloser logischer Analyse fähig war. Dennoch ließ Wittgenstein die Möglichkeit offen, dass sich bestimmte Dinge nicht in der Alltagssprache ausdrücken lassen, und seine letzte Aussage kann als Aufforderung betrachtet werden, dem Mystischen einen Platz einzuräumen. Aber Wittgensteins Bewunderer im Wiener Kreis und unter den angelsächsischen Logischen Positivisten befanden, dass dem, wovon man nicht sprechen kann, auch keine Bedeutung zukommt.

Dennoch ist Wittgensteins bedeutender Einfluss, sowohl zeit seines Lebens als auch danach, nicht nur auf das Werk, sondern auf den Mann selbst zurückzuführen. Denn der Mensch Wittgenstein war mindestens genauso geheimnisvoll und beeindruckend wie seine Schriften. Obwohl er klein und zierlich war, beherrschte er jede Gesellschaft, wenn er aus seinen tief liegenden blauen Augen intensive Blicke schleuderte, während seine hohe Stirn in ein schachbrettartiges Netz von Falten gelegt war. Bei solchen Gesellschaften geschah es regelmäßig, dass er seinem Unwillen über die Dummheit anderer leidenschaftlich Ausdruck verlieh. Manchmal entlud sich diese Ungeduld auch physisch, bis hin zu gewalttätigen Wutanfällen. »Wenn ich aufgebracht über etwas bin, dann schlage ich manchmal auf den Boden oder gegen einen Baum mit einem Stock oder ähnlichem«, gab Wittgenstein zu. Auch wenn er gerade nicht handgreiflich wurde, neigte er dazu, seine Zuhörer ebenso sehr mit Charakterstärke wie mit Logik überzeugen – und bekehren – zu wollen.

In Cambridge, wo er während der dreißiger und vierziger Jahre zunächst als Dozent und dann als Professor für Philosophie tätig war, formierte sich ein Kreis von ergebenen, geradezu hingerissenen Jüngern um ihn, die nicht nur seiner Lehre folgten, sondern auch die Manieriertheiten ihres Meisters nachäfften; wie er trugen sie Tennisschuhe und Tweedjacketts mit weißen, am Kragen aufgeknöpften Hemden, aßen einfache Gerichte und schliefen in schmalen Betten. Sogar seine Marotte, sich bei einem Einfall vor die Stirn zu schlagen und »Ja!« auszurufen, ahmten sie nach. Oft geschah eine solche Imitation ganz unbewusst; bestimmt war es viel einfacher, als den absonderlichen Gedankengängen zu folgen, für die er berüchtigt war. Wasfi Hijab, ein Student, der etwas voreilig Wittgenstein als seinen Tutor gewählt hatte, wurde von ihren Zusammenkünften so aus der Bahn geworfen, dass er die Philosophie für die nächsten fünfzig Jahre aufgab. Später sagte er über Wittgenstein: »Er war wie eine Atombombe, wie ein Tornado.« Ein anderer Student, der damals in Cambridge war, John Vinalott, beschrieb seinen Lehrer als »weißglühend vor intellektueller Leidenschaft«. Einige fühlten und gestanden offene Bewunderung ein. John N. Findlay, der später tatsächlich ein Philosophieprofessor wurde, erinnert sich: »Mit vierzig Jahren sah er wie ein junger Mann von zwanzig aus, von göttlicher Schönheit ... atemberaubend in seiner überirdischen Reinheit ... er sah aus wie Apoll, der sich von einer Statue in einen Lebenden verwandelt hatte, oder wie der nordische Gott Baldur ... er war *le philosophe soleil.*«

Andere wieder waren nicht so beeindruckt. Peter Gray-Lucas, ein brillanter Linguist, der in Bletchley Park an der Entwicklung des Ultra-Dekodierungsprogramms beteiligt gewesen war und in den späten vierziger Jahren nach Cambridge kam, hielt Wittgenstein für einen Scharlatan, aber räumte ein, dass er ein wunderbarer Imitator war: »Er hat seine Berufung verfehlt. Er hätte ein Stand-up-Comedian sein sollen. In seinem komischen Österreichisch konnte er alle möglichen Akzente, Stile und Arten zu reden nachahmen.« Rudolf Carnap, eine der Schlüsselfiguren des Wiener Kreises der Logischen Positivisten im Wien der zwanziger Jahre, verlor seine Illusionen über Wittgenstein als Denker schon bedeutend früher. »Sein Standpunkt, seine Einstellung zu Menschen und Problemen, glich eher dem eines ... biblischen Propheten oder Sehers [als eines Philosophen]«, sagte er und traf damit unwissentlich ins Schwarze, denn Wittgenstein hatte eine verborgene religiöse Ader.

Philosophen gelten selten als Propheten oder als Seher oder auch nur als Asketen. Viele von ihnen schätzen opulente Abendessen, guten Wein und Unterhaltung, sogar Sex – vorausgesetzt, sie können ihre Leidenschaften im Zaum halten. Aber einige, die der menschlichen Schwächen überdrüssig geworden sind, haben alldem ganz priesterlich entsagt und den Bannfluch über alle Abweichler ausgesprochen. Sie ähneln dann mittelalterlichen Mönchen, wie zum Beispiel dem heiligen Bernhard von Clairvaux. Der Gründer des asketischen Zisterzienserordens und Gegner jeder Art von üppigem Dekor in Kirchen und Abteien – für ihn war Ornament geradezu ein Verbrechen – schlief auf einem Bett von Steinen unter einem offenen Fenster und trug nur die gröbsten Stoffe am Leib. Während er seine intellektuellen Gegenspieler wie Pierre Abélard rigoros verfolgte, blieb er doch immer ein arroganter Abkömmling einer höchst adeligen Familie. Ähnlich verhielt es sich mit Wittgenstein.

Die Familie Wittgenstein, größtenteils jüdischer Abstammung, jedoch katholischen Glaubens, war berühmt für ihren immensen Reichtum und eine Kultiviertheit, die sogar für das Wien des frühen 20. Jahrhunderts bemerkenswert war – jene Stadt unzähliger Genies und Neurotiker wie Freud, Mahler, Schönberg, Hofmannsthal, Musil, Klimt und Kokoschka. Ludwigs Vater, Karl Wittgenstein, war ein enorm erfolgreicher Industrieller. Er übernahm die Prager Eisenindustriegesellschaft, etablierte ihre Monopolstellung in der Stahlproduktion im großen Österreich-Ungarn und wurde so zum reichsten Mann der k.u.k. Monarchie und zu einem der reichsten Männer weltweit. Nachdem er sein Imperium erschaffen hatte – mit einer Rücksichtslosigkeit, die noch aus seinen Lehrjahren in Amerika stammte –, setzte er sich zur Ruhe. Kurz vor seinem Tod beschloss er mit einer beinahe unheimlichen Weitsicht, den Großteil des Familienvermögens in Übersee, vor allem in den Vereinigten Staaten, anzulegen. Mit dem restlichen Geld kaufte Karls Bruder Ludwig während des Ersten Weltkriegs Grundbesitz. Diese Maßnahmen bewahrten das Wittgenstein'sche Vermögen als eines der wenigen vor der Hyperinflation, die ganz Mitteleuropa nach 1918 heimsuchte, die meisten mittelständischen Familien ruinierte und die alte Gesellschaftsordnung weitaus effektiver zerstörte, als es der Krieg vermocht hatte. Als Ludwig 1913 seinen Erbteil erhielt, wurde er zu einem der reichsten jungen Männer Europas. Im Jahr 1920 war die Wittgenstein'sche Dynastie etwa 200 Millionen Dollar schwer, was heute etwa dem Vierzigfachen entspräche.

Das Haus der Wittgensteins in der Wiener Alleegasse war weitläufig, exquisit eingerichtet und wurde nur Palais Wittgenstein genannt – allerdings nicht von den diskreten Familienmitgliedern. Die eleganten Zimmerfluchten erstreckten sich über einem pompösen marmornen Treppenaufgang.

Wittgenstein erzählte später, es habe im Palais sieben Konzertflügel gegeben, obwohl sich die meisten anderen nur an vier erinnern können. Brahms war ein häufiger Gast, sein Klarinettenquintett wurde dort 1891 uraufgeführt, und er unterrichtete Hans, den ältesten Wittgenstein-Sohn. Ludwig konnte da nicht mithalten, er galt lange nur als der Mathematiker und Ingenieur, aber selbst er soll in der Lage gewesen sein, zum Erstaunen der Zuhörer ganze Konzerte zu pfeifen, und später wurde er ein ziemlich guter Amateur-Klarinettist. Unter den musikalischen Gästen befanden sich Gustav Mahler, Richard Strauss, Pablo Casals und Bruno Walter, der damals schon Kapellmeister an der Wiener Oper war. Viele große Musiker kamen ins Haus der Wittgensteins wie zu einer Audienz, und Brahms bemerkte, dass die Familienmitglieder »einen Umgang miteinander hatten, als wären sie bei Hofe«.

Karl Wittgenstein, der sich manchmal gegenüber dem Habsburgerhof in der Rolle eines Rebellen gefiel, unterstützte und förderte die Wiener Sezession, jene Künstlerbewegung unter der Ägide von Gustav Klimt. 1908 malte Klimt das bemerkenswerte Porträt von Margaret Stonborough, Ludwigs Schwester, kurz nach ihrer Heirat – Margaret war eher fassungslos als geschmeichelt und verbarg es bald in ihren Gemächern. Den Wittgensteins gehörten noch mehrere andere große Häuser in Wien, dazu Tausende Morgen an Grundbesitz und ein Landhaus auf der Hochreith, etwa eine Stunde von Wien entfernt. Trotz ihrer äußerst kosmopolitischen Anschauungen – darin waren sie anderen großindustriellen Dynastien wie den Carnegies oder den Krupps durchaus ebenbürtig und weitaus vornehmer als viele österreichische Adlige, auch wenn sie keinen Titel hatten – blieben die Wittgensteins meist unter sich. Hinter ihren makellosen Manieren verbarg sich eine schier unglaubliche Arroganz.

Aber all dieser Glanz und Reichtum hatte seinen Preis. Karl Wittgenstein, der durchsetzungsstarke Magnat, war auch zu Hause der Alleinherrscher und schikanierte zuweilen seine fünf Söhne. Ludwig war der jüngste und wurde von der Familie, die ihn anhimmelte, verwöhnt. Aber es kam ihnen nur langsam zu Bewusstsein, dass er der Begabteste unter diesen vielversprechenden Geschwistern war. Der Vater wünschte sich natürlich, dass die Söhne ihm als Ingenieur und Geschäftsmann nachfolgen würden, aber sie hatten ganz andere Vorstellungen. Der älteste, Hans, war ein musikalisches Wunderkind und konzertierte bereits im Alter von zwölf vor einem begeisterten Publikum – Ludwig erinnerte sich später, dass sein Bruder endlos und ganz alleine bis in die frühen Morgenstunden übte, so groß war seine Entschlossenheit, Pianist zu werden. Aber der Vater zwang ihn, in die Geschäftswelt einzutreten. Von nervösem Naturell und nicht in der Lage, den Anforderungen seines Berufs zu entsprechen, beging er 1902 mit vierundzwanzig Selbstmord, er sprang von einem Schiff. Der dritte Sohn, Rudolf, wählte im Jahr darauf denselben Ausweg. Und ein weiterer Sohn, Kurt, nahm sich zum Ende des Ersten Weltkriegs das Leben, angeblich weil seine Soldaten sich geweigert hatten, ihm in die Schlacht zu folgen.

Der Selbstmordgedanke sollte auch Ludwig zeit seines Lebens immer wieder beschäftigen, ein Grund dafür war, dass er an seiner sexuellen Disposition litt. Wie seine beiden überaus begabten älteren Brüder – Kurt war als Einziger relativ unbeschwert und nicht von außergewöhnlicher Intelligenz – war Wittgenstein homosexuell, und das zu einer Zeit, als dies keinesfalls akzeptabel war. Er fand offensichtlich keinen Gefallen an Promiskuität, denn seine Tagebücher deuten immer wieder an, wie sehr er versuchte, ihr zu entgehen – und daran scheiterte. Womöglich war es sein heikler Charakter, der ihn dazu brachte, auch dann jeglichem sexuellen Kontakt zu entsagen, wenn er sich unwiderstehlich angezogen fühlte, dazu kam eine gehörige Portion von traditionellem christlichem Schuldgefühl. Als getaufter Katholik – wie es auch der Rest der Familie war, um den Anfeindungen eines zunehmend bösartigeren Antisemitismus zu begegnen – konnte er sich nie von dem katholischen Bann aller außerehelichen sexuellen Beziehungen befreien. Und bezeichnenderweise hat er niemals die katholische Kirche verworfen oder gar offen angegriffen. (Von ihrem Wiedersehen 1919 nach fünf Kriegsjahren in Den Haag berichtet Bertrand Russell, dass Wittgenstein »ganz und gar Mystiker« geworden sei und »ernsthaft überlege, ein Mönch zu werden«. Damals nahm die Entfremdung der beiden Männer ihren Anfang. Wittgenstein wiederum missfiel das Vorwort, das Russell bald darauf für die englische Ausgabe des *Tractatus* schrieb, und befand, nicht ganz von ungefähr, Russell habe ihn nicht verstanden.)

Den wichtigsten literarischen Einfluss auf den jungen Wittgenstein übte ein Buch aus, dass nicht etwa von einem Katholiken geschrieben worden war, sondern von einem jungen Autor, der im Wien der Jahrhundertwende zu gewisser Berühmtheit gelangt war, bevor er sich 1903 das Leben nahm: Otto Weininger. *Geschlecht und Charakter* (1903) blieb Weiningers einzige Veröffentlichung. Heute mag es äußerst bizarr anmuten, aber damals waren viele, nicht nur Oswald Spengler, der Verfasser von *Der Untergang des Abendlandes* (1918/22), der Ansicht, dass Weininger tiefe Einsichten in Spirituelles, Kulturelles und Sexuelles formuliert hatte.

Das Buch quoll über vor frauen- und judenfeindlichen Äußerungen, die angeblich durch Weiningers Überzeugung, alle Menschen seien grundsätzlich androgyn oder bisexuell, gerechtfertigt wurden, die er weitschweifig auf Platon zurückführte. Nur das maskuline Element solle jedoch gefördert werden, denn es sei dem femininen absolut überlegen. Eine Frau könne niemals etwas Gutes bewirken, ausgenommen als Mutter und/oder Hure. Eine maskuline Lesbierin sei einer heterosexuellen Frau vorzuziehen, während ein homosexueller jüdischer Mann der Verachtenswerteste von allen sei. Weininger selbst war sowohl homosexuell als auch jüdisch, was vielleicht seinen Selbstmord erklärt und zum Teil den Reiz, den er auf Wittgenstein ausübte. Was den jungen Ludwig am meisten beeindruckte, war Weiningers Absage an die körperliche Liebe – besonders die zwischen Frau und Mann –, die eine Ablenkung von der Liebe zu der inneren göttliche Seele, des »Gottes, der in meinem Busen wohnt« sei. Das einzig Lohnenswerte im Leben wäre – so Weininger weiter –, ein Genie zu werden, die einzig ehrenhafte Alternative dazu der Selbstmord. Später zählte Wittgenstein Weininger wie Russell, Frege und Schopenhauer zu den prägendsten Einflüssen in seinem Leben. Für den gequälten Teenager kann es kaum ein positiver gewesen sein.

Karl Wittgenstein, dem es misslungen war, seine älteren Söhne zu Ingenieuren zu machen, entschied nun, dass wenigstens Ludwig das Geschäft fortführen sollte. So wurde Ludwig zum Studium der Ingenieurwissenschaften zunächst nach Berlin geschickt und dann 1908 nach Manchester, damals eine der Hochburgen des Maschinenbaus. Wittgenstein hatte offensichtlich einige Ingenieursgene von seinem Vater geerbt, denn er erwies sich als brillanter, wenn auch gelegentlich etwas temperamentvoller Student, der wesentliche Arbeit im Bereich des Luftantriebs leistete und Flugzeugpropeller entwarf, die das Düsentriebwerk vorwegnahmen. Zunehmend interessierte er sich für die Philosophie der Mathematik. In

Manchester hatte er Russells *Principles of Mathematics* (1903) entdeckt, jenes Buch, das zeigt, dass die Mathematik grundsätzlich auf Logik beruht. Also entschloss sich Wittgenstein im Herbst 1911 auf den Rat des großen deutschen Logikers Gottlob Frege hin, nach Cambridge zu gehen und bei Russell Philosophie zu studieren.

Seine Entscheidung, zur Philosophie zu wechseln – für das Familiengeschäft ein nutzloses Unterfangen –, verschlimmerte den Konflikt mit seinem Vater und verstärkte seine Neurosen, die sich bereits bemerkbar machten. »Denken Sie über Logik nach oder über Ihre Sünden?«, fragte Russell ihn einmal, als er seit Stunden in Russells Arbeitszimmer auf und ab gegangen war und dabei mit sich selbst sprach. »Über beides«, antwortete Wittgenstein mit der für ihn typischen verheerenden Offenheit. Russell begann sich darüber zu sorgen, dass sein brillantester Schüler, den er schon bald als seinen Nachfolger und zeitweilig auch als einen Sohn betrachtete, wahnsinnig werden könnte. »Wittgenstein ist mit den Nerven am Ende, nahe am Selbstmord«, schrieb Russell im Dezember 1912 und fügte später hinzu, dass der Österreicher »weder neugierig noch interessiert genug [sei], mehr von dieser Welt wahrzunehmen. Das wird zwar seine logische Arbeit nicht beeinträchtigen, aber so wird er immer ein bornierter Spezialist bleiben.« Wittgenstein beschloss, den Winter 1913/14 ganz allein zu verbringen, und verkroch sich in einer Hütte in Norwegen, wo er mit manischer Intensität vor sich hin grübelte, aber sehr wenig schrieb.

Russells Bemerkungen finden sich in seinen Briefen an Ottoline Morrell, seine große und befreiende Liebe. Ottoline war es fast gelungen, dem vertrockneten Philosophen nach vielen unglücklichen zölibatären Jahren einen menschlichen Anstrich zu geben, indem sie ihm dazu verhalf, das Leben und die Künste, Musik und vor allem fröhliche menschliche Gesellschaft wieder mehr zu schätzen. Aber auch wenn Russells Briefe an Ottoline eine Wärme ausstrahlen, die außergewöhnlich für sein sonst so eisiges Gefühlsleben war, bewunderte sie ihn doch nicht grenzenlos. Denn obwohl sie seinen Intellekt hoch einschätzte, hatte sie doch ihre Vorbehalte, und da sie die Schwester eines Herzogs war, war sie ihm auch gesellschaftlich ebenbürtig. Für Wittgenstein gab es niemals jemanden, der ihm in ähnlicher Weise entsprochen hätte, weder intellektuell noch der Herkunft nach. Vor 1914 fühlte er sich sehr hingezogen zu einem jungen bürgerlichen, heiteren und äußerst englischen Studenten namens David Pinsent, den er 1912 auf eine luxuriöse Reise nach Island mitgenommen hatte. Pinsent, der die wahren Gefühle seines Freundes wohl kaum erahnte und sicherlich nicht erwiderte, starb 1918 bei einem Flugzeugabsturz. Die Nachricht verstärkte Wittgensteins selbstmörderische Tendenzen. Er widmete Pinsent den *Tractatus*.

Der Ausbruch des Ersten Weltkriegs 1914 verschaffte Wittgenstein ein Ventil für seinen latenten Todeswunsch. Er meldete sich sofort freiwillig, obwohl er an einem doppelten Leistenbruch litt und leicht eine Ausmusterung hätte erwirken können. 1920 sagte er zu seinem Lehrerkollegen Martin Scherleitner, dass er gehofft habe, der Tod auf dem Schlachtfeld würde ihn davor bewahren, Selbstmord zu begehen. Wittgenstein erwies sich als äußerst tapferer Soldat, zunächst an der Front in Polen und dann in Italien; er wurde für diverse Auszeichnungen vorgeschlagen. Russells Pazifismus verachtete er, als er später davon hörte. Aber wie viele andere, die weniger freiwillig in diesen Konflikt verwickelt wurden, fehlte ihm jeglicher Sinn für kriegerischen Ruhm. Er las lieber wieder und wieder Tolstois *Kurze Auslegung des Evangeliums* (1883) und war tief beeindruckt von der Abkehr von aller

Fleischlichkeit. »Der Mensch ist machtlos im Fleisch, aber frei im Geist«, hatte Tolstoi geschrieben. Wittgenstein akzeptierte eifrig die zögernde Schlussfolgerung des russischen Romanciers, dass alle Lust unvereinbar mit einem spirituellen Leben sei, was Weiningers Thesen zu bestätigen schien. Seine Notizbücher aus den Kriegsjahren sind voller Gebete und Gedanken, die tief religiös und sogar christlich klingen. Außerdem studierte er Schopenhauer sehr aufmerksam und verinnerlichte dessen Werke derart, dass die ersten Zeilen des *Tractatus* einen starken Anklang an Schopenhauers düsteres Meisterwerk *Die Welt als Wille und Vorstellung* haben.

Nach einem Aufenthalt in Italien, wo er den *Tractatus* beendete, kehrte Wittgenstein im August 1919 deprimierter denn je nach Wien zurück. Dann überraschte er seine Familie mit dem Entschluss, Lehrer zu werden, nicht etwa an einer Universität, sondern an einer Grundschule. 1920 ging er tatsächlich nach Trattenbach, ein besonders tristes, armseliges Bergdorf, um der Welt zu entfliehen. Diese Flucht in die Einsamkeit der Berge – ein Leitmotiv, das sich durch Wittgensteins ganzes Leben zieht – zielte wohl auch darauf, den sexuellen Versuchungen Wiens zu entkommen. Der amerikanische Philosoph William Bartley, der in den sechziger Jahren in Wien Zeitzeugen befragte, schreibt, daß Wittgenstein während seiner Zeit in der Lehrerausbildung eine Vorliebe für die Schwulenszene in Wiens größtem Park, dem Prater, entwickelte: »Er spürte zu seinem Entsetzen, daß er sich kaum von dort fernhalten konnte. Mehrmals in der Woche floh er aus seinem Zimmer und eilte den kurzen Weg zum Prater entlang, gepeitscht … von einem Dämon, den er kaum bezwingen konnte.« Hatte Wittgenstein schnellen Sex, um daraufhin in Selbsthass zu verfallen? Das behauptet jedenfalls Bartley, aber seine Aussagen sind mehrfach angezweifelt worden.

Ob wahr oder unwahr – der Wittgenstein-Biograf Ray Monk lässt dies offen, obwohl auch er betont, dass der Philosoph homosexuell war –, Wittgenstein war jedenfalls in keiner guten Verfassung. In einem Brief an den Freund Paul Engelmann vom Mai 1920 offenbart er seinen Selbstekel: »Es ist mir in der letzten Zeit höchst miserabel gegangen … Ich bin ganz und gar gesunken.« Es war wohl auch, um sich selbst jede Möglichkeit zu versperren, der Versuchung zu erliegen, dass Wittgenstein, bevor er den Sündenpfuhl der Großstadt hinter sich ließ, verfügte, dass sein gesamter Erbteil an die Geschwister gehen sollte – die zweite, noch überraschendere Entscheidung dieses Jahres.

Solch eine dramatische Abkehr von weltlichen Reichtümern erinnert – und bestimmt nicht zufällig, auch wenn das nur ihm selbst klar war – an den heiligen Franz von Assisi oder an Buddha, die beide allem weltlichen Besitz entsagten, bevor sie ihre spirituelle Reise begannen. Wittgenstein, der es früher genossen hatte, in großen Hotels abzusteigen, wurde nun ein überzeugter Asket. Später in Cambridge bestand seine Einrichtung nur aus einigen leinenbezogenen Klappstühlen und einem kleinen Tisch – nicht gerade die übliche, gemütlich-schäbige Möblierung einer Studentenbude. In seinem Nachruf in der *Times* hieß es: »Wittgenstein zeigte die Charakteristika eines religiösen Denkers und Eremiten.« Aber der Eremit behielt die hochmütige Selbstsicherheit eines Abkömmlings einer der reichsten Dynastien Europas bei, während seine Schwestern und der einzige überlebende Bruder Paul stets willig mit Geld aushalfen, wenn es nötig wurde. Thomas Bernhard, der Autor von *Wittgensteins Neffe* (1982), blieb unbeeindruckt von diesem Verzicht und bemerkte: »Der Multimillionär als Dorfschullehrer ist doch wohl eine Perversität.«

Auch wenn es abwegig war, spielte Wittgenstein seine Rolle mit der für ihn typischen Zielstrebigkeit. Vierzig Jahre später entdeckte Bartley, dass viele Einwohner von Trattenbach und Umgebung sich noch gut an ihren exzentrischen Lehrer erinnern konnten und seiner in einer Mischung aus Ehrfurcht, Verwunderung und Zuneigung gedachten. Die Nachkriegsjahre waren für die meisten Österreicher eine besonders entbehrungsreiche Zeit, und Wittgenstein bemühte sich zu helfen, auch wenn die widrigen Umstände ihm selbst wenig ausmachten. Einmal kämpfte er sich durch hohen Schnee über einen Bergpass, um seinen Schülern Bananen zu bringen – damals ein echter Luxus. Aber sich selbst verbot er jegliche Annehmlichkeiten und lebte hauptsächlich von Kakao. Er bezog die Küche der kleinen Schule, wo er sich ein Lager bereitete, und saß dort stundenlang, blickte aus dem Fenster und betrachtete die Sterne, erzählt Georg Berger, einer seiner ehemaligen Schüler. Seine Fähigkeiten als Ingenieur konnte er unter Beweis stellen, als eine Dampfmaschine in einer der Fabriken in der Umgegend ausfiel und Wittgenstein sich zum Erstaunen der Dorfbewohner daranmachte, sie zu reparieren.

Wittgensteins Lehrmethoden waren unorthodox. Er begann jeden Morgen mit zwei vollen Stunden Mathematik, einschließlich Algebra, ein Fach, das an Grundschulen normalerweise nicht vorgesehen war. Für die intelligenten Kinder verschönte Wittgensteins Zuspruch den Schultag, und sie blieben nach dem Unterricht gerne länger, wenn Wittgenstein einfach weiter unterrichtete. Fotos zeigen Wittgenstein, wie er onkelhaft auf seine kleine Schar herunterlächelt. Aber für jene, die keinerlei mathematische Begabung hatten, sah die Sache ganz anders aus, denn sie wurden zum Ziel seiner plötzlichen und oftmals handgreiflichen Wutausbrüche. Ein Mädchen, das einfach nicht begreifen wollte, riss er so an den Haaren, dass sie büschelweise ausgingen, und ein anderes ohrfeigte er so hart, dass Blut floss. Die österreichischen Dörfler hatten damals zwar nichts gegen körperliche Züchtigungen einzuwenden, aber das galt nur für Knaben, nicht für Mädchen, von denen man sowieso nicht erwartete, dass sie Mathematik verstünden. Und die Prügelstrafe hatte ihre fest umrissenen Grenzen, die Wittgenstein in seinem ungeduldigen Zorn überschritt.

Seine Tage als Lehrer endeten abrupt und schmählich im April 1926. Er hatte dermaßen auf Josef Haidbauer, einen kleinen, kränklichen Jungen von elf Jahren, eingeschlagen, dass dieser ohnmächtig wurde und zum Arzt gebracht werden musste. Wittgenstein geriet in Panik und verließ fluchtartig das Dorf. Als der Fall zur Untersuchung vor Gericht kam, log er hinsichtlich der Schwere seines Schlages. (Wittgenstein unterstellen zu wollen, er hätte sexuelle Befriedigung aus der Misshandlung von Kindern gezogen, wäre ganz falsch, denn er war mit Sicherheit kein Sadist.) Der jähzornige Lehrer wurde freigesprochen. Es kann sich wohl niemand vorstellen, welche Reue und Gewissensbisse er fühlte, denn er hatte zweifach versagt: Es war ihm nicht gelungen, sein Temperament zu zügeln, und er hatte gelogen, was für den sonst so bedingungslos aufrichtigen Mann noch schwerwiegender gewesen sein muss.

Nachdem sein Zwischenspiel als Lehrer nun vorbei war, wartete schon ein erwachsenes Publikum auf ihn, denn die Logischen Positivisten des Wiener Kreises hielten den *Tractatus* für eine heilige Schrift und sehnten den charismatischen Autor, den sie so lange hatten entbehren müssen, bereits mit Ungeduld herbei. Zunächst wurden sie enttäuscht. Denn Wittgenstein war nach seiner Rückkehr nach Wien immer noch in einem so heillosen Zustand, dass er in der Gärtnerei des Klosters Hütteldorf zu arbeiten begann und zeitweilig sogar erwog, dem Orden beizutreten. Aber der Abt lehnte ihn ab, denn er ahnte, dass Wittgensteins Motive nicht ausschließlich religiöser Natur waren. Daraufhin beschäftigte Wittgenstein sich mit dem Entwurf eines Hauses für seine Schwester Margaret, der ausführende Architekt war Paul Engelmann, ein Schüler des großen Adolf Loos. Wittgenstein erwies sich dabei als ein ausnehmend pingeliger Planer, der darauf bestand, Heizungen um Millimeter zu verschieben, wenn sie ihm schlecht platziert schienen, und die Decke eines Zimmers in der letzten Minute um drei Zentimeter anzuheben. Der Gesamteindruck des Hauses, das quadratisch und ohne jegliches Ornament war, entsprach seinem Ideal einer »gewissen Kühle«, aber selbst Bauhaus-Anhänger empfanden es als abschreckend und streng. Im Stil ähnelt es auf gewisse Weise dem *Tractatus*.

Wittgensteins *Tractatus* besteht aus knappen sibyllinischen Sätzen und handelt auf nur vierundsiebzig Seiten die Themen Mathematik, Logik, logische Wahrheit, Metaphysik, Bedeutungstheorie, Solipsismus und Mystizismus ab. Die durchnummerierten Thesen scheinen zunächst ganz verständlich zu sein, aber jede wird von der nächsten näher bestimmt und diese wiederum von der folgenden:

1. Die Welt ist alles, was der Fall ist.

1.1. Die Welt ist die Gesamtheit der Tatsachen, nicht der Dinge.

1.11 Die Welt ist durch die Tatsachen bestimmt und dadurch, daß es *alle* Tatsachen sind.

1.12 Denn, die Gesamtheit der Tatsachen bestimmt, was der Fall ist und auch, was alles nicht der Fall ist.

Es folgen die nummerierten Hauptpunkte, die jeweils durch Unterpunkte erweitert und untermauert werden:

2. Was der Fall ist, die Tatsache, ist das Bestehen von Sachverhalten.

3. Das logische Bild der Tatsachen ist der Gedanke.

Das ganze Buch ist so angelegt, in vermeintlicher Einfachheit und logischer Präzision. Aber seltsamerweise endet es in einem ganz anderen Tenor:

7. Wovon man nicht sprechen kann, darüber muß man schweigen.

Solche lakonische Allwissenheit, die den Logischen Atomismus eines Russell und Frege brillant anzuwenden weiß, sollte sich als immens einflussreich erweisen, erst in Wien, dann in der gesamten englischsprachigen Welt, denn sie bietet scheinbar eine umfassende, prägnante Lösung für alle philosophischen Probleme. »Ich bin also der Meinung, die Probleme im Wesentlichen endgültig gelöst zu haben«, verkündete Wittgenstein im Vorwort ohne übertriebene Bescheidenheit. Was beinahe alle Anhänger des Logischen Positivismus ignorierten, war die Tatsache, dass sein letzter Satz in merkwürdigem Gegensatz zu seinen vorangehenden Aussagen eine mystische Sicht nicht etwa ausschließt, sondern diese Frage nur mehr offenlässt.

Als Wittgenstein schließlich im Sommer 1927 zum Wiener Kreis stieß, hatte er nur wenig Geduld mit den meisten Diskutanten, denn in seinem Snobismus fand er sie vulgär – und schlecht angezogen. Nur der ›kultivierte‹ Moritz Schlick, der

1936 von einem jungen Nazi ermordet wurde, gefiel ihm. (Aber sogar Schlick warf er später vor, er habe seine Ansichten plagiiert, eine Anschuldigung, die viele traf, mit denen er in Kontakt war.) Wittgenstein, der während seiner Lehrerzeit nie geistig untätig gewesen war, auch wenn er nichts geschrieben hatte, entwickelte sich philosophisch auf eine Weise, die nur sehr schwer mitzuteilen war. Er bewegte sich bereits fort von der Abbildtheorie, die den Wiener Kreis beeindruckt hatte, und begann, die kreative Funktion der Sprache und die Vielfalt ihrer Anwendungsbereiche zu erkennen. Für ihn sollte die Beobachtung der Sprache an die Stelle der Analyse treten. Hatte er zunächst angenommen, dass die Probleme der Philosophie mit einem Streich gelöst worden waren, sah er jetzt, dass es noch weiterer Arbeit bedürfen würde. Rudolf Carnap erinnert sich: »Wittgenstein ließ keine Kritik anderer zu, sobald die Einsicht durch den Akt der Inspiration gewonnen war.« Da er das Wiener Publikum nicht gerade inspirierend fand, verlegte er sich darauf, Gedichte des bengalischen Mystikers Rabindranath Tagore vorzulesen, während er mit dem Gesicht zur Wand saß. Seine vermeintlichen Jünger waren verblüfft. Aber 1929 zog es Wittgenstein zurück nach Cambridge.

Hier fiel es ihm leicht, seine Prüfer Moore und Russell zu beeindrucken. Moore bezeichnete seine Dissertation, den *Tractatus*, als ein Meisterwerk, Russell, der mittlerweile eine Abneigung gegen Wittgenstein gefasst hatte, äußerte sich nicht ganz so eindeutig. Mit seiner Promotion erhielt Wittgenstein einen Lehrauftrag in Cambridge und war bald von einer Schar ergebener Anhänger umgeben. Er machte sich auch schnell Feinde, nicht aufgrund seiner Thesen, sondern wegen der dogmatischen Weise, in der er sie verlauten ließ. Julian Bell, Sohn von Vanessa und Clive Bell sowie Liebhaber des berühmten Kunstgeschichtlers (und später ebenso berüchtigten Spions) Anthony Blunt, begann damals gerade sein Studium in Cambridge. Bell, der wie Wittgenstein sowohl homosexuell als auch Kommunist war, starb während des Spanischen Bürgerkriegs als Kämpfer für die Republik. 1933 schrieb er ein Gedicht, das als typisch für die Gefühle, die Wittgenstein hervorrief, gelten kann und in der Zeitschrift *Venture* erschien:

Denn er redet Unsinn, plappert Sätze zuhauf,
Kündigt sein Schweigegelübde auf;
Ethik, Ästhetik, Gerede von Tag und Nacht,
Sagt gut oder schlecht, falsch oder richtig gemacht.
… wer von uns durft' je erleben,
Daß Ludwig kein Gesetz gegeben?
In jeder Runde bestimmt er den Ton,
Stoppt unsere Rede mit seinem Sermon;
Streitet erbittert und setzt auf Gewinn;
Hat immer Recht und suhlt sich darin.
Fehler hat jeder, sie prägen die Vielen,
Doch Wittgenstein will sich als Papst aufspielen.

In diesen Zeilen trifft Bell Wittgensteins Schwachstelle: seinen Fanatismus, der sich darin zeigte, dass er mittlerweile buchstäblich alle niederschrie, die seine Ansichten nicht teilten, und eine quasi mönchische Askese übte, die ihn von normalen Freundschaften in oder außerhalb der Universität ausschloss. (Wittgenstein weigerte sich, im Speisesaal zu essen, wie es üblich gewesen wäre, weil er keinen Schlips tragen wollte und es außerdem ablehnte, auch nur irgendein intellektuelles Thema mit seinen Kollegen zu diskutieren.) Aber er hatte auch eine menschlichere Seite, er las gerne Krimis und mochte sogar P. G. Wodehouse, am liebsten waren ihm allerdings die amerikanischen *hardboiled novels* mit ihren toughen Helden und die Groschenheftchen, die ihm sein Lieblingsschüler, der amerikanische Philosoph Norman Malcolm, zuschickte. Nach dem Unterricht ging er gern ins Kino und zog auch hier die brutaleren amerikanischen Filme den zahmeren englischen vor; gewöhnlich saß er in der ersten Reihe, »so dass die Leinwand sein ganzes Gesichtsfeld einnahm und seine Gedanken von der Erinnerung an seine Vorlesung und seinen Gefühlen des Ekels abgelenkt wurden«, erinnert sich Malcolm. Und Freunden schickte er gern Postkarten mit surrealistischen Nonsens-Versen, die sein Vergnügen an den Absurditäten menschlichen Verhaltens belegen.

Während der dreißiger Jahre hatte Wittgenstein die bedeutsamste Affäre seines Lebens. Francis Skinner war zweiundzwanzig Jahre jünger und ein brillanter Mathematikstudent. Er war schüchtern, ruhig, bescheiden und sanftmütig – alles passive Eigenschaften, die Wittgenstein bei seinen Jüngern schätzte –, und er war seinem Lehrer ganz und gar ergeben und überglücklich, mit ihm arbeiten zu dürfen. Er wischte sogar Wittgensteins Fußboden mit nassen Teeblättern – das war in Cambridge damals eine bewährte Methode – und befolgte dabei die genauen Anweisungen seines Lehrers. Skinner war auch sofort bereit, Wittgenstein in die UdSSR zu folgen, um dort in einer Fabrik zu arbeiten, denn Wittgenstein hatte seit seinem Besuch 1935 den Wunsch, sich dort niederzulassen. (Skinner war allerdings zu krank, um eine solche Reise zu unternehmen.) Wittgensteins politische Überzeugung, dass die Sowjetunion die Verwirklichung einer Utopie war, wurde damals von vielen geteilt. Die Sowjets haben ihn wahrscheinlich als »nützlichen Idioten« klassifiziert, jene vernichtende Bezeichnung für Verblendete wie die Webbs oder George Bernhard Shaw, die die großen Säuberungen einfach ignorierten, mit denen Stalin Millionen seiner Landsleute umgebracht hatte. Aber im Grunde interessierte sich Wittgenstein kaum für den Sowjetkommunismus. Vielmehr war er von der Vorstellung fasziniert, dass die Intellektuellen in Russland in nahezu religiöser Selbstverleugnung lebten und zufrieden mit ihren Händen arbeiteten. Fania Pascal, eine Kommunistin, die Wittgenstein etwas Russisch beibrachte, schrieb später: »Ich glaube, seine Sehnsucht nach Russland war immer mehr durch Tolstois moralische Lehre und Dostojewskis spirituelle Einsichten geprägt als durch politische oder soziale Aspekte.« Nietzsche hätte die Symptome erkannt. Wittgensteins Reise blieb jedenfalls folgenlos.

1937 wurde es Skinner endlich gestattet, dem Meister in seiner abgelegenen Hütte in Norwegen einen Besuch abzustatten, und hier notiert Wittgenstein: »Zwei oder dreimal mit ihm gelegen. Immer zuerst mit dem Gefühl, es sei nichts Schlechtes, dann mit Scham. Bin auch ungerecht, auffahrend und falsch zu ihm gewesen und quälerisch.« Das scheint das ganze Ausmaß ihrer physischen Beziehung gewesen zu sein. Wittgenstein zog sich schließlich kalt oder sogar angewidert von Skinner zurück, den er dafür verachtete, dass er ihm so unkritisch ergeben war, dass er seine akademische Karriere für ihn aufgegeben hatte.

Denn 1936 hatte Skinner in der Überzeugung, dass er als Denker nutzlos wäre – eine Ansicht seines Idols Wittgenstein, die wenige andere Dozenten teilten –, sein Studium abgebrochen, um als Lehrling in die Cambridge Instrument Company einzutreten, was bedeutete, dass er den Rest seines Lebens als Fabrikarbeiter verbringen würde. Als Skinner 1941 an Polio erkrankte und starb, da warf sich Wittgenstein nicht etwa vor, dass er die Laufbahn seines ehemaligen Liebhabers zerstört hatte, sondern nur, dass seine Gefühle Skinner gegenüber »unrein« gewesen waren. Wittgenstein überzeugte noch andere ergebene begabte Studenten wie Maurice Drury zeitweilig davon, ihre Universitätskarrieren aufzugeben, um einfache Arbeiter zu werden. Keiner von ihnen erwies sich als dazu geeignet. Einer seiner begabtesten Schüler, Yorick Smythies, war bekannt für seine handwerkliche Ungeschicklichkeit und entwickelte eine Schizophrenie, als er dem Ansinnen seines Lehrers nachkommen wollte. Es scheint, als hätte Wittgenstein die Last seiner eigenen Zweifel über das intellektuelle Leben seinen verblendeten Anhängern aufgebürdet, was oftmals katastrophale Folgen hatte.

Obwohl er seine Studenten drängte, die Universität zu verlassen, blieb Wittgenstein selbst bis 1939 in Cambridge. Da seine Familie, die er bis zum »Anschluss« Österreichs an das nationalsozialistische Deutschland 1938 jedes Jahr zu Weihnachten besucht hatte, immer noch immens vermögend war, blieb er wohl kaum wegen des mageren Professorengehaltes an der Universität. Die Gesellschaft (beinahe) ebenbürtiger Denker und die Möglichkeit, formbare junge Anhänger zu finden, waren die Hauptattraktionen von Cambridge. Es war der einzige Ort, wo so etwas schon vor 1914 möglich gewesen war. Während seines zweiten Cambridge-Aufenthalts entwickelte Wittgenstein eine Philosophie, die sich radikal vom *Tractatus* und von beinahe allem westlichen Denken seit Descartes unterschied. Sein Ansatz, den er mit der Aussage: »Denke nicht, sondern schau« zum Ausdruck gebracht hat, beinhaltet, dass die Sprache im Kontext ihrer Anwendung untersucht und nicht an einem idealen Standard gemessen oder in eine vorfabrizierte Vorstellung von ihrer Funktion eingepasst werden sollte.

Nachdem diese Thesen schließlich als *Philosophische Un-*

tersuchungen 1953 posthum erschienen, sollte sich die zweite Phase seines Werkes als immens einflussreich für die Philosophie der Nachkriegszeit erweisen. Die Bedeutung von Sprache lag nicht in ihrer Beziehung zu einem externen Objekt, sondern in einer weiten Spanne von verschiedenen »Lebensformen«. War im *Tractatus* die Welt noch »alles, was der Fall ist«, so beschreiben die *Philosophischen Untersuchungen* Sprache als weitaus vielfältiger und variantenreicher als Wittgenstein vorher angenommen hatte. Sprache ist, was sie ist, das heißt, was sie tut, und kann nicht auf die enge abbildende Funktion beschränkt werden, die er in seinem ersten Werk beschrieben hatte. Die Welt ist auch, was sie ist, und keine Theorie kann ihrer Komplexität gerecht werden. Philosophie erschien Wittgenstein jetzt nicht mehr als exakte Wissenschaft oder als Mittel, um die Welt zu erklären; sie kann nur helfen, diese zu beschreiben und anschaulich zu machen.

Für Wittgenstein war die Sprache zum Spiel geworden, und zur Erklärung benutzte er Metaphern, Beispiele und Analogien. Manchmal nahm er dazu absichtlich ganz alltägliche Beispiele: »Denk an die Werkzeuge in einem Werkzeugkasten; es ist da ein Hammer, eine Zange, eine Säge, ein Schraubenzieher, ein Maßstab, ein Leimtopf, Leim, Nägel und Schrauben. So verschieden die Funktionen dieser Gegenstände, so verschieden sind die Funktionen der Wörter.« Er verwendete sogar ganz kindliche Illustrationen wie das Vexierbild vom Hasen-Enten-Kopf, um zu zeigen, wie sehr das, was wir sehen, von dem bestimmt wird, was wir erwarten zu sehen. Das Wesentliche an seinem Ansatz, der die abendländische Philosophie bis über zwanzig Jahre nach seinem Tod prägte, war, dass er keine allgemeine Theorie lieferte, um die Welt zu erklären, sondern die Aufgabe der Philosophie darin sah, zu verdeutlichen und zu beschreiben, wie wir Sprache benutzen. Die

Philosophie erklärt nicht, sie beobachtet nur – für viele Philosophen eine ganz unerträgliche Vorstellung. Während er die Fundamente der westlichen Philosophie unterminierte, schrieb er oft erstaunlich schöne und erhellende Aphorismen nieder, die in gewisser Weise an Nietzsche erinnern.

Aber seine kryptischen Äußerungen wie: »Nicht *wie* die Welt ist, ist das Mystische, sondern *daß* sie ist« und »Wenn ein Löwe sprechen könnte, wir könnten ihn nicht verstehen« beeindruckten ehemalige Kollegen wie Russell wenig. Über Wittgensteins Spätwerk sagte Russell: »Seine positiven Thesen erscheinen mir trivial, und die negativen nicht hinreichend fundiert.« Und C. B. Broad, in den dreißiger Jahren Knightsbridge-Professor für Moralphilosophie, blieb absichtlich den Diskussionen im Moral Science Club (MSC) fern, die Wittgenstein beherrschte. Er ertrug die Art und Weise nicht, in der »Wittgenstein pünktlich seinen Terz begann und seine Jünger ebenso pünktlich den idiotisch anhimmelnden Blick aufsetzten.« Aber sogar Broad räumte ein: »Wenn man Wittgenstein den Lehrstuhl für Philosophie abschlüge, dann wäre das so ähnlich, als würde man Einstein den Lehrstuhl für Physik abschlagen.« Also wurde Wittgenstein 1939 ordentlicher Professor der Philosophie – ein Fach, von dem er seine Studenten stets abzubringen versuchte – in Cambridge, jener Universität, der er immer weniger abzugewinnen vermochte. Die Spannungen, die sich so in ihm aufbauten, entluden sich gelegentlich mit ungeahnten Auswirkungen.

Zum vielleicht entlarvendsten und sicherlich berüchtigtsten Ausbruch kam es am 25. Oktober 1946 bei einer Zusammenkunft des MSC, wo er mit Karl Popper aneinandergeriet. Popper war ebenfalls ein brillanter jüdischer Philosoph aus Wien, der kürzlich sein Hauptwerk, *Die offene Gesellschaft und ihre Gegner* (1945), publiziert hatte. Mit seiner Kritik an den ideologischen Grundlagen des Totalitarismus machte er sich zunächst nur wenige Freunde – unter ihnen Bertrand Russell –, denn er griff sowohl Platon als auch Marx darin an. Der Marxismus-Leninismus galt bei vielen Intellektuellen aber immer noch als vorbildlich, auch Wittgenstein bewunderte nach wie vor die stalinistische Sowjetunion. Die Treffen des MSC fanden regelmäßig in der Wohnung von Richard Braithwaite statt, die im Gibbs-Haus lag, dem kühlen Prachtbau im Stil Palladios, der zum King's College gehört. Popper, der aus London gekommen war, wo er Vorlesungen an der London School of Economics (LSE) hielt, trank zunächst Tee mit Russell in dessen Wohnung im Trinity College, bevor sie sich gemeinsam auf den Weg machten. Popper verehrte den Älteren sehr, er bezeichnete ihn als den größten Philosophen seit Kant, und Russell hatte sich längst gegen Wittgenstein gestellt. Die Berichte darüber, was nun geschah, weichen stark voneinander ab, je nachdem, wessen Sicht man Glauben schenken mag. Im Raum H3 hatten sich bereits etwa dreißig Personen eingefunden, und es brannte ein Feuer im Kamin, wie es in jenen Tagen ohne Zentralheizung üblich war. Popper begann mit seiner Kritik am *Tractatus*. Dadurch hatte er sich in den Augen der Wittgenstein-Jünger schon disqualifiziert, denn Wittgensteins Denken hatte sich ja bereits weiterentwickelt. Aber ob Popper nun die neueren Thesen Wittgensteins kannte oder nicht – sie zirkulierten nur in Form von abgetippten Skripten seiner Vorlesungen aus den Dreißigern wie das *Blaue* und das *Braune Buch*, die seine Studenten angefertigt hatten und die erst posthum veröffentlicht wurden –, er attackierte jedenfalls Wittgensteins Auslassung weiterer philosophischer Fragen und somit sein gesamtes Denken. Popper hatte guten Grund, sich besorgt über die praktischen Implikationen der Philosophie zu zeigen, denn auch wenn

Nazideutschland besiegt worden war, versuchte die stalinistische Sowjetunion ihren Machtbereich in Mitteleuropa auszudehnen.

Während Popper darüber sprach, was er unter tatsächlichen philosophischen Problemen verstand, wurde Wittgenstein immer stiller und war sichtlich irritiert über derartig irrelevante Trivialitäten. Einer der Studenten, Michael Wolff, erinnert sich, dass Wittgenstein nach dem Feuerhaken vom Kamin griff und ihn nervös hin und her schwenkte. Auf Poppers Frage nach dem gegenwärtigen Status der Ethik wollte Wittgenstein angeblich ein Beispiel für ein moralisches Prinzip hören. »Gastredner nicht mit Feuerhaken zu bedrohen«, soll Popper geantwortet haben, er wollte wohl witzig sein. Russell, der sich bisher ruhig im Hintergrund gehalten hatte, nahm nun die Pfeife aus dem Mund und ermahnte Wittgenstein, den Feuerhaken wegzulegen. Wittgenstein drehte sich zu ihm um und sagte: »Sie missverstehen mich, Russell, Sie haben mich immer missverstanden.« Und Russell antwortete: »Wittgenstein, Sie sind es doch, der hier Verwirrung stiftet.« An dieser Stelle stürmte Wittgenstein aus dem Zimmer und knallte die Tür hinter sich zu. So lautet wenigstens eine Version. Wittgensteinerianer erzählen, dass jemand anderes die Frage stellte, Wittgenstein den Raum verließ, bevor Popper seinen Witz gemacht hatte, und überhaupt immer so plötzlich verschwand. Die anhaltende Debatte über dieses Ereignis bleibt weiterhin ergebnislos.

Wittgensteins Zusammenstoß mit Popper ist jedoch so untypisch nicht, denn er forderte immer bedingungslose Loyalität von seinen Anhängern und ebenso bedingungslose Kapitulation von seinen Gegnern – wenn diese erfolgte, konnte er recht umgänglich sein. Alan Turing, der geniale Mathematiker und Erfinder der Turingmaschine, hatte schnell klein beigegeben, als er bei seinem Besuch in Cambridge 1939 von Wittgenstein niedergeschrien wurde. Philosophen mit literarischer Neigung sollte es nicht besser ergehen. Isaiah Berlin, der weltläufige Oxford-Philosoph, besuchte den MSC in den vierziger Jahren. Er hielt einen Vortrag über die Frage, wie man Kenntnis vom Seelenzustand anderer Menschen haben könne. Wittgenstein, der zu spät erschienen war, hörte nur wenige Minuten lang zu, ohne sich hinzusetzen, verlor dann ganz offensichtlich die Geduld und rief aus: »Nein, nein, *nein*! Das ist nicht der Weg. Lassen Sie mich. Reden wir nicht über Philosophie, sprechen wir von alltäglichen Dingen.« Nach einer Stunde Smalltalk schüttelte Wittgenstein ihm die Hand und sagte: »Sehr interessante Unterhaltung. Vielen Dank« und verließ den Raum. Berlin schlich nach Oxford zurück.

Im Vergleich mit anderen war Berlin noch gut davongekommen. Als der Nobelpreisträger und Ökonom Friedrich Hayek, ein entfernter Verwandter Wittgensteins, ungefähr um dieselbe Zeit an einem MSC-Treffen teilnahm und eine Diskussion zum Thema Materie entbrannte, da sei »Wittgenstein plötzlich aufgesprungen, mit dem Feuerhaken in der Hand und äußerst indigniert, und er führte vor, wie simpel und offensichtlich ›Materie‹ wirklich sei. Der Anblick dieses wild gewordenen Mannes, der mitten im Raum seinen Feuerhaken schwang, war äußerst alarmierend, und man zog sich besser in eine sichere Ecke zurück. Offen gesagt war mein Eindruck in diesem Moment, daß er wahnsinnig geworden war.« (G. E. Moore, der einzige Philosoph in Cambridge, den Wittgenstein immer bewunderte, wenn auch nur für seine Ethik und nicht für seinen Intellekt, bekam sogar einmal eine widerwillige Entschuldigung für solch grobes Benehmen, nachdem Wittgenstein ihn 1939 angegriffen und »zwei Stunden fast ununterbrochen auf ihn eingeredet« hatte, wie sich Malcolm erinnert. Aber Moore galt in Cambridge sowieso beinahe als ein Heiliger, sogar für Wittgenstein, der ihm immer den einzigen bequemen Sessel in seinem Hörsaal reservierte.)

Eine typischere Reaktion zeigte Gilbert Ryle, Waynflete-Professor für Philosophie in Oxford. Er beobachtete bei einem seiner seltenen Besuche beim MSC, dass »Wittgenstein geradezu hemmungslos verehrt wurde. Beiträge anderer Philosophen, so auch meine, gingen stets in Buhrufen unter. Diese Verachtung gegenüber allen Gedanken, die nicht von Wittgenstein kamen, erschien mir für die Studenten verheerend und für Wittgenstein selbst ungesund.« Ryle sympathisierte im Großen und Ganzen mit Wittgensteins Thesen, aber er fand es äußerst bedauerlich, dass Wittgenstein seine Studenten davon abhielt, andere Philosophen zu lesen.

Wittgenstein bezeichnete einmal Platons Dialoge – die für ihren Witz und Stil ebenso berühmt sind wie für ihren Inhalt – als »eine Zeitverschwendung«. Überhaupt lehnte er Literatur und Kunst größtenteils ab. Besonders hasste er Shakespeare für dessen Weigerung, »als Prophet und Lehrer der Menschheit aufzutreten«; im Gegensatz zu Tolstoi, der sich allerdings für beides hielt. (Shakespeare wurde damals in deutschsprachigen Ländern fast ebenso sehr verehrt wie in englischsprachigen.) Diese Aburteilung geschah nicht aus mangelndem ästhetischen Empfinden, denn Wittgenstein blieb auch in seiner Askese stets anspruchsvoll – seine einfachen, groben Kleider kamen von den besten Schneidern in Cambridge, und die minimalistische Möblierung seiner Wohnung musste exakt seinen Vorgaben entsprechen. Sie spiegelt vielmehr die willentliche Einengung seines Gesichtsfeldes wider, die Russell schon 1912 aufgefallen war.

Wittgensteins Lehrmethoden in Cambridge waren ebenso unkonventionell, wie sie es in Trattenbach gewesen waren. Er hatte kein Skript für seine Vorlesungen, denn er fand, dass in jeder Art von Notizen »die Worte abgestanden und wie Leichname« wären, und verbot deshalb seinen Studenten mitzuschreiben. Oft genug verharrte er während seiner Vorlesungen oder Seminare ganz in selbstquälerischem Schweigen, mit verzogenem Gesicht, als ob er darauf warten würde, dass die Worte sich endlich artikulierten. Die wenigen Auserwählten, die diese Veranstaltungen besuchen durften – sie wurden nie auf die übliche Weise angekündigt –, lauschten verzückt und wagten es nur selten, etwas zu sagen. Wittgensteins Methode der »Anti-Vorlesung« hat etwas von der zwanglosen Herangehensweise eines Sokrates, aber Sokrates war ein ausgesprochen lebhafter und geselliger Ironiker. Eine Parallele ließe sich auch zu Plotin (204–70 n.Chr.) ziehen, Begründer des Neoplatonismus und einer der großen philosophischen Mystiker, der Denker von Augustinus bis Hegel beeinflusste. Plotin war ebenfalls ein Asket, der sich seines eigenen Körpers schämte und sich weigerte, irgendetwas aufzuschreiben. (Das erledigte sein Schüler Porphyrios für ihn.) Die Stimmung bei seinen Vorlesungen wechselte ähnlich wie bei Wittgenstein von sublimer lyrischer Verzückung zu beinahe pathologischem Schweigen, wenn er versuchte, das Unsagbare auszudrücken. Aber Plotin drohte nie jemandem Prügel an.

»Sagt ihnen, ich hatte ein wunderbares Leben«, sagte Wittgenstein, als er im April 1951 im Sterben lag, er hatte Krebs. »Wunderbar« ist nicht das naheliegendste Adjektiv für ein so qualvolles, freund- und ruheloses Leben, aber Wittgenstein meinte, was er sagte. Er hatte seine letzten Jahre hauptsächlich damit verbracht, durch Irland zu wandern, immer auf der Suche nach einem einfachen und abgelegenen Ort, an dem er ungestört schreiben und denken könnte. (Die Suche endete schließlich in einem Dubliner Hotel.) Er arbeitete bis zum Ende – seine letzten Tagebucheinträge datieren bis zwei Tage vor seinem Tod –, dachte nach und schrieb weiter an jenen Schriften, die die dritte Wittgenstein'sche Phase begründeten. Sie offenbaren, dass Wittgenstein sich auf einen fundamentalphilosophischen Standpunkt zubewegte. Hatten früher die »Sprachspiele« und »Lebensformen« ihre eigene Wertigkeit gehabt, ohne Bezug zu irgendeinem absoluten Wahrheitskriterium, so begann er nun zu untersuchen, wie diese »unterstützt« würden von Grundlagen, über die es keinen Zweifel geben könne. »Die Frage ist doch die: ›Wie, wenn Du auch in diesen fundamentalsten Dingen Deine Meinung ändern müßtest?‹ Und darauf scheint mir die Antwort zu sein: ›Du mußt sie nicht ändern. Gerade darin liegt es, daß sie fundamental sind.‹« Wittgensteins Denken schien sich zurückzubewegen zu der Erkenntnis, dass ein Bedürfnis existiert, die verschiedenen Formen des Diskurses auf eine Form von grundlegender Eindeutigkeit zurückzuführen, ohne die Sprache und ihre Bedeutung nicht fixiert sind. Er konnte diese dritte Phase seines Denkens nicht mehr abschließen, und ihre Auswirkungen beschäftigen die Forscher heute noch.

Obwohl Wittgenstein viele Schüler hatte (zumindest im Vergleich zu Nietzsche oder Schopenhauer), fühlte auch er sich intellektuell und menschlich isoliert. Norman Malcolm, einer der wenigen seiner Schüler, den er wirklich akzeptierte – vielleicht deshalb, weil Malcolm seinem Drängen, »auf einem Gut oder einer Farm oder sonst wo« arbeiten zu gehen, nie nachgegeben hatte – und der ihn während seiner letzten Jahre wohl am besten kannte, schreibt in seinem Buch, dass sein Lehrer im Grunde seines Herzens tief religiös, ja sogar ein Christ gewesen sei. Wittgensteins Entscheidung, Lehrer anstatt Priester zu werden, sei davon beeinflusst gewesen, dass das Priesterseminar vier Jahre gedauert hätte. Wittgenstein hatte einmal Russell gegenüber bemerkt, dass es ihm einleuchten würde, dass die Steinmetze im Mittelalter ihre Wasserspeier und andere Figuren auf den Dächern der Kathedralen anbrachten, wo nur Gott sie sehen konnte. Und über die *Philosophischen Untersuchungen* sagte er: »Wenn ich gekonnt hätte, hätte ich sie Gott gewidmet.« Noch später gab er zu: »Das Leben kann einem den Glauben an Gott lehren« und erbat sich einen katholischen Priester an sein Sterbebett. Aber weil er unter anderem die katholische Lehre von der Transsubstantiation ablehnte, kam eine Rückkehr in den Schoß der Kirche für ihn nie in Frage. Auch hinsichtlich der Demut folgte er kaum den kirchlichen Lehren. Er starb, wie er gelebt hatte, als ein Außenseiter, geistig und ethisch frei von den Bindungen und Tröstungen jeglichen Glaubens.

Über die maßgebliche Bedeutung und den Stellenwert von Wittgenstein für das 20. Jahrhundert kann kein Zweifel bestehen. Der *Tractatus* bleibt eine der wesentlichen Schriften dieses Jahrhunderts, und sein späteres Denken hat die Richtung der abendländischen Philosophie seit Descartes, wenn nicht seit Platon, verändert. Nur Heidegger kann sich mit solcher Kühnheit messen. Aber über seine Lehrmethoden und den Personenkult, den er ermöglichte und der um ihn herum seine Blüten trieb, kann man sehr geteilter Meinung sein. Wittgenstein handelte wiederholt ganz und gar nicht in philosophischer Weise. Wäre er so etwas wie ein westlicher Zen-Meister gewesen, dann hätte er sich angesichts der menschlichen Beschränktheit in die erleuchtete Weltlosigkeit eines Mystikers zurückziehen können. »Die, die wissen, sprechen nicht« (Laotse) klingt fast nach dem *Tractatus.* Aber Wittgenstein fehlte die stille Gelassenheit und die Güte eines Mystikers, und er entschied sich freiwillig für ein Leben als

Akademiker in einem der bedeutendsten geistigen Zentren der westlichen Welt.

Der Begriff »Egomane« beschreibt ihn ebenso gut wie »Mystiker«, das hatte Julian Bell ganz intuitiv erfasst. Wenn er seine Zuhörer nicht sofort überzeugen konnte, dann war er nicht bereit, sich auf weitere Diskussionen einzulassen. Für seine Jünger, die von seiner numinosen Präsenz geradezu überwältigt wurden, waren seine gelegentlichen Ausbrüche oder sein häufiges Schweigen nicht von Bedeutung. Für sie blieb er ein Magier oder ein Weiser, die Reinkarnation eines Heraklit, Merlin oder Meister Eckhart – philosophisch gesehen äußerst fragwürdige Vorgänger. Den Literaturkritiker F. R. Leavis, der selbst ein dogmatischer Puritaner war, verband eine Zeit lang eine vorsichtige Freundschaft mit dem Philosophen; auch er bemerkte: »Wittgensteins Diskussionen wurden von Wittgenstein geführt.« Solch manischer Solipsismus lässt einen an den anderen bekannten Österreicher denken.

Auch wenn es den Wittgensteinerianern wie pure Ketzerei erscheinen mag, es gibt eine seltsame und bislang unbemerkte Ähnlichkeit zwischen Wittgensteins charismatischer Lehrmethode – oder Bekehrungsmethode – und der »magnetischen Kraft«, wie sie seinem einstigen Schulkameraden Adolf Hitler zugeschrieben wurde. Denn aus einem bizarren Zufall waren Wittgenstein und Hitler nicht nur Zeitgenossen, sondern sie besuchten auch die Linzer Realschule zu genau derselben Zeit; Wittgenstein war in einer höheren Klasse. (Da Wittgenstein vorher nur Privatunterricht genossen hatte, war sein Latein zu schlecht, um ein Gymnasium zu besuchen.) Es ist unwahrscheinlich, dass seine Mitschüler geahnt haben, dass er jüdischer Herkunft war, denn er war katholisch, hatte einen deutschen Namen und sah auch danach aus, mit blauen

Augen und blondem Haar. Aber vielleicht ist Wittgenstein, der distanzierte reiche Junge aus Wien, der stets zur Zielscheibe von Hänseleien wurde, einmal mit Hitler aneinandergeraten, der schon damals ein Talent zur Schikane entwickelte.

Es gibt noch andere Parallelen. Keiner der beiden Männer konnte eine längere, gleichberechtigte Beziehung aufrechterhalten, weder sexueller noch sozialer Art. Beide sammelten ergebene, sogar fanatische Jünger um sich, die die Ministranten in ihren jeweiligen Personenkulten spielten; beide neigten zu Wutausbrüchen und Handgreiflichkeiten; beide waren Vegetarier, und beide lehnten dogmatisch viele Bereiche westlichen Denkens und westlicher Kultur ab, die ihnen irrelevant und schwachsinnig erschienen. Natürlich waren sie in allen wesentlichen Belangen vollkommen gegensätzlich. Wittgensteins Denken zeigt sowohl leuchtende Klarheit als auch selbstzerfleischende Aufrichtigkeit, während Hitlers Denken zerstörerisch und abgrundtief in Verblendung befangen war. Hitler kochte zeit seines Lebens vor mörderischem Hass – nicht nur auf die Juden –, während Wittgenstein von einer ungeduldigen Leidenschaft für die Wahrheit befallen war, die sich manchmal in Wut über die menschliche Dummheit entlud. Aber einige Ähnlichkeiten sind doch vorhanden. Vielleicht lag damals etwas in der fiebrigen Luft Mitteleuropas, diesem »Laboratorium des 20. Jahrhunderts«, das einen fast den Verstand verlieren ließ. Womöglich gibt das Zeugnis von Oskar Fuchs, einem Schuster und ehemaligen Schüler aus Trattenbach, das fairste Epitaph ab: »Wittgenstein war ein Asket. Solche Männer werden für verrückt gehalten, aber man darf sie eben nicht mit gewöhnlichen Maßstäben messen.«

6
Martin Heidegger (1889–1976)
Zauberer, Bauer und Nazi

»Nicht Lehrsätze und Ideen seien die Regeln eures Seins. Der Führer selbst und allein ist die heutige und künftige deutsche Wirklichkeit und ihr Gesetz.«

Martin Heidegger, November 1933

Manchmal sagt die Kleidung schon alles. Auf einem Foto, das etwa 1922 aufgenommen wurde, sieht man den jungen Assistenzprofessor Martin Heidegger mit seinem schon etwas bejahrten Mentor und Lehrer Edmund Husserl bei einem Spaziergang. Husserl, im Anzug mit breitkrempigem Hut, trägt einen Spazierstock mit goldenem Knauf und suggeriert Weltläufigkeit und Zivilisation. In absichtsvollem, aggressivem Kontrast dazu trägt Heidegger die bäuerliche Tracht des Schwarzwalddorfes, in dem er geboren wurde: Lederhosen und dicke weiße Kniestrümpfe. Er sieht muskulös, sogar stämmig aus, ganz der vierschrötige Bauernbursche, der sich nicht ganz zu Hause fühlt in der urbanen, liberalen und oft auch jüdisch geprägten Welt des Geistes. Sein rustikales Outfit könnte man einfach nur amüsant finden, wenn es nicht seinem Selbstbild Ausdruck geben und in gewisser Weise sein ganzes Denken dominieren würde.

Hinter den beiden Männern nähert sich noch eine andere Person – die auf diesem Foto noch nicht zu sehen ist, weil sie erst in der nahen Zukunft die Bühne betritt –, ein schlankes

Mädchen mit kurz geschnittenem Haar, wie es in der Metropole Berlin gerade en vogue ist: Hannah Arendt, die das Schicksal dazu ausersehen hat, Heideggers berühmteste Schülerin und seine Geliebte zu werden. Wie Husserl ist sie jüdisch, in der Weimarer Republik stellt das in akademischen Kreisen kein Problem dar. Und wie Husserl wird sie eine entscheidende Rolle in Heideggers Leben spielen, nicht nur im Hinblick auf sein Denken, sondern auch für seine Reputation.

Denn obwohl Heidegger persönlich der jüdischen Welt Deutschlands (damals die assimilierteste, die kultivierteste, die glanzvollste in ganz Europa) so viel verdankte, sollte er doch ein inbrünstiger, geradezu messianischer Prophet des Nationalsozialismus werden. In jenem verhängnisvollen April 1933, als im neuen »Dritten Reich« die Gleichschaltung stattfand – Hitler war nur einige Wochen zuvor an die Macht gekommen – und in den Institutionen der Weimarer Republik mit bedrohlicher Geschwindigkeit das Unterste zuoberst gekehrt wurde, war Heidegger zum Rektor der Freiburger Universität gewählt worden und der Nationalsozialistischen Partei beigetreten. Nach seiner Antrittsrede fragte sich Karl Löwith verwundert, ob er »die Vorsokratiker studieren oder in die SA eintreten« solle.

Ein weiterer Widerspruch besteht darin, dass Heidegger trotzdem Mitte des 20. Jahrhunderts zu einer herausragenden Inspiration für eine ganze Generation eher linksgerichteter Denker der differenzierten und weltläufigen Sorte werden sollte – nämlich für die kosmopolitischen Pariser Kaffeehaus-Bohemiens, die wohl kaum seinen tiefen, geradezu mythischen Glauben an »Blut und Boden« teilten. Viele französische Philosophen, allen voran Jean-Paul Sartre, Maurice Merleau-Ponty und Jacques Derrida, trugen dazu bei, dass Heidegger bald neben Wittgenstein als der einflussreichste

Denker des 20. Jahrhunderts gehandelt wurde, und diese Position ist seither kaum ernsthaft in Frage gestellt worden.

Es war nicht etwa so, dass der Führer (ein angemessenes Wort) der Existenzphilosophen einen Sinneswandel durchgemacht hätte. Während er von jenen, die er verachtete, gefeiert wurde, zeigte er keinerlei Bestrebungen, sein vorheriges Verhalten zu entschuldigen, und konnte sich nie dazu durchringen, der Nazi-Ideologie tatsächlich und unmissverständlich abzuschwören. Von seinen späteren Beteuerungen – er habe den Posten in Freiburg nur unter Zwang angenommen, sein Möglichstes getan, um die jüdischen Studenten zu schützen, und sei schon bald desillusioniert über die Nazis gewesen – weiß man mittlerweile, dass sie nicht zutreffend sind. Wie kam diese Geistesgröße dazu, eines der blutrünstigsten und geistesfeindlichsten Regimes überhaupt zu unterstützen?

Man könnte natürlich sagen, dass Philosophen eben nur zum Philosophieren taugen und dass sie im Hinblick auf Beziehungen und Politik naiv sind und sich leicht aufs Glatteis führen lassen. Eine solche Auslegung von Heideggers Nazi-Affinität wird diese zwar als bedauerlich, aber auch als unwesentlich für die Bedeutung und den Stellenwert seines Denkens einordnen. Ehrenrühriger ist der Ansatz von Richard Wolin, Professor an der City University of New York, und anderen, die Heideggers Thesen über den Sinn und Zweck des Daseins nach Anzeichen dafür untersuchen, was ihn dazu prädisponiert hat, mit den Nazis konform zu gehen, als sich die Gelegenheit bot.

Zu welcher Schlussfolgerung man auch gelangen mag, es kann kein Zweifel bestehen, dass dieser brillante, ehebrecherische, naturliebende Nazisympathisant, dessen Herz wohl immer nur für seinen ländlichen Rückzugsort schlug, wo er in seinem Trachtenkostüm in den Wäldern Zufriedenheit fand, maßgeblich zur Philosophie der Moderne beigetragen hat, sei es durch seine Schriften über die Gefahren der Technologie, über unsere Tendenz, nur jene Dinge wertzuschätzen und hochzuhalten, die uns nützlich sind (mit enormen Auswirkungen für unsere Umwelt und andere Lebewesen), oder durch seinen Beitrag zur Existenzphilosophie und der Frage nach dem Sinn des Lebens schlechthin. Ein Blick auf die einflussreichen Philosophen, die bei ihm studiert haben, genügt: Hannah Arendt, für die Heidegger Mentor und Liebhaber war; Hans Jonas, der später besonders in Deutschland bedeutende Beiträge zu Umweltschutz und ökologischem Bewusstsein leistete; Herbert Marcuse, Autor von *Eros und Kultur* (1957) und *Der eindimensionale Mensch* (1964), beides wegweisende Schriften für die Studentenrevolte der sechziger Jahre; und Karl Löwith, ein einflussreicher soziopolitischer Denker. Auch die Theologen Rudolf Bultmann und Paul Tillich, die mit ihm in Marburg lehrten, wurden von seiner Arbeit beeinflusst. Seine Philosophie reiste durch die Welt, und die ersten ernst zu nehmenden Abhandlungen über sein Werk kamen aus Japan. Obwohl *Zeit und Sein* ihn berühmt machte, ist die Liste seiner Publikationen und Vorlesungen endlos lang, denn Heidegger war vor allem ein engagierter Gelehrter, der noch inmitten des Kriegschaos dazu in der Lage war, über eine große Anzahl von Themen zu schreiben und zu dozieren.

Und genau darin liegt eine der seltsamen Paradoxien des Denkens im 20. Jahrhundert. In den Jahren nach dem Zweiten Weltkrieg war der Existenzialismus die Lieblingsphilosophie von Kulturschaffenden und Künstlern, ebenso für all jene, die selbstbewusst gegen eine konforme Gesellschaft aufbegehrten. Diese Philosophie ließ sich gut in Literatur oder für das Theater umsetzen: Sie konnte wie ein Mantel übergeworfen werden und stand gemeinhin für Sartre und die Pariser Kaffeehaus-Bohemiens. Sie prägte einen ganzen Lebensstil, bei dem das Individuum im Mittelpunkt stand – befreit von einer konformen Gesellschaft. Der Existenzialismus war das Gegengift für die Depression, die das Leben in einem von den Nazis und dem Krieg versehrten Europa ausmachte. Auch wenn Heidegger den Begriff selbst nicht akzeptierte, hatte er – der Nazimitläufer und ländliche Traditionalist aus dem tiefsten Schwarzwald – die meisten der Grundsätze geprägt, auf die sich der Existenzialismus im 20. Jahrhundert berief. Aber wie ein durchschnittlicher Amateur-Existenzialist, der in jenen berauschenden fünfziger und sechziger Jahren bis zum Morgengrauen von seiner Freiheit schwärmte, wohl über die Gründungsväter dieser Philosophie befunden hätte, bleibt ein Rätsel: Kierkegaard, ein hochgradig religiöser Denker des 19. Jahrhunderts, für den Ernsthaftigkeit zählte; Nietzsche, der, hätte er es erleben können, wohl kaum das Kaffeehaustreiben als Ankündigung des *Übermenschen* betrachtet hätte; und Heidegger, ein traditionsbewusster katholischer Rechter! Erst als Sartre zu seiner Rettung erschienen war, konnte der Existenzialismus in Mode kommen, zusammen mit sexueller Befreiung und linksgerichteter Politik.

Martin Heidegger wurde am 26. September 1889 in Meßkirch in Baden als der Sohn von Friedrich und Johanna Heidegger geboren. Sein Vater war ein Küfermeister und außerdem Mesner in der katholischen Stadtpfarrkirche St. Martin. Heidegger entstammte somit einer ländlichen, frommen Gemeinde und war sich seiner bäuerlichen Abstammung stets bewusst. Er war das älteste Kind, seine Schwester Marie wurde 1892 geboren, sein Bruder Fritz 1894.

Dieses kleine Schwarzwalddorf erweist sich als Schlüssel für vieles in Heideggers Leben – es war die Verkörperung seiner Identität als Deutscher, sein Zufluchtsort in schweren Zeiten, und am Ende wurde er hier begraben. Sich selbst stellte er gerne als bäuerlichen und provinziellen Menschen dar, der sich im Kulturbetrieb großer Städte unbehaglich fühlte. Für ihn war klar, dass Deutschland eine starke zentralistische Regierung brauchte, um es zusammenzuhalten, und er stand allen liberalen demokratischen Ansätzen, die genauso wie kosmopolitische Einflüsse die deutsche Nationalidentität untergraben könnten, denkbar misstrauisch gegenüber. Ein weiterer bedeutsamer Ort für die Entwicklung von Heideggers Identität war das nahe gelegene Benediktinerkloster Beuron, in das er sich immer wieder zurückzog, sowohl während der zwanziger Jahre, als er dabei war, seine akademische Position zu etablieren, als auch in den vierziger Jahren, als er seinen Lehrauftrag verloren hatte.

Wäre es nicht für sein Studium der Theologie und später Philosophie gewesen, hätte er seinen Heimatort Meßkirch wohl niemals verlassen. Sein Bruder Fritz blieb tatsächlich zeit seines Lebens dort und arbeitete in einer Bank. Während des Zweiten Weltkriegs, als ständig alles der Zerstörung anheimfallen konnte und Heideggers Ruf aufgrund seiner Nazisympathien ins Wanken geriet, verstaute Fritz die Manuskripte seines Bruders sicher im Tresorraum dieser Bank. Kratzt man am Lack dieses weltbekannten Denkers, dann kommt der Hintergrund einer Kleinstadtfamilie zum Vorschein, provinziell, traditionell, defensiv, sich der eigenen Solidität und der ihrer Umgebung stets bewusst.

Als Heidegger vierzehn war, verhalf ihm der ortsansässige Pfarrer durch Spendengelder zum Besuch einer Jesuitenschule in Konstanz, und drei Jahre später konnte er dank eines Stipendiums der katholischen Kirche auf das Bertholdgymnasium in Freiburg wechseln, mit einer Unterkunft im erzbischöflichen Konvikt St. Georg. 1909, mit neunzehn, machte er sein Abitur und ging als Novize der Jesuiten nach Österreich, musste aber nur zwei Wochen später nach Hause zurückkehren, wahrscheinlich aus gesundheitlichen Gründen. Wegen seiner Verbindung zur katholischen Kirche begann er zunächst eine Ausbildung zum Priester in Freiburg.

Zu dieser Zeit könnte Heidegger eine gewisse Affinität zu einer ebenfalls in Meßkirch geborenen religiösen Leitfigur entdeckt haben, einem obskuren Augustinermönch aus dem 17. Jahrhundert, der Abraham a Sancta Clara hieß. Als ortsansässiger Prediger vertrat Abraham ländliche Einfachheit und verurteilte das verderbte Stadtleben; außerdem war er Antisemit. Wir wissen nicht, in welchem Ausmaß sich Heidegger mit den Ansichten von Abraham identifizierte, aber er war doch genügend beeindruckt von ihm, um 1909 ein Referat über ihn zu halten. Ein Jahr später wurde er eingeladen, anlässlich der Einweihung eines Denkmals für Abraham in Kreenhainstetten eine Rede zu halten; sein Vater besaß dort ein Wirtshaus. Abraham sollte einen Schatten auf Heideggers Leben werfen.

1911 gab Heidegger sein Theologiestudium auf und wandte sich stattdessen der Mathematik und der Philosophie zu. Es dauerte noch zehn Jahre, bis er den Katholizismus als religiöses System verwarf, aber das bedeutete keinen vollständigen Bruch mit der Kirche, denn wann immer er in Meßkirch war, nahm er an der Messe teil. Es war aber ein erster Schritt weg von seinen religiösen Wurzeln.

Ungefähr zu dieser Zeit las Heidegger Husserls *Logische Untersuchungen* (1901). Husserl lehrte ab 1916 an der Universität von Freiburg und sollte großen Einfluss auf die Entwicklung von Heideggers Denken haben. Husserls Methode ist als Phänomenologie bekannt geworden – sie beschäftigt sich mit den unmittelbaren Phänomenen der Erfahrung. Empiristen wie Hume haben festgestellt, dass unsere Sinne uns im Hinblick auf die Außenwelt täuschen können, und Descartes war zu dem Schluss gekommen, dass das Einzige, dessen wir uns sicher sein können, wir selbst als denkende Wesen sind, doch Husserl betrachtete die Welt, wie wir sie wahrnehmen, die Erfahrungs- bzw. Lebenswelt, als die einzige Sache, die wir tatsächlich und ohne Angst vor Widersprüchen erörtern können. Wir sind uns immer bewusst über etwas, und unser Geist sortiert unsere Erlebnisse auf verschiedene Weise, klammert sie ein und begutachtet die Außenwelt immer mit einer bestimmten Absicht – was Husserl mit dem Begriff Intentionalität beschreibt. Unser Erleben definiert sich über die Signifikanz, die es für uns hat. Die Phänomenologie untersucht diese Erfahrungsprozesse, die wir in unserer Lebenswelt durchlaufen. Aber wie sieht diese Lebenswelt eigentlich aus? Was bedeutet es, wenn wir uns unserer eigenen Existenz bewusst sind? Diese Fragestellung ist der Ausgangspunkt für Heideggers Philosophie, besonders für sein Hauptwerk *Sein und Zeit*.

Im Juli 1913 bestand er seine Promotionsprüfung und entschied sich dafür, in Freiburg zu habilitieren, 1918 wird er der Assistent Husserls. Als 1914 der Erste Weltkrieg ausbrach, meldete er sich freiwillig zur Infanterie, wurde aber bereits nach einer Woche aus gesundheitlichen Gründen entlassen. Zwei Monate später wurde er erneut von seinem Bataillon einberufen und wiederum nach einigen Tagen ausgemustert. Den Generälen war klar geworden, dass er nicht für den Frontdienst taugte, und so wurde er als militärischer Zensor bei der Post in Freiburg eingesetzt. Aber wenn es sich ergeben hätte, wäre er bereit gewesen, in den Kampf zu ziehen – eine Haltung, die er später auch anderen empfahl.

Das Leben bestand aber nicht nur aus Philosophie und

Zensur, denn zu dieser Zeit begegnete er Elfride Petri, die er 1917 heiratete. Da sie Protestantin war, gab es zwei Hochzeiten, die erste wurde von Pater Krebs vollzogen, dessen Assistent Heidegger gewesen war, als er noch Theologie studierte; die zweite fand eine Woche später in einer protestantischen Kirche statt. Nach einem kurzen Zwischenspiel, während dessen er wieder eingezogen wurde, die Grundausbildung über sich ergehen lassen musste und Dienst in einer Wetterstation absolvierte, wurde er gegen Ende des Krieges endgültig aus der Armee entlassen.

In den folgenden Jahren wurden seine beiden Söhne geboren, Jörg und Hermann, und Elfride ließ für ihn eine Skihütte in Todtnauberg bauen. Hier in den Bergen konnte er ein einfaches, bäuerliches Leben führen und den Anforderungen der akademischen Welt entfliehen. Dieser Rückzugsort sollte eine wesentliche Rolle in Heideggers Leben spielen. Er lud Studenten ein, veranstaltete Feste und konnte in Ruhe seine wichtigsten Schriften verfassen. Die ländliche Umgebung half ihm dabei, immer wieder zu seinen Wurzeln zurückzufinden.

1923 ging er als außerordentlicher Professor nach Marburg. Marburg war damals eine kleine provinzielle Stadt mit mittelalterlichem Charme, aber in gesellschaftlicher Hinsicht bedrückend. Es war kein Ort, an dem man unbeobachtet blieb. Paul Tillich, der ebenfalls an der Universität lehrte und später sowohl wegen seiner vielen Affären als auch als Interpret von Heideggers Schriften im Kontext der Existenztheologie berühmt werden sollte, war geradezu entsetzt, als er ein Jahr später dort ankam. Ihm erschien die Atmosphäre der Stadt erstickend, und er bedauerte es sofort, dass er die gesellschaftlichen Vergnügungen und sexuellen Freiheiten von Berlin aufgegeben hatte. Marburg im Jahr 1924, urteilte er, war kein Ort, der seinem persönlichen Lebenswandel entsprach.

Außerhalb der Universität versuchte Heidegger sich zu arrangieren, denn er war einer neuen Studentin begegnet, und sie hatten sich verliebt. Hannah Arendt war erst achtzehn, sehr attraktiv, hochintelligent, jüdisch und offensichtlich fasziniert (wie viele seiner Studenten) von seiner Ausdrucksweise. Er war jetzt fünfunddreißig, Vater von zwei Kindern, hatte eine misstrauische und aufmerksame Gattin, und es hieß, dass er die Studenten zu fesseln wusste. Ihre Beziehung war nicht gerade gleichberechtigt, und Elizabeta Ettinger beschrieb ihn später als »ein rücksichtsloses Raubtier, das eine naive und verletzliche Studentin in sein Bett zog, und sie fallen ließ, als es ihm passte«, und Richard Wolin beschreibt das Verhältnis als »hochgradig ausbeuterisch«. Aber die erhaltenen Briefe zeugen von etwas Tiefgreifenderem: von einer leidenschaftlichen Verschmelzung von Erotik und Intellekt, die Platon bekannt vorgekommen wäre. Am 27. Februar 1925 schrieb er in typischer Ekstase an sie: »Liebe Hannah! Das Dämonische hat mich getroffen ... Noch nie ist mir so etwas geschehen. Im Regensturm auf dem Rückweg warst Du noch schöner und größer. Und ich hätte mit Dir Nächte durch wandern mögen.«

Wenn sie gewagt hätten, sich gemeinsam in der Öffentlichkeit zu zeigen, man hätte sie für ein sehr ungleiches Paar gehalten. Heidegger hatte sich bereits für seine Standardkleidung entschieden: Im Sommer trug er einen Lodenanzug mit Kniebundhosen, der ihn wie den typischen Schwarzwälder Bauern – oder vielleicht auch nur den zu groß gewordenen Pfadfinder aussehen ließ; im Winter ging er meistens im Skianzug umher. Immer wirkte er gediegen und bodenständig, ganz wie ein gewöhnlicher Arbeiter. Im Gegensatz dazu war sie jung, elegant und städtisch gekleidet und trug ihr Haar kurz geschnitten.

Die Affäre mit einer Studentin konnte kein reines Vergnügen für Heidegger sein, denn Marburg war eine kleine Stadt, und wenn sie entdeckt worden wären, hätte es zu seiner Entlassung geführt. Außerdem hatte Elfride ein wachsames Auge auf ihn und auf seine Studentinnen, vielleicht besonders auf Hannah Arendt, weil sie jüdisch war. Elfride war bekannt für ihren Antisemitismus.

Hannah Arendt lebte in einer Dachkammer nahe der Universität. Sie und Heidegger trafen sich heimlich dort, und die Bedingungen ihrer Affäre wurden wahrscheinlich hauptsächlich von ihm festgelegt. Sie wurde zu seiner Muse in der wohl produktivsten Zeit seines Lebens – er schrieb gerade *Sein und Zeit*, jenes Buch, das seinen Ruhm begründen sollte. Diese aufreibende Heimlichtuerei muss für beide belastend gewesen sein, denn im Jahr darauf zog Hannah Arendt auf Heideggers Drängen nach Heidelberg. Dieser Ortswechsel wurde dadurch begünstigt, dass Karl Jaspers, der mit Heidegger befreundet war, dort lehrte. Sie behauptete, dass sie ihren Entschluss gefasst habe, um ihn zu entlasten, und demonstrierte ihre Unabhängigkeit dadurch, dass sie ihre Adresse zunächst geheim hielt. Er fand sie schließlich doch heraus, und sie trafen sich weiterhin von Zeit zu Zeit, oft in Bahnhofshotels, immer in sicherer Distanz von Marburg. Arendt hatte andere Liebhaber und sagte es Heidegger auch, doch für ihn war ihre Beziehung so bedeutsam, dass alles andere nebensächlich war. Wie sehr sie auch versuchte, sich von ihm zu distanzieren und ein eigenes Leben zu führen, es scheint doch, dass sie – während dieser Jahre – immer zur Stelle war, wenn Heidegger sie sehen wollte.

An der akademischen Front verlief es inzwischen für Heidegger durchwachsen. Er bewarb sich 1925 und 1926 um eine ordentliche Professur in Marburg, wurde aber abgelehnt.

Auch in Berlin bewarb er sich vergeblich, da er noch nichts publiziert hatte. Das sollte sich bald ändern, denn 1926 richtete er für Husserl in seiner Klause in Todtnauberg ein Fest zu dessen siebenundsechzigstem Geburtstag aus und präsentierte ihm das Manuskript von *Sein und Zeit*. Im folgenden Jahr erschien es als Sonderdruck des *Jahrbuchs für Philosophie und phänomenologische Forschung*, das von Husserl herausgegeben wurde, und gleich darauf bot man Heidegger eine ordentliche Professur an der Marburger Universität an.

Sein und Zeit (1927) ist in jeder Hinsicht ein epochales Werk. Heidegger beruft sich auf Philosophen wie Kierkegaard, Schopenhauer und Nietzsche und bereitet den Weg für Sartre, Derrida und viele andere. Er beschäftigt sich vor allem mit der Beschaffenheit des Seins und speziell mit der Frage, was es bedeutet, ein Mensch zu sein.

Die Zielsetzung des Buches und die verwendete Methode sind an seinem Mentor Husserl orientiert, denn Heidegger betrachtet das menschliche Sein aus einer phänomenologischen Perspektive. Er erkannte, dass die menschliche Existenz in die Zeit eingebunden ist – tatsächlich verkörpern wir die Zeit, wir leben mit der Vergangenheit, der Gegenwart und der Zukunft und werden durch sie definiert. Wir befinden uns in einem Prozess, der in die Zukunft gerichtet ist, und gestalten unser Leben mittels unserer Entscheidungen. Außerdem werden wir durch die Umgebung bestimmt, in die wir durch unsere Geburt geworfen worden sind.

Um Zweideutigkeiten zu vermeiden, prägte Heidegger den Begriff *Dasein*. Das Dasein bedeutet nicht einfach nur Existenz, sondern beschreibt das Wesen, das wir sind – das Individuum, das durch die Geburt bestimmt und durch seine Entscheidungen geprägt wird; ein Wesen mit einer Vergangenheit und einer Zukunft; mit Einschränkungen und Möglichkeiten, das einen spezifischen Charakter entwickeln kann. Das Dasein wird vor allem mit der Erkenntnis konfrontiert, dass das Leben endlich und nur der Tod sicher ist und der sich ständig wandelnde Fluss des Lebens immer neue Wahlmöglichkeiten und Entscheidungen mit sich bringt. Vor allem sollten wir uns der Tatsache bewusst werden, dass wir unsere eigene Zukunft und in der Abwesenheit Gottes den Sinn unseres Lebens selbst definieren müssen. Das erinnert stark an Nietzsche, für den die Herausforderung ebenfalls darin bestand, in einer Welt ohne Gott leben zu müssen, die sich jenseits der eingefahrenen Bahnen eindeutiger Sinngebung, Bedeutung und Bestimmung bewegt.

Heidegger hatte sich einen Namen gemacht, und im folgenden Jahr, 1928, wurde er als Husserls Nachfolger an die Universität von Freiburg berufen. Er verließ Marburg und Hannah Arendt und trat in die Fußstapfen seines einstigen Mentors.

Seine Antrittsvorlesung hatte den Titel *»Was ist Metaphysik?«*, und bald darauf gab er eine Festschrift zu Husserls siebzigstem Geburtstag heraus, für die er auch einen Beitrag schrieb. Es muss für ihn mit einer gewissen Befriedigung verbunden gewesen sein, dass er später ein Angebot für eine Professur in Berlin ablehnen konnte, zog er doch das Kleinstadtleben vor. Innerhalb von fünf Jahren hatte er sich in der akademischen Welt etabliert, einen bedeutenden und einflussreichen Kreis von Studenten um sich geschart, und sein Buch hatte ihn nicht nur zum Nachfolger Husserls gemacht, sondern war darüber hinaus ein maßgeblicher und eigenständiger Beitrag zur zeitgenössischen Philosophie. Er genoss bereits eine beachtliche Reputation aufgrund seiner Vorlesungen, die von einer großen Anzahl Studenten frequentiert wurden, die ihn wegen seiner Fähigkeit, die Zuhörer in seinen Bann zu schlagen, den »Zauberer von Meßkirch« getauft hatten.

Wenn die Geschichte hier enden könnte, dann wäre Heideggers Leben – ausgenommen vielleicht sein Verhalten gegenüber Hannah Arendt – ein steter, zielgerichteter Aufstieg aus provinzieller Anonymität zu akademischen Ehren gewesen. Aber so sollte es nicht sein. Er hatte bereits seit einiger Zeit das Heraufkommen der Nationalsozialisten unterstützt, und jetzt sollte er ihr intellektuelles Sprachrohr werden.

Im April 1933 wählte die Fakultät Heidegger zum Rektor der Universität von Freiburg; es war der Wendepunkt für ihn. Einen Monat später trat er der Partei bei, und am 27. Mai hielt er seine Antrittsrede mit dem Titel: *»Die Selbstbehauptung der deutschen Universität«*. Er war der Akademiker mit dem meisten Prestige, der zum Nationalsozialismus konvertierte, und seine Ansprache war durchsetzt mit Wendungen wie »Boden«, »Mission«, »Schicksal«, »Entschlossenheit« und »die erd- und bluthaften Kräfte«. Sein Denken mag sich von den Vorsokratikern bis zu seinem eigenen Werk, *Sein und Zeit*, bewegt haben, aber seine Formulierungen und die Wirkung, die sie hatten, waren deutlich geprägt vom nationalen Erwachen Deutschlands. Für ihn war an den Universitäten kein Raum für unabhängiges Denken, sondern er fand vielmehr, dass sie völkische und nationalistische Gefühle vermitteln und an dem teilhaben sollten, was er als den »geistigen Auftrag« des deutschen Volkes verstand. Alles andere musste angesichts der heroischen Werte, die sich im »Kampf« ausdrücken, verblassen. Er trat sofort für die »Gleichschaltung« ein, durch die alle Bildungsinstitutionen der politischen Kontrolle der Nazis unterstellt wurden.

Offensichtlich waren Wissenschaft und Forschung für Heidegger nicht länger ein Selbstzweck, nein, sie mussten in den Dienst einer politischen Sache gestellt werden. Er begann damit, militärisches Training für die Studenten zu organisieren, und veranstaltete »Wissenschaftslager« in seiner Hütte in Todtnauberg, wo die Studenten dazu ermutigt wurden, Nazi-Uniformen zu tragen. So offenbarte sich, dass er eine Übereinstimmung zwischen dem Nationalsozialismus und seiner eigenen Verwurzelung mit der deutschen Scholle, seiner nahezu mystischen Naturverbundenheit sah, die er als stolze Liebe zum deutschen Volk verstand.

Als Karl Jaspers in jenem Juni zu Besuch kam, erkannte er sicherlich, dass Heidegger von der nationalsozialistischen Ideologie berauscht war. Eine Zeit lang sah es sogar so aus, als wolle Heidegger sich auch von der Philosophie abwenden, denn er beschwerte sich darüber, dass es zu viele Philosophieprofessoren in Deutschland gebe, und befand, dass philosophische Debatten nur der Ausdruck von Unentschlossenheit seien. Für ihn sollte alles im Ursprünglichen wurzeln, im inneren Drang und Trieb, in Blut und Boden.

Es war keine ganz neue Richtung, die Heidegger einschlug. Wie so viele andere hatte auch er in der Zeit zwischen den Kriegen die Weimarer Republik nicht wirklich akzeptiert; für ihn war sie übermäßig großstädtisch und demokratisch geprägt und trug den Makel der vernichtenden Niederlage von 1918. Die Republik litt unter der herrschenden Rezession, die deutsche Wirtschaft war durch die Wirtschaftskrise von 1929 schwer getroffen worden, deren Auswirkungen hier deutlich früher und härter zu spüren waren als in irgendeinem anderen europäischen Land, denn Deutschland war abhängig von kurzfristigen US-Anleihen, die rasch eingefordert wurden. Da dies so bald nach der Hyperinflation von 1922/23 geschah, war die Weimarer Republik zum Scheitern verurteilt. 1932 gab es sechs Millionen Arbeitslose in Deutschland, und es musste etwas geschehen. Heidegger wartete auf den entscheidenden Moment, in dem das deutsche Volk sich in entschlossener

Selbstbehauptung von Mittelmäßigkeiten und Kompromissen abkehren würde. Die politischen Alternativen mögen vielleicht unzureichend gewesen sein, aber für Heidegger stellte das Heraufkommen der Nationalsozialisten einen Schritt nach vorn und die Gelegenheit für einen Neuanfang dar. In dem Monat, als Heidegger Rektor der Universität wurde, begann auch die Judenverfolgung. Jüdische Geschäfte wurden boykottiert, und ab dem 7. April 1933 durften Juden nicht länger als Beamte tätig sein und konnten daher auch keine akademischen Posten mehr bekleiden.

War Heideggers Bekenntnis zu den Nazis nur ein unglücklicher politischer Irrtum, oder lässt sich eine Verbindung zu seinem Denken aufzeigen? Von zentraler Bedeutung für seine Philosophie, wie er sie in *Sein und Zeit* darlegt, ist die Geschichtlichkeit. Er beschäftigt sich nicht mit abstrakten oder ewigen Wahrheiten, sondern mit der Erfahrung eines Wesens, das tatsächlich in die Zeit geworfen ist. Die menschliche Existenz ist mit dem *Dasein* verknüpft, mit der Bindung an eine bestimmte Zeit und an einem bestimmten Ort, mit dem Geworfensein in einen historischen Kontext. Das Bewusstsein von der Sterblichkeit ist an dieser Stelle ein Schlüssel zu Heideggers Denken. Wir werden durch die Tatsache definiert, dass unser Leben endlich ist, und das wirkt sich auf unser Selbstverständnis und all unsere Entscheidungen aus.

Unsere Entscheidungen basieren auf unseren Hoffnungen und Erwartungen für die Zukunft und auf unserer Vergangenheit, und so gestalten wir unser Leben. Wir begegnen der Welt und verhalten uns zu ihr, als wäre sie ein Werkzeug, das wir in die Hand nehmen können, um unserem *Dasein* Form und Gestalt zu geben.

Darüber hinaus legen wir Masken an, um mit Situationen und Menschen umzugehen, eine bequeme Art und Weise, um nicht mit unserer eigenen spezifischen Realität konfrontiert zu werden. Für Heidegger liegt die Aufgabe darin, authentisch zu sein, das Dasein zu intensivieren und durch entschlossenes Handeln die Zukunft zu gestalten. Es gibt keine grundsätzlichen Werte im Universum, deshalb können wir unsere eigenen Wertvorstellungen konstruieren und unsere eigene Erlebniswelt erforschen. Eine solche Haltung könnte man als nihilistisch bezeichnen, aber Heidegger ist der Ansicht, dass Dasein im Gegensatz zu einem tief empfundenen Nichts steht. Wenn die Welt grundsätzlich vom Zufall beherrscht wird, dann können wir uns selbst nur in der Zeit begreifen und nur in dem Bewusstsein unseres eigenen Todes. Kein Wissen kann grundlegend sein – es gibt keine ultimativen oder dauerhaften Erfahrungen; alles ist nur in seiner Endlichkeit begreifbar und so, wie es uns erscheint.

Für Heidegger ist es wesentlich, dass wir Verantwortung für persönliche Entscheidungen übernehmen und so die Zukunft beeinflussen. Der authentische Mensch kann ein Anführer sein und in einem spezifischen historischen Zusammenhang dynamisch und richtungsweisend wirken. Es gehört nicht viel Vorstellungskraft dazu, zu erkennen, dass der Führer und der Nationalsozialismus geradezu den Inbegriff von Entschlossenheit und Selbstbehauptung des deutschen Volkes und seines historischen Schicksals darstellten. Heidegger versuchte in seiner Philosophie die Kraft und Entschlossenheit zu finden, die den authentischen Helden ausmacht. Angesichts der Herausforderungen des historischen Augenblicks besteht die Authentizität darin, das Schicksal in die eigene Hand zu nehmen.

Deshalb ist es kaum überraschend, dass er in der nationalsozialistischen Revolution unter Hitler ebendiese Bestätigung des historischen Schicksals der Deutschen zu sehen meinte.

Behauptet man, dass Heidegger in gewisser Weise mit seiner Philosophie recht behalten und nur in seinem politischen Engagement geirrt habe – als ob die Philosophie keine wesentliche Rolle bei seiner Sympathie für die Nazis gespielt hätte –, dann missversteht man sein Denken ganz grundsätzlich.

Auch Heidegger träumte eine Weile mit Platon vom Philosophenkönig; mag sein, dass er sich selbst als denjenigen sah, der die philosophischen Fundamente für den Nationalsozialismus gelegt hatte. Die Verheißung einer Auferstehung der deutschen Nation entsprach seinem tief verankerten Misstrauen gegenüber einer internationalen liberalen Kultur. Vielleicht hätte er wirklich naiv sein müssen, um nicht zu erkennen, dass seine jungen Studenten in Hitlerjugend-Uniformen, die sich in Todtnauberg trafen, durchaus gewaltbereit waren, aber die Entschlossenheit und das Engagement, mit dem er bei der Sache war, bezog er aus seiner eigenen Philosophie. Der Aufstieg Hitlers stellte für ihn den entscheidenden Moment dar, in dem er sich seines Daseins versichern konnte.

In jenem historischen Augenblick könnte man es Heidegger vielleicht nachsehen, dass er das nationalistische Erwachen zunächst begrüßte. Durch den Einfluss von Nietzsche mag es ihm zunächst so vorgekommen sein, dass die lebensbejahenden Werte seiner Philosophie eine Antwort bieten könnten für das durch den Ersten Weltkrieg auseinandergerissene Europa, das in Nihilismus zu versinken drohte. Diesen Verfall wollte er aufhalten und heroische Werte vermitteln – doch dann kam leider der falsche Mann zur falschen Zeit an die Macht: Hitler.

Richard Wolin, der die Verbindung von Heideggers Denken und seinem Handeln im Jahr 1933 untersucht hat, legte in seinem Buch *Seinspolitik. Das politische Denken Martin Heideggers* (1993) eine grundsätzliche Kritik der Heidegger'schen

Philosophie vor. Er führt an, dass Heidegger keine Kriterien bereitstellt, um einen authentischen »Ruf des Gewissens« von einem unauthentischen zu unterscheiden. Anders gesagt, Heideggers Philosophie tritt zwar für Entschlossenheit ein, bietet aber wenig objektive Orientierung darüber, wozu man entschlossen sein sollte. Selbstbehauptung und die Entfaltung des Daseins garantieren an sich keine moralische Integrität, noch bringen sie ethische Normen oder Wertvorstellungen mit sich. Wenn ein heroischer »Wille zur Macht« (um Nietzsches Begriff zu verwenden) das einzige Kriterium bleibt, um Handlungen zu beurteilen, dann verliert sich die Welt schnell in einem Chaos von Machtkämpfen und gegenseitiger Zerstörung.

Die Umstrukturierung der Universitäten nach den Vorstellungen der Nationalsozialisten hatte drastische und gravierende Folgen. Bisher hatte Heidegger viele jüdische Studenten gehabt, wie Hannah Arendt, die mittlerweile geheiratet hatte und dabei war, Deutschland den Rücken zu kehren und sich in den USA niederzulassen. Als Rektor konnte Heidegger nun verhindern, dass jüdische Studenten ihren Abschluss machten, und er erklärte sich sogar damit einverstanden, Husserl die Benutzung der Bibliothek zu verbieten. Dieser Affront jenem Mann gegenüber, der jahrelang sein Mentor gewesen war, muss Husserl tief getroffen haben. In einem Brief vom 4. Mai 1933 beschreibt er Heideggers »immer stärker zum Ausdruck kommenden Antisemitismus – auch gegenüber seiner Gruppe begeisterter Studenten in der Fakultät«. Die Ereignisse der vergangenen Wochen nennt er »die größte Kränkung meines Lebens«.

Auch die persönliche Freundschaft zu Karl Jaspers kündigte Heidegger auf. Jaspers, der ihn stets unterstützt und sich auch mit Hannah Arendt befreundet hatte (von der Affäre wusste er nichts), hatte eine jüdische Frau. Beide lebten während des »Dritten Reiches« in der ständigen Angst vor Verhaftung, sie trugen Giftkapseln bei sich, aber Heidegger half ihnen nicht. Für ihn waren die akademische Gemeinschaft und Freundschaften nebensächlich geworden angesichts der kompromisslosen Haltung der Nazis gegenüber den Juden.

Zum Ende jenes Jahres war er immer noch vom Nationalsozialismus überzeugt. Er beendete seinen »Aufruf an die deutschen Studenten« vom 3. November 1933 mit den Worten: »Nicht Lehrsätze und Ideen seien die Regeln eures Seins. Der Führer selbst und allein ist die heutige und künftige deutsche Wirklichkeit und ihr Gesetz.« Wenig später behauptete er: »Diese Revolution bringt die völlige Umwälzung unseres deutschen Daseins.« Für Heidegger hatte nicht nur ein Regierungswechsel, sondern eine grundlegende Veränderung des nationalen Selbstverständnisses stattgefunden. Es ist offensichtlich, dass Hitler in seinen Augen Deutschland personifizierte. Seine Vorlesungen beschloss er mit »Heil Hitler!«.

Man kann das nicht als oberflächlichen politischen Irrtum bezeichnen. Auch wenn man Heidegger nicht für die kommenden Gräueltaten der Nazis zur Rechenschaft ziehen kann, hat er doch dem Regime und seiner abstoßenden Ideologie eine philosophische Legitimation verliehen. Sein Werk *Sein und Zeit* ist natürlich nicht für das Heraufkommen des Nationalsozialismus verantwortlich, genauso wenig wie es Rousseaus *Gesellschaftsvertrag* für die Französische Revolution war, dennoch wären Philosophen gut beraten, wenn sie sich gegen den Missbrauch ihrer Ideen zu wappnen wüssten. Wenn man Rousseau dazu benutzen konnte, den Terror der Französischen Revolution und nachfolgender repressiver Regimes (im Namen des Volkes) zu rechtfertigen, dann hat Heidegger im Kontrast dazu sein Denken freiwillig in den Dienst einer Revolution gestellt. Er empfand nicht etwa, dass seine Thesen missbraucht würden, sondern dachte vielmehr, dass ihre Stunde nun endlich gekommen sei und er selbst ein Philosophenkönig in einer wunderbaren neuen Welt sein würde, die die Nationalsozialisten für das deutsche Volk erschafften.

Erfreulicherweise gab es andere, die seine Lehre auf ganz andere Art umzusetzen wussten. Rudolf Bultmann und Paul Tillich, die mit Heidegger in Marburg zusammengearbeitet hatten, konnten seine Arbeit im Kontext einer kritischen Interpretation des Neuen Testaments und in liberalen und sozialistischen Auslegungen der christlichen Theologie nutzen. Sartre und andere wurden trotz seiner Verbindung zum Nationalsozialismus von ihm inspiriert und erkannten, dass die Bedeutung seiner Philosophie weitaus größer und umfassender war, als es Heidegger selbst in jenen verblendeten Monaten im Jahr 1933 schien.

Aber schon bald stellte sich heraus, dass die Partei Heidegger nicht als ihren philosophischen Ratgeber anerkennen wollte, und im April 1934 legte er nach Streitigkeiten innerhalb der Fakultät und mit örtlichen Nazigrößen sein Amt als Rektor nieder. Es sollte nicht lange dauern, bis er den Nationalsozialismus kritisierte und sich unter der Überwachung durch den Sicherheitsdienst der SS fand. Sein Ruf blieb jedoch angekratzt. Einer seiner Kollegen soll die sarkastische Bemerkung gemacht haben: »Zurück aus Syrakus?« – eine Anspielung auf Platon, der einst nach Sizilien gegangen war, um den jungen Dionysos zu Philosophie und Gerechtigkeit zu bekehren. Platon scheiterte, und Dionysos blieb, was er war: ein Tyrann; Heidegger erging es mit Hitler nicht besser. Ein Großteil von Heideggers Arbeit drehte sich in diesen Jahren um die Interpretation von Nietzsche, über den er eine Reihe von Vorlesungen hielt. Es war für Heidegger ausgesprochen wichtig, seine Position zu Nietzsche zu klären, nicht zuletzt deshalb, weil bestimmte Aspekte von Nietzsches Philosophie die Nazis dazu animierten, auch ihm einen Platz im nationalsozialistischen Walhalla einzuräumen, ein Versuch, der jedoch zum Scheitern verurteilt war.

Ende der dreißiger Jahre machte sich Heidegger nichts mehr vor über die Richtung, die das Regime eingeschlagen hatte, selbst wenn er seine frühere Überzeugung nicht gänzlich ablegte. Zu Karl Löwith sagte er noch 1937, dass der Nationalsozialismus für die deutsche Nation der einzig richtige Weg sei. Inwieweit er versuchte, sich von der Partei zu distanzieren, ist ein strittiger Punkt. Es ist vorstellbar, dass er nach einer kurzen Phase, in der er sich als ihr philosophischer Vorkämpfer gesehen hatte, nun damit beschäftigt war, seine grundlegende Sicht auf die »nationale Revolution« in Deutschland zu rechtfertigen, um so die Wertigkeit seines ursprünglichen Engagements aufrechtzuerhalten, selbst wenn er sich von der unverhohlenen Geistesfeindlichkeit der Nazis distanzierte.

In einem Interview im *Spiegel* von 1966 – das erst 1976 nach seinem Tod publiziert wurde – räumte er ein, dass er sich zumindest gegenüber Husserl »menschliches Versagen« habe zuschulden kommen lassen. Heidegger hatte irrtümlicherweise das nationale Erwachen unter Hitler als einen Akt der Selbstbehauptung, vielleicht gar als einen Ausdruck des »Willen zur Macht« und der Ankunft von Nietzsches *Übermensch* gesehen.

Während des Krieges führte er seine Arbeit fort, mit einer Unterbrechung: Im November 1944 wurde er zum Volkssturm eingezogen und musste Schanzengräben entlang des Rheins ausheben. Im Dezember wurde Freiburg bombardiert, und er zog sich nach Meßkirch zurück, während die Fakultät im nahe gelegenen Schloss Wildenstein untergebracht wurde. Im Februar wurde auch Meßkirch bombardiert, und im April besetzten die Franzosen das Gebiet. Es wurde Zeit für Heidegger, der Partei den Rücken zu kehren.

Zunächst gelang es ihm, seine Arbeit fortzuführen. Im Juni hielt er einen Vortrag über Hölderlin, und die Franzosen bemühten sich sogar, ein Treffen zwischen Heidegger und Sartre zu arrangieren – es kam zwar nicht zustande, aber die beiden Philosophen waren nun in Kontakt und begannen zu korrespondieren. Diese wohlwollende Haltung der Besatzer hielt zu Heideggers Nachteil nicht lange an.

Ende Juli 1945 musste er sich vor dem Bereinigungsausschuss der Universität Freiburg rechtfertigen. Sein ehemaliger Freund Karl Jaspers hatte für den Ausschuss ein Gutachten verfasst, in dem er Heideggers Verstrickung mit dem Nationalsozialismus auf dessen politische Naivität zurückführte, und vorschlug, dass man ihm gestatten solle, weiter zu schreiben und zu publizieren, aber nicht zu lehren. Jaspers schrieb: »Heideggers Denkungsart, die mir ihrem Wesen nach unfrei, diktatorisch, communikationslos erscheint, wäre heute in der Lehrwirkung verhängnisvoll ... solange in ihm nicht eine echte Wiedergeburt erfolgt, die sichtbar im Werk ist«. Zum Glück für Heidegger stimmte die Kommission Jaspers zu, der äußerst großzügig gehandelt hatte, denn Heidegger hatte ihn und seine Frau die ganzen Jahre lang, in denen sie ständiger Gefahr ausgesetzt waren, ignoriert und sich erst im Juli 1945 an ihn gewandt, als er selbst Hilfe brauchte und sein eigener Ruin bevorstand. Zum Ende des Jahres hatte auch seine Fakultät in Freiburg den Fall erörtert und legte ihm 23 Fragen vor, zu denen er Stellung nehmen musste. Aber Heidegger war es alles zu viel geworden; er erlitt einen Nervenzusammenbruch und musste mit Depressionen ins Krankenhaus eingeliefert werden, wahrscheinlich hat er sogar einen Selbstmordversuch unternommen.

Da er nun keine Vorlesungen mehr halten durfte, schrieb er weiterhin und hielt gelegentlich Vorträge. Er stellte einen Antrag, als emeritierter Professor anerkannt zu werden, was zunächst auch seitens der Universität gebilligt, dann aber von der Entnazifizierungskommission abgelehnt wurde. Ende 1946 wurde er seiner Freiburger Professur enthoben.

1946 erschien sein *Brief über den Humanismus*, der Titel bezieht sich auf Sartres berühmten Essay *»Ist der Existenzialismus ein Humanismus?«*, der kurz zuvor veröffentlicht worden war. Heidegger versucht hier, seinen phänomenologischen Ansatz vom französischen Existenzialismus zu trennen. Er wollte nicht als existenzialistischer Philosoph gesehen werden – aber es wird nicht ganz deutlich, ob es daran lag, dass seine eigene Arbeit sich deutlich von den Existenzialisten unterschied, oder daran, dass er nicht mit einer Bewegung identifiziert werden wollte, die äußerst französisch und linksgerichtet war. Mit diesem Essay deutet sich ein Richtungswechsel in Heideggers Denken an, er wendet sich nun anderen Themen als in *Sein und Zeit* zu. Deshalb wird gewöhnlich auch auf den »späten« Heidegger verwiesen (ähnlich wie auf den frühen und den späten Wittgenstein). Aber diese Unterteilung wirft ein Problem auf, denn das frühere Werk ist in einem einzigen Buch von immenser Bedeutung konzentriert, während das spätere aus Vorträgen und Artikeln aus den Nachkriegsjahren besteht.

Die Vergangenheit ließ sich nicht so schnell vergessen. 1947 schrieb Herbert Marcuse an Heidegger und verlangte von ihm eine eindeutige Stellungnahme zum Holocaust. Heidegger antwortete, dass die Nazis nur dann des Völkermordes angeklagt werden könnten, wenn auch den Alliierten für ihr Verhalten gegenüber den Ostdeutschen der Prozess gemacht würde. Wie auch immer man dazu stehen mag, es war kaum die Antwort eines Mannes, der seine früheren politischen Überzeugungen abgelegt hatte.

Obwohl es ihm nicht mehr erlaubt war zu lehren, hielt er doch gelegentlich Vorträge, und bei einer solchen Gelegenheit sprach er 1949 in Bremen auch über *»Das Ge-Stell«*. Er benutzte die Analogie der industriellen Produktion, um die Konzentrationslager zu beschreiben: »Ackerbau ist jetzt motorisierte Ernährungsindustrie, im Wesen das Selbe wie die Fabrikation von Leichen in Gaskammern und Vernichtungslagern, das Selbe wie die Blockade und Aushungerung von Ländern, das Selbe wie die Fabrikation von Wasserstoffbomben.«

Nun kann man solche Aussagen auf unterschiedliche Weise interpretieren. Man kann entsetzt darüber sein, dass der Holocaust so sachlich mit anderen automatisierten Prozessen verglichen wird. Aber könnte man nicht grundsätzlich dasselbe über die Wasserstoffbombe sagen? Vielleicht sollte man akzeptieren, dass Heidegger tatsächlich die Tiefenstruktur unserer Existenz, sowohl des Individuums als auch der Gesellschaft, erforschen will. Der Holocaust wurde durch moderne Technologie erst möglich – auch wenn es in der Menschheitsgeschichte zahllose Beispiele dafür gibt, dass auch ohne technische Unterstützung Gemetzel stattfinden. Soll das unsere Abscheu mindern? Banalisiert oder trivialisiert das die Tatsachen, und gibt es eine Rangfolge für Gräueltaten, je nachdem, welche Werkzeuge gerade zur Verfügung standen? Für Tierschutzaktivisten mögen die Tierfabriken mit Konzentrationslagern gleichzusetzen sein. Man muss entscheiden, ob sich in derartigen Kommentaren die Objektivität von Heideggers Sicht auf die grundlegenden Strukturen der menschlichen Gesellschaft ausdrückt oder ob sie den Versuch darstellen, sich der Bürde seiner Nazisympathien zu entledigen, indem sie das menschliche Leiden in eine allgemeinere Dimension überführen.

1948 schrieb Jaspers, der mittlerweile in der Schweiz lebte, an Heidegger und fragte, ob sie ihre Freundschaft nicht wieder beleben könnten: »Ich grüße Sie wie aus ferner Vergangenheit, über einen Abgrund der Zeit hinweg, festhaltend an etwas, das war und das nicht nichts sein kann.« Heidegger antwortete mit dankbaren Briefen, aber das Nazi-Thema berührten sie erst 1950. Da schrieb Heidegger in einem berühmt gewordenen Brief, er sei Jaspers nicht aus dem Weg gegangen, weil dessen Frau Jüdin war, sondern weil er sich »einfach schämte«. Jaspers war zunächst erfreut von dieser vorgeblichen Reumütigkeit von jemandem, der augenscheinlich verführt und irregeleitet worden war. Doch Heidegger fuhr fort, jene zu attackieren, die gegenwärtig Deutschland in den Ruin trieben, und verglich das Leiden der Deutschen mit dem der Juden während des »Dritten Reichs«. Nur »der Advent« von einem mystischen Etwas oder Jemand könne Deutschland retten, so Heidegger. Das war zu viel für Jaspers, für ihn hatte sich Heidegger als ein Anti-Philosoph entpuppt, der unrettbar an die Nazi-Ideologie verloren gegangen war.

Vielleicht sollte man etwas gnädiger gegenüber Heidegger sein: Ein weniger großer Mann hätte zumindest Stillschweigen bewahrt. Heideggers Äußerungen, die die Dehumanisierung und Mechanisierung der Massenvernichtung aufzeigen, kann man als Beispiele für die generellen Auswirkungen einer technologisierten Welt verstehen. Aber solche Vergleiche zu ziehen, ohne irgendeinen Ausdruck für das Entsetzen über das, was geschehen war, zu finden, ist eine Entgleisung, die man nur einem weniger strikten Denker nachsehen könnte. Doch für einen Philosophen, der immer betont hatte, wie sehr sich das menschliche Selbstverständnis auf die Erkenntnis der eigenen Endlichkeit und den Tod bezieht, zeigt solch ein allzu nüchterner und inhumaner Blick auf den Holocaust ein grundsätzliches Versagen an, sich der Wirklichkeit gegenüber zu verhalten, die er selbst beschrieben hat.

Ethik in der Theorie führt nicht zu moralischem oder »gutem« Verhalten, wie wir es gemeinhin verstehen. Sie bietet nur ein Gerüst dafür, Überlegungen über das »Gute« – und worin es bestehen soll – anzustellen. Ähnlich kann die Existenzphilosophie nur eine Struktur sein, innerhalb der die Bedeutung des menschlichen Lebens untersucht werden kann, keine Anleitung dafür, wie der Mensch sich verhalten sollte. In diesem Sinne ist sie neutral hinsichtlich der Fragestellung, was gutes oder schlechtes Handeln ist.

An Heidegger ist zu kritisieren, dass er seine Philosophie ganz bewusst dazu einsetzte, eine bestimmte politische Bewegung zu unterstützen, und zwar jene, die viele andere bald als zerstörerisch für das gesamte philosophische und akademische Milieu erkannten, das der Entwicklung von Heideggers Denken so zuträglich gewesen war.

Man kann Heideggers Nachkriegsäußerungen nur ganz pauschal und aus dem wenig überzeugenden Motiv heraus verstehen, dass sich sein Denken auf einer dermaßen abstrakten Ebene bewegte, dass die konkrete Wirklichkeit, sogar der Genozid, für ihn nur wenig Belang hatte. Es ist beinahe so, als ob der Philosoph aus Platons Höhlengleichnis bei seiner Rückkehr in die Höhle und zu seinen Mitgefangenen den Holocaust nur als ein Abbild unter anderen auf der Wand erscheinen sieht, einen unglücklichen und automatisierten Aspekt des Lebens, das sowieso vordergründig ist. Räumt man ein, dass er auf die Gefahr, die das »Ge-stell« birgt, hinweist – die Objekte der Erfahrungswelt nur nach ihrem Nutzen zu bewerten –, dann hätte der Nationalsozialismus zumindest als

Beispiel dafür stehen können, wie gefährlich der menschliche Hang zu Manipulation und Eigennutz ist. Aber diesen Schritt scheint er nicht vollzogen zu haben, und in seinem späteren Werk wird der Holocaust weitgehend ausgeklammert.

Es besteht noch eine weitere Interpretationsmöglichkeit, die ernsthafte Zweifel an Heideggers Frühwerk aufkommen lässt. George Pattison hat darauf hingewiesen, dass ein grundsätzliches Problem darin besteht, dass Heidegger zwar die tiefere, ontologische Struktur des Lebens von der partikularen und oberflächlichen unterscheidet, diese Unterscheidung aber in dem Moment vergisst, als er sie in seiner Begeisterung konkret auf den Nationalsozialismus anwendet. In die Nähe dieser Erkenntnis kam er selbst 1935, als er in einem Vortrag mit dem Titel *»Einführung in die Metaphysik«* die konkrete Ideologie des Nationalsozialismus, wie sie sich gerade entwickelte, mit »der inneren Wahrheit und Größe dieser Bewegung (nämlich ... der Begegnung der planetarisch bestimmten Technik und des neuzeitlichen Menschen)« verglich. Er hätte wohl sorgsamer mit seinem eigenen, früher formulierten Begriff der »ontologischen Differenz«, die den Unterschied von Sein und Seiendem bezeichnet, umgehen sollen, die ihn daran gehindert hätte, die tatsächlichen und die ideellen Inhalte der nationalsozialistischen Bewegung zu verwechseln. Wenn es sich so verhält, dann finden wir hier eine Trübung der intellektuellen Wahrnehmung vor, die von tief verankerten emotionalen Überzeugungen verursacht worden ist: ein absichtsvolles Ausblenden des Unzumutbaren. Ob eine solche Entgleisung für einen Philosophen seines Ranges an sich als Fehlverhalten zu werten ist, wäre zumindest zu diskutieren.

Anlässlich seines sechzigsten Geburtstages erschienen 1949 zwei Festschriften; es war auch das Jahr, in dem sein Schweigen in der Öffentlichkeit endete, denn als der letzte Bericht über ihn von den französischen Besatzern erschien, endete auch sein Berufsverbot. Und so kehrte er im Wintersemester 1951/52 an die Universität Freiburg zurück für eine Reihe von Vorlesungen, die zugleich auch die letzten vor seiner offiziellen Entlassung in den Ruhestand waren. Der Senat der Universität stimmte dafür, ihm den Status eines Professor emeritus zu verleihen, und verhielt sich damit weit großzügiger, als Heidegger es gegenüber Husserl gewesen war.

1950 war Hannah Arendt aus den USA nach Deutschland zurückgekehrt und versöhnte sich mit Heidegger. Das Blatt hatte sich gewendet, jetzt war sie es, die ihm dank ihres internationalen Rufes dazu verhelfen konnte, Arbeiten in den USA zu veröffentlichen. Sie hatte schon früher seine nazifreundliche Haltung äußerst kritisch beurteilt, auch wenn sie diese teilweise als Ausdruck eines typisch deutschen Romantizismus begriff. Jetzt tat sie ihr Möglichstes, um diese Anteile herunterzuspielen, und revidierte ihre Kritik. Für sie war die Aussöhnung der Abschluss ihrer früheren Leidenschaft. Heidegger war angreifbar und hilfsbedürftig, sie hatte den Einfluss und die Mittel, ihn zu unterstützen.

Beide blieben für den Rest ihres Lebens in Kontakt, doch offensichtlich wollte Heidegger ihren Erfolg als Philosophin nie anerkennen. Trotzdem beurteilte sie sein Verhalten stets nachsichtig und ihre eigenen Schriften über den Holocaust und die Nazis, einschließlich *Eichmann in Jerusalem. Ein Bericht über die Banalität des Bösen* (1963), boten ebenfalls Anlass zu Kontroverse. In einer ironischen Umkehrung war es Arendt und nicht Heidegger, die die Schlüsselfragen der politischen Philosophie stellte. Trotz ihrer Unterstützung gelang es Heidegger nicht, seine Vergangenheit systematisch aufzuarbeiten. Arendt starb unerwartet am 4. Dezember 1975 in Manhattan, Heidegger sollte sie nicht lange überleben.

Heideggers spätere Schriften decken eine Reihe von Themen ab, die in politischer wie in gesellschaftlicher Hinsicht äußerst spannend sind. Er stand der Mechanisierung und Technologisierung in allen Lebensbereichen extrem kritisch gegenüber und hegte tiefes Misstrauen gegenüber der Massengesellschaft und der Oberflächlichkeit, die er in ihr wahrnahm. Er interessierte sich besonders für Kunst und die Realitätsebenen, die sie sichtbar machen kann, und erkannte doch zugleich die spezifischen Grenzen, die ihr auferlegt sind. Obwohl er bis zu seinem Lebensende weiterhin schrieb und Vorträge hielt, gibt es keinen einzigen Titel aus seinem späteren Werk, der nur annähernd eine solche Bedeutung hat wie *Sein und Zeit*.

1959 wurde Heidegger zum Ehrenbürger seines Geburtsorts Meßkirch ernannt. 1961 sprach er in seiner Rede *»700 Jahre Meßkirch«* von der Bedeutung der »Heimat« und wies darauf hin, dass zu Hause fernzusehen nicht zu Hause sein heißen könnte, sondern eben an jenem Ort, den das Fernsehen gerade zeigt. Er sagte: »Die Gefahr droht, daß, was einmal Heimat hieß, sich auflöst und verfällt.« Heidegger befürchtete, dass die Menschheit in einen Zustand der Heimatlosigkeit getrieben werden würde, in dem die Welt nur noch als natürliche Ressource dienen würde. Wenn er damit richtiglag, dann wäre dies die ultimative Bedrohung durch das »Ge-Stell« bzw. die Technik und stünde im krassesten Gegensatz zu seiner eigenen Kindheit in Meßkirch, wo er als Messdiener fungierte und seinem Vater auf dem Kirchhof half.

In dem bereits erwähnten *Spiegel*-Interview von 1966 versuchte er zumindest, eine Erklärung für seine Nazisympathien zu finden. Er sagte, dass er den Eindruck habe, die Demokratie sei als politische Ideologie unzureichend, um den Auswirkungen der Technologisierung auf die Gesellschaft zu begegnen. Er zog den Nationalsozialismus vor, auch wenn er ihn intellektuell für »unbedarft« hielt. Es wird deutlich, dass die Nazis den Erwartungen nicht entsprochen haben, die er zu Beginn der dreißiger Jahre auf sie setzte. Hätte das Interview zwanzig Jahre früher stattgefunden, wäre es seiner Reputation im Nachkriegsdeutschland nützlich gewesen.

Heidegger starb am 26. Mai 1976, und mit seiner Beisetzung, natürlich in Meßkirch, schließt sich der Kreis.

Wie aber sollen wir sein Verhalten beurteilen? Würde man ihn als jemanden darstellen, der mit all den Taten der Nazis einverstanden gewesen ist, wäre das nicht angemessen. Er konnte Anfang der dreißiger Jahre nicht voraussehen, in welche Gräuel und Grausamkeiten die Naziherrschaft ausarten würde. Aber dass er nach dem Krieg so wenig tat, um sich von jener Ideologie zu distanzieren, die derartig desaströse Auswirkungen gehabt hat, ist weitaus bedenklicher. Das Dilemma besteht darin, dass es nach seiner eigenen Philosophie Augenblicke gibt, die das Dasein definieren. Und das Jahr 1933 war für ihn ein solcher Moment; er sehnte sich nach einem Neuanfang und der Selbstbehauptung des deutschen Volks. Dies zuzugeben erforderte Mut, und den hatte Heidegger erst am Ende seines Lebens.

Sein schlechtes Benehmen Hannah Arendt gegenüber unterscheidet sich nicht von dem vieler anderer. Außereheliche Beziehungen haben noch niemanden daran gehindert, eine schlüssige Philosophie vorzulegen. Über sein Mitläufertum bei der Diskriminierung seiner jüdischen Studenten und Kollegen, das sich wohl am gravierendsten in seinem Verhalten gegenüber Husserl zeigt, kann man weniger leicht hinweggehen. Die Widmung an Husserl in *Sein und Zeit* ließ er später entfernen – ein trauriges Zeugnis davon, wie eine intellektuelle und persönliche Verpflichtung zu einem Makel wurde, der verdeckt werden musste –, vielleicht ein kleinmütiger Akt, aber auch ein bitterer. Er muss sich darüber im Klaren gewesen sein, welche Folgen es für die jüdischen Kollegen und Studenten haben würde, wenn er den Nationalsozialismus an der Universität verbreitete.

Es ist eine Tatsache – die wir auch bei Nietzsche erkennen können –, dass die Philosophie besonders dann, wenn sie mit persönlichem Selbstverständnis und Selbstbehauptung Hand in Hand geht, sowohl moralische als auch konkrete politische Auswirkungen hat. Wenn wir die Kritikpunkte von Wolin und anderen in Betracht ziehen, dann bringt die Existenzphilosophie Heideggers eine große Bürde mit sich – denn sie vermittelt dem Menschen Willen und Antrieb, ohne gleichzeitig eine Richtung aufzuzeigen. Heideggers Existenzphilosophie kann eine bequeme Tarnung für jede Art von Fehlverhalten werden, weil er es unterlassen hat, adäquate Kriterien für die Bewertung von Handlungen aufzustellen. Sie ist die Zeitbombe unter den Philosophien.

Der Religionswissenschaftler Ninian Smart sagte über Heidegger: »Er hatte seine eigene Art des kulturellen Nationalismus« und beschreibt ihn als einen »Guru«. Diese Äußerung bringt die Heidegger-Problematik so ziemlich auf den Punkt. Denn einige der Philosophen, denen wir auf diesen Seiten begegnen, hatten liebevolle Eltern, Großeltern oder Vormünder, die ihnen in der Kindheit ein gesundes Selbstbewusstsein vermittelten – sowohl Rousseau als auch Sartre haben in ihren autobiografischen Schriften zugegeben, dass sie der Welt der Erwachsenen in der Überzeugung begegneten, jede ihrer Äußerungen würde als brillant gewertet werden. Sie waren von Anfang an kultiviert. Von Heidegger kann man das nicht behaupten. Er wuchs in einer ländlichen Kleinstadt auf, und die katholische Kirche verhalf ihm zum Eintritt in die akademische Welt. Er war im Grunde ein Junge vom Land, der nie seine enge Beziehung zu jenem Ort und seiner naturgemäß konservativen Kultur verlieren sollte.

Aber er wurde tatsächlich wie ein Guru verehrt, weil es ihm mit seiner überzeugenden Rhetorik gelang, seine Studenten zu verzaubern und zu verblüffen, was ihm zu einer enormen Beliebtheit verhalf und dazu beitrug, dass viele seiner Schüler selbst zu fähigen Philosophen wurden. Ein Guru ist immer in Gefahr, von einer kritischen Selbstbewertung Abstand zu nehmen und die Beweihräucherung seiner Jünger als wohlverdient anzusehen. Vielleicht erging es auch Heidegger so, und er verstand sich in einem übergeordneten Sinne als die Verkörperung des deutschen Nationalismus, bis zu dem Punkt, wo er sich selbst tatsächlich als das philosophische Sprachrohr der Nazis sah und seine kritische Beurteilung von Hitler verdrängte. Und als er später mit den Verbrechen jener konfrontiert wurde, die er einst unterstützt hatte, da zog er sich auf undurchsichtige Formulierungen zurück, weil er nicht willens war, die Traditionen, die ihm am Herzen lagen und mit denen er aufgewachsen war, aufzugeben. Er zog es vor, sich auf eine gänzlich abstrakte Ebene zurückzuziehen, die es ihm ermöglichte, den Holocaust als ein Beispiel für die verheerenden Auswirkungen der Technologisierung zu betrachten, so dass er sich nicht seiner Realität stellen musste.

Die Wiedererstehung des deutschen Volkes und seiner kulturellen Identität, auf die Heidegger hoffte, hat sich nicht eingestellt. Im Gegenteil, sie nahm großen Schaden durch Hitler und seine Partei, der auch Heidegger sich verschrieben hatte. Vielleicht lag es daran, dass er an dem Glauben festhielt, es müsse etwas an dieser Bewegung gewesen sein, das trotz der Gräueltaten der Nazis nicht von der Hand zu weisen wäre, wie schrecklich diese auch gewesen sind. Hatte er in *Sein und*

Zeit noch behauptet, dass jede Entscheidung und jedes Dasein seinen Ursprung an einem bestimmten Ort in einer bestimmten Zeit habe, war er selbst doch in die Falle geraten, die brutale Wirklichkeit des »Dritten Reiches« zu ignorieren und seine eigene Hoffnung auf ein nationales Wiedererwachen, die so tief in ihm verwurzelt war, auf die Nazis zu projizieren.

Heidegger war ein fesselnder Zauberer im Hörsaal, der mit Ideen nur so um sich warf und seine Studenten dazu drängte, die Dinge selbst zu durchdenken; er war schillernd, aber niemals bevormundend, und sehnte sich doch immer nur nach dem einfachen Landleben und dem Rückzug in seine Bauernklause.

Wo befand sich seine wahre Heimat, in Todtnauberg oder in Freiburg? War er ein wirklicher Geistesmensch oder ein einfacher Bauer, der ein genügsames und lebensbejahendes Dasein führen wollte? Letzteres gab wohl den Ausschlag und führte ihn zu einer positiven Beurteilung des Nationalsozialismus – vielleicht sogar dazu, die Juden als Verkörperung des Intellektuellen und Kosmopolitischen zu sehen. Solch geistige Verfeinerung konnte auch anziehend auf ihn wirken, das zeigt sich in Hannah Arendt, die so offensichtlich das ganze Gegenteil zu seinem germanischen Weib Elfride darstellte, oder in der Attraktivität, die eine Stellung in Berlin einst für ihn hatte. Aber nachdem er sich etabliert hatte, behauptete er immer, dass er eine Professur an einer provinziellen Universität vorziehen würde. So blieb er in der Nähe seiner Hütte in Todtnauberg und seines Geburtsortes. Wenn sein Denken Aspekte des deutschen Kulturnationalismus mit einschließt, so kann das kaum überraschen, war dieser doch der Mittelpunkt seiner Welt.

Vorlesungen oder Lederhosen, beides entsprach Heidegger, und diese Kombination macht auf gewisse Art auch seine Philosophie aus. Eine antisemitische Ideologie zu unterstützen, nachdem er die Vorzüge eines jüdischen Mentors und einer jüdischen Geliebten genossen hatte, mag die ärgste Form von Undankbarkeit sein, aber er handelte so aufgrund seiner tief verwurzelten, romantisch verblendeten Vorstellungen von der deutschen Kultur.

Der Héloïse-Komplex

Immer schon waren das Geistige und das Erotische eng miteinander verknüpft. Héloïse und Abélard zählen zu den berühmten Liebenden der Geschichte, ihre fatale Romanze gehört in jene lange Reihe, die von Sokrates und Alkibiades bis zu Heidegger und Hannah Arendt reicht. Die intime Beziehung zwischen Lehrer und Schüler, besonders wenn es sich dabei um eine junge weibliche Schülerin handelt, scheint ein zentraler Aspekt jeder wahren Pädagogik zu sein. Wenn Elemente der Heldenverehrung sowie starke erotische Anziehung hinzukommen, dann nennt man das den Héloïse-Komplex.

Héloïse war bereits weithin berühmt sowohl für ihre Schönheit als auch für ihre Klugheit, obwohl sie noch ein Teenager war, als sie Pierre Abélard begegnete. Er dagegen war beinahe ein Vierteljahrhundert älter als sie (er wurde 1079 geboren) und galt als der überragende Kopf seines Zeitalters. »Meister aller Meister« wurde er genannt, und Studenten aus ganz Europa pilgerten zu ihm, denn er hatte das Studium der Dialektik wieder aufgenommen, das seit dem Untergang von Rom aus der Mode war, und verschaffte so seiner Schule in Paris eine große Anziehungskraft für aufgeschlossene Intellektuelle. Es wird behauptet, dass er über 5000 Schüler hatte, unter ihnen mindestens fünfzig spätere Bischöfe, Kardinäle oder Äbte und drei Päpste, die *crème de la crème* der geistigen und politischen Elite Europas. Aber niemand konnte ihn jemals so fesseln wie Héloïse, die leidenschaftliche und extrem aufgeweckte Nichte seines Vermieters Fulbert, die er in Philosophie unterweisen sollte.

Neben Philosophie und Theologie – die Themen, mit denen sie sich offiziell beschäftigen sollten – studierten sie gemeinsam die Werke von Ovid, dem erotischsten aller lateinischen Dichter. Héloïse notierte später: »Blind führte ich all seine Befehle aus.« Darunter müssen sich einige interessante Praktiken befunden haben, denn die *Historia Calamitatum* (Abélards Memoiren) berichtet unverblümt von körperlichen Züchtigungen mit einem starken sexuellen Moment. Jahrhunderte später sollte Lou Salomé diese Variante in ihr burleskes Gegenteil verkehren, als sie für die berühmte Fotografie posierte, auf der sie hinter ihrem unglücklichen Liebhaber und Lehrer Nietzsche lässig eine kleine Peische schwenkt. Aber für Abélard und Héloïse gab es tatsächlich eine seltene Symbiose von Körper und Geist – ein heftiger Flächenbrand, der nicht andauern konnte. Und schließlich kam die Katastrophe: Fulbert heuerte einige Handlanger an, die Abélard kastrierten, und dieser zog sich aus dem öffentlichen Leben zurück.

In dem Briefwechsel, den die beiden Liebenden nun führten, zeigt sich Héloïse als die Stärkere und weniger Selbstmitleidige der beiden, denn sie überredete Abélard, sein mönchisches und sein intellektuelles Leben wieder aufzunehmen. Heute drohen jedem Philosophieprofessor, der es wagt, auch nur Interesse für eine seiner Studentinnen zu zeigen, zwar nicht mehr die Kastration, aber andere, herkömmlichere Strafen. Das verringert die Kontaktmöglichkeiten zwischen Lehrer und Schüler immens – man könnte behaupten, sehr zum Nachteil von beiden.

Jean-Paul Sartre (1905–80) Intellektuelle Tyrannei, Charme und Unaufrichtigkeit

»Da es mir nämlich nicht gelungen ist, als ein Unbekannter zu sterben, schmeichle ich mir bisweilen damit, als ein Verkannter zu leben.«

Jean-Paul Sartre, Die Wörter

Paris im Jahr 1974: Der große Jean-Paul Sartre, der das philosophische Leben dieser Stadt beinahe drei Jahrzehnte lang beherrschte, ist blind und krank, sein Körper versehrt von den Exzessen seines Lebens. Trotzdem hört er nicht auf, zu denken und zu reflektieren, und nimmt eine Reihe von Gesprächen auf – mit seiner Lebensgefährtin Simone de Beauvoir und mit seinem Sekretär Benny Lévi. Erstere erscheinen am Ende von de Beauvoirs Tribut an den großen Mann: *Die Zeremonie des Abschieds und Gespräche mit Jean-Paul Sartre* (*La Cérémonie des adieux, suivi de »Entretiens avec Jean-Paul Sartre«*, 1981) und hier offenbart sich das Ausmaß, in dem seine Neurosen – seine Angst, von Frauen verschlungen zu werden, und seine ambivalenten, inzestuösen Gefühle seiner Mutter gegenüber – seine Sexualität und sein Denken geprägt haben. Die Angst, der Mutter überlassen oder von ihr verlassen zu werden, hat ihn daran gehindert, sich jemals ganz auf eine Frau einzulassen, und, was noch bemerkenswerter und erstaunlicher ist, er hat selbst zugegeben, dass diese Angst zu einer Grundlage seiner Philosophie geworden ist. In vielfacher Hinsicht sind sein Leben und seine Philosophie von dem Bedürfnis geprägt, sich von dem Einfluss der Mutter zu befreien – und von dem Über-Ich, dass er angeblich gar nicht hatte. Von der Kindheit als frühreifer Manipulator seiner Familie bis zu dem Zwang, ein anerkannter, überlebensgroßer Philosoph zu sein, könnte man sein Leben anhand eines seiner eigenen Kriterien untersuchen: *mauvaise foi* oder Unaufrichtigkeit. Die Tatsache, dass er Franzose war, brillant, überaus produktiv und sehr eigenwillig, und dass er sowohl Kinder wie Tiere verabscheute, mag für manche schon genügen, um ihn zu verdammen. Ob dies allein schon ausreicht, um an seinem Charakter zu zweifeln, steht auf einem anderen Blatt.

Sartre war tatsächlich überaus vielseitig begabt: Er war Dramatiker, Romancier, politischer Aktivist, Begründer und Herausgeber der einflussreichen Zeitschrift *Les Temps Modernes* – und außerdem ein hervorragender Philosoph. Ende der vierziger Jahre hatte er den Existenzialismus entwickelt und populär gemacht, er war geradezu die Verkörperung dieser Philosophie, die die Kreativität und Freiheit des Individuums betont, das eigene Leben zu gestalten und zu definieren. Während der fünfziger und sechziger Jahre beschäftigte er sich mit der politischen Kernproblematik jener Zeit: dem Verhältnis von westlichem Denken und Marxismus. Sein Einfluss und seine Popularität waren so groß, dass sein Tod am 15. April 1980 das vorrangige Thema der französischen Presse war: *Le Monde* widmete seinem Leben und Werk acht Seiten; *Le Figaro* beschrieb ihn als »den letzten großen französischen Denker«; und *Le Matin* erklärte: »Mit ihm stirbt einer der wirklich freien Menschen unserer Zeit.« Seine internationale Reputation brachte seine Fotografie und die Nachricht von seinem Tod sowohl auf die erste Seite der *New York Times* als auch der *Washington Post,* und weltweit begann man, ihm Tribut zu zollen. Der französische Präsident, Valéry Giscard d'Estaing, ging ins Krankenhaus und hielt allein eine Stunde lang Totenwache an Sartres Sarg. Über 50 000 Menschen fanden sich auf den Straßen von Paris ein und folgten dem Begräbniszug langsam bis zum Friedhof Montparnasse. Trotz all seiner Makel war Sartre zum Inbegriff von französischer Lebensart und Kultur geworden.

Jean-Paul Sartre wurde am 21. Juni 1905 geboren. Sein Vater starb, als er ein Jahr alt war, und seine verwitwete Mutter, Anne-Marie Schweitzer (eine Cousine von Albert Schweitzer, dem berühmten Missionar und Theologen), zog zurück zu ihren Eltern. Die nächsten fünf Jahre lebte Sartre bei einem strengen, dominanten, aber liebevollen Großvater und einer eher distanzierten Großmutter, beide behandelten seine Mutter wie ein Kind. Es war nicht gerade ein vielversprechender Start ins Leben. In seiner Autobiografie *Die Wörter* (*Les Mots*, 1964) stellt Sartre besonders seine eigene frühreife Intelligenz und intellektuelle Entwicklung in den Vordergrund, aber er beschreibt auch die Gründe für seine Neurosen und Ambivalenzen gegenüber Frauen.

So gibt er zu, dass er in seiner Kindheit alles allein für den Effekt tat – er schauspielerte und wollte anderen gefallen, indem er sich so gab, wie sie ihn gerne haben wollten. Er war erschüttert, wenn seine Taten nicht mit freudigem Erstaunen und Lob quittiert wurden, und er hatte einen Horror davor, durchschnittlich und wie jeder andere zu sein. Er entwickelte ein ausgeprägtes Fantasieleben, und seine ersten kindlichen Schreibversuche bestanden aus Geschichten, in denen er selbst immer der Held war, der anderen zur Hilfe eilt und dann bescheiden den Dank dafür entgegennimmt. Er hatte keinen Vater, der sein Held sein konnte, und erfand deshalb beständig fiktionale Helden, die eine überzeichnete Version von ihm selbst darstellten. In seinem Umgang mit Erwachsenen lernte er schnell, wie man sie manipulieren konnte: »Ich achte die Erwachsenen unter der Bedingung, daß sie mich vergöttern.« Er begann sogar an das zu glauben, was der eingeschränkte Kreis seiner Familienmitglieder ihm sagte. »Da ich aus Schauspielerei tugendhaft bin, brauche ich mich niemals zu zwingen oder anzustrengen: ich erfinde. Ich habe die fürstliche Freiheit des Schauspielers, der das Publikum in Atem hält und dabei seiner Rolle neue Lichter aufsetzt. Man vergöttert mich, also bin ich vergötternswert.«

Alle, bis auf eine, denn seine Großmutter bewunderte ihn nicht genug, wie er fand, und sie durchschaute seine Schauspielerei, was ihn stark beunruhigte.

Prägend war die Beziehung zu seiner Mutter. Er sagte, er habe seine Mutter nicht respektieren können, weil es auch sonst niemand tat. Er und seine Mutter wurden von ihren Eltern beinahe wie Geschwister behandelt, und sie schliefen zehn Jahre lang in einem gemeinsamen Zimmer in einem Doppelbett. Sie war wie ein kleines Mädchen, dessen Aufgabe es war, ihn zu bedienen, und im Gegenzug würde er sie beschützen, wie der Held aus seinen Geschichten. Es ist wohl kaum überraschend, dass er inzestuöse Neigungen ihr gegenüber entwickelte und dass es für ihn traumatisch war, als sie wieder heiratete. Plötzlich fand er sich weit weg von Paris in La Rochelle wieder, wo Joseph Mancy, sein Stiefvater, als leitender Ingenieur der Marinewerft arbeitete. Er sah diesen Stiefvater als Störenfried an, warf ihm vor, sich an seine Stelle gedrängt und die Zuneigung der Mutter geraubt zu haben, und fand in ihm ein würdiges Hassobjekt. Es kam ihm nicht in den Sinn, dass seine Mutter aus Liebe geheiratet haben könnte. In den Geschichten, die er damals schrieb, delektierte sich Sartre an Szenen blutiger Vergeltung, die irgendwelche Tyrannen ereilte – kaum die Art von Fantasie, die zu jemandem passt, der von sich selbst behautet, nie ein Über-Ich gehabt zu haben. Es kann sein, dass er ein ähnliches Ende für die Tyrannen in der Familie herbeisehnte – den Stiefvater und vielleicht auch den Großvater. Bedeutsam für seine intellektuelle Entwicklung war, dass seine Ablehnung des Stiefvaters einherging mit der Ablehnung des bürgerlichen Lebensstils und allem, was dazugehörte und wie es Mancy verkörperte.

Aber Sartre fürchtete sich auch davor, seiner Mutter ausgeliefert zu sein. In den Interviews mit de Beauvoir erzählt er, wie er im Alter von dreizehn für drei Wochen ins Krankenhaus kam. Seine Mutter schlief in einem Bett neben ihm, und er gab zu, dass er damals immer so tat, als schliefe er, um ihr beim Ausziehen zuzusehen. Er hasste den Stiefvater und La Rochelle, rebellierte, bestahl seine Mutter und wurde schließlich zurück zu den Großeltern nach Paris geschickt.

Sartre scheint hinsichtlich seiner eigenen Kindheit einen blinden Fleck gehabt zu haben, der ihn weitgehend daran hinderte, ihre psychologischen Implikationen wahrzunehmen. Eine Autobiografie zu schreiben, auch wenn es eine so intelligente und unterhaltsame ist wie *Die Wörter*, verschafft einem keine Immunität im Hinblick auf die Auswirkungen der eigenen Kindheit. Sartre selbst glaubte, dass der Tod des Vaters ihn vor einem Leben im Schatten einer Heldenfigur bewahrt hat. »Hätte mein Vater weitergelebt, er hätte mich mit seiner ganzen Länge überragt und dabei erdrückt.« Freud schien ihm passend, um diese bedeutsame Erkenntnis zu unterstreichen. »War es ein Glück oder ein Unglück? Ich weiß es nicht, aber ich stimme gern der Deutung eines bedeutenden Psychoanalytikers zu: ich habe kein Über-Ich.«

Diese Schlussfolgerung erscheint einigermaßen seltsam für ihn. Sowohl der Großvater als auch der Stiefvater passen genau in jene Über-Ich-Rolle. Als Kind las Sartre pausenlos, aber fragte sich später, ob er das nur tat, um seinem Großvater zu gefallen, den er als beinahe gottähnlich beschreibt: zwar elegant und eindrucksvoll, aber auch mächtig und autoritär. Er war sich nicht sicher, ob sein Großvater ihn wirklich liebte oder ob er es einfach nur genoss, sich einem Enkel gegenüber, der in allem von ihm abhängig war, großzügig zu zeigen. Wichtig ist, dass Sartre behauptete, das fehlende Über-Ich hieße, dass Machtstrukturen für ihn nicht von Belang wären: »Ich bin kein Chef und begehre auch nicht, einer zu werden.« Das hinderte ihn jedoch nicht daran, im Namen individueller Freiheit alle Arten von Autoritäten anzugreifen, seit der Schulzeit Hierarchien in Frage zu stellen oder obsessiv daran zu arbeiten, mit seinem starken Intellekt seine Umgebung zu beherrschen. Man hat ihm ein solches intellektuelles Mobbing regelmäßig vorgeworfen, er musste einfach alle mit seinem Geist dominieren. Trotz all der selbstironischen Bekenntnisse in *Die Wörter* spiegelt sich hier auch die Arroganz eines geistigen Giganten wider, der zeit seines Lebens von dem Bedürfnis beherrscht wurde, bewundert und geliebt zu werden.

Sartre behauptete, dass sich sein Schulleben vom Alltag zu Hause unterschied und er unter Freunden durchaus in der Lage war, seine Schauspielerei fallen zu lassen. Kränklich, klein, mit einem Augendefekt, der seine Sehkraft einschränkte und von einer verschleppten Krankheit in der Kindheit herrührte, war er sich über seine physischen Defizite nur allzu bewusst. Hässlich wie er war, wollte er wenigstens ein interessanter Intellektueller werden, um die Aufmerksamkeit der Frauen zu erregen.

Nach seinem unglücklichen Exil in La Rochelle kehrte er an das Lycée Henri IV zurück, eine der besten Schulen in ganz Paris, wechselte dann auf das Lycée Louis le Grand und studierte schließlich an der renommierten École Normale Supérieure, zusammen mit Simone Weil, Claude Lévi-Strauss, Maurice Merleau-Ponty und Jean Hyppolite. Das kam einem Sesam-öffne-dich zum Ruhm gleich.

Als Student las Sartre gierig (Descartes, Bergson und Nietzsche hatten unter anderen einen immensen Einfluss auf sein Denken) und verbrachte seine restliche Zeit mit Trinken und Feiern. Er war berüchtigt für seinen Hang zu derben Streichen, seinen schneidenden Witz, seine Rezensionen, seine Fantasie, Klatschsucht und Mutwilligkeit; er konnte sowohl charmant als auch gnadenlos sein.

Beim ersten Versuch fiel er durch die Abschlussprüfung und war bestürzt. (Das lag ohne Zweifel an seiner Verachtung für jede Art von konventionellem Denken und die banalen Anforderungen, die Examen so mit sich bringen.) Aber im folgenden Jahr, 1929, belegte er den ersten Platz. Auf dem zweiten Platz und ihm ganz dicht auf den Fersen war eine brillante junge Studentin von einundzwanzig, die ein Jahr übersprungen hatte und die den Spitznamen »Der Biber« trug, weil ihre Kommilitonen sie für genauso fleißig und energisch hielten wie das Tier. Sie hieß Simone de Beauvoir. Sartre hatte seine Gefährtin gefunden. Sie zivilisierte ihn hinsichtlich seinen Benehmens und seiner äußeren Erscheinung. Und sie war eine intellektuelle Herausforderung. Bald stellten sie die Regeln für ihre lebenslange Beziehung auf: Sie würden nie heiraten (viel zu bürgerlich!), aber vereinbarten, dass ihre Beziehung Vorrang vor allen anderen haben sollte, auch wenn sie zeitweilig getrennt voneinander leben wollten. Auf sexuelle Treue legten sie keinen Wert, nur sollte ihr Verhältnis immer Priorität haben, es war eine »notwendige« Liebe, während andere Liaisons nur »zufällig« waren. Jeder dürfe sich Liebhaber nehmen, keiner wäre gefangen, und sie würden absolut aufrichtig zueinander sein. Für einen Studenten, der bereits in dem Ruf stand, kein Kostverächter zu sein, was Bier oder Frauen anging, war es sicher ein ideales Arrangement und die Gelegenheit, oberflächlicher Respektabilität aus dem Wege zu gehen. In ihrer Autobiografie *In den besten Jahren* (1960) gibt de Beauvoir ganz offen zu, dass sie einverstanden war und man von ihm nicht erwarten konnte, dass er die »verführerische Vielfalt der Frauen« links liegen ließ.

Trotzdem gab es Komplikationen. De Beauvoir war bisexuell veranlagt und hatte viele Liebhaber beiderlei Geschlechts. Und sie teilte sogar einige von ihnen mit Sartre. Die leidenschaftlichste dieser Dreiecksbeziehungen war die Affäre mit Olga Kosakiewicz.

Olga war eine achtzehnjährige Schülerin von de Beauvoir, die sie Sartre vorstellte. Sartre und de Beauvoir hatten schon vorher die Möglichkeit diskutiert, eine *ménage á trois* zu führen, aber dieser Plan ging nicht auf, denn zwei Jahre lang war Sartre heftig in Olga verliebt, und zwar so sehr, dass er es zunehmend schwierig fand, seiner Beziehung mit de Beauvoir Vorrang einzuräumen. De Beauvoir benutzte jene Affäre später als den Ausgangspunkt für ihren Roman *Sie kam und blieb* (*L'Invitée*, 1943). Sogar nachdem die Dreiecksbeziehung beendet war, blieb Olga in ihrem Freundeskreis, denn sie hatte Jacques-Laurent Bost geheiratet, einen Schüler Sartres aus Le Havre. Das hinderte Letzteren aber nicht daran, ihre jüngere Schwester Wanda in seinen Harem aufzunehmen.

In den Jahren vor dem Zweiten Weltkrieg scheint es Sartre keine Schwierigkeiten bereitet zu haben, mehrere Affären gleichzeitig zu haben. Annie Cohen-Solal breitet in ihren Erinnerungen genüsslich aus, dass Wanda, Lucile, Martine und »Louise Vedrine« (ein Pseudonym für Bianca Lamblin) alle ihre Nächte mit Sartre in Montparnasse verbrachten.

Bianca Lamblin, die sich am Ende sowohl von Sartre als auch von de Beauvoir betrogen und ausgenutzt fühlte, ist ein weiteres Beispiel für eine solche *ménage à trois.* Auch sie war eine junge Schülerin von de Beauvoir, die dem Charme von Sartre verfiel. Im Frühjahr 1939 nahm er sie mit in ein Hotel, und sie erinnerte sich später in ihrem Buch *Memoiren eines getäuschten Mädchens* (*Memoirs d'une fille dérangée*, 1993), dass er zu ihr sagte (auf eine »amüsierte, süffisante Art«): »Das Dienstmädchen wird nicht schlecht staunen, denn ich habe bereits gestern ein anderes Mädchen entjungfert.« Sie berichtet auch, dass Sartre eine ziemlich saloppe, fast schon brutale Haltung zum Sex hatte, was bestätigt, dass seine Neurosen ihn daran hinderten, sich einer Frau ganz hinzugeben. In seinen Briefen war er dagegen emotional, warm und romantisch. Offensichtlich war jener Teil von ihm, der für die Liebe am geeignetsten war, der Stift. Die Affäre endete abrupt, als Sartre eines Tages schrieb, seine Liebe zu ihr sei »versiegt«.

Während er von Frau zu Frau zog – sowohl in Paris als auch während der Ferien –, berichtete Sartre de Beauvoir stets detailliert von seinem Sexleben. Sie veröffentlichte diese Briefe später, und sie zeigen, wie detailversessen Sartre war und wie er es genoss, alles vor ihr auszubreiten, auf eine Weise, die zwar ihre Position in seinem Leben unterstreicht, seine Beziehungen zu anderen Frauen aber doppelzüngig und heuchlerisch erscheinen lässt.

Trotz all dieser sexuellen Abenteuer waren die frühen dreißiger Jahre keine sehr glückliche Zeit für Sartre, denn er verbrachte sie hauptsächlich (einige Monate in Berlin ausgenommen, wo er Husserls Werk geradezu aufsog) in der kulturellen Wüstenei von Le Havre, wo er als Provinzlehrer festsaß. Weit weg von den Vergnügungen von Paris, wurde er ganz trübsinnig. Sein Roman *Der Ekel (La Nausée)*, an dem er acht Jahre lang arbeitete, wurde zwei Mal von den Verlagen abgelehnt, bevor er 1938 erscheinen konnte.

All das sollte sich bald ändern. Sartre zog zurück nach Paris, der Krieg brach aus, und im Juni 1940, nachdem er einige Monate damit verbracht hatte, in einer militärischen Wetterstation im Elsass Ballons aufsteigen zu lassen, wurde er von den realen Auswirkungen des Krieges eingeholt: die Deutschen rückten vor und nahmen ihn und seine Kollegen gefangen. Die Zeit als Kriegsgefangener in Stalag 12D scheint seiner Kreativität keinen Abbruch getan zu haben, denn – so behauptete er jedenfalls – dort schrieb er *Zeit der Reife* (*L'Âge de raison*, 1945), den ersten Band seiner Trilogie *Wege der Freiheit (Les Chemins de la liberté)*, und machte erste Entwürfe für sein philosophisches Hauptwerk *Das Sein und das Nichts* (*L'Être et le néant*, 1943). Es entbehrt nicht einer gewissen Ironie, dass ein Franzose in deutscher Kriegsgefangenschaft seine Zeit damit verbrachte, von einem deutschen Denker und Nazi gefesselt zu sein – von keinem anderen als Martin Heidegger. Sartres Entwicklung des Existenzialismus in *Das Sein und das Nichts* war in vielerlei Hinsicht eine Antwort auf Heideggers *Sein und Zeit*, und beide bezogen sich wiederum auf Husserls Werk.

Es war üblich, dass die Deutschen jene Gefangenen entließen, deren Gesundheitszustand nahelegte, dass sie überhaupt nicht zum Wehrdienst hätten verpflichtet werden sollen. Es gab also keine wagemutige Flucht auf Sartres Weg zur Freiheit, sondern nur ein ziemlich banales gefälschtes Attest, das ihm ein Mitgefangener besorgte und in dem stand, sein fast blindes rechtes Auge verursache Orientierungsstörungen. Das reichte aus, um seine Entlassung zu ermöglichen, und er konnte nach Paris zurückkehren und wieder unterrichten. Er unterstützte die Gründung einer Résistance-Gruppe von Intellektuellen, unter ihnen de Beauvoir und Merleau-Ponty, und schrieb ein entsprechendes Theaterstück, *Die Fliegen (Les Mouches)*, das 1943 unter den Augen der Nazis uraufgeführt wurde. In diesem Jahr erschien auch *Das Sein und das Nichts*. 1944 wurde das Drama *Geschlossene Gesellschaft (Huis clos)* uraufgeführt, und Sartre beendete zwei Teile seiner Trilogie, *Zeit der Reife* und *Der Aufschub (Le Sursis).* Seine Produktivität während des Krieges war absolut erstaunlich.

Als der Krieg zu Ende war, gründete er die Zeitschrift *Les Temps Modernes* und hängte den Lehrberuf an den Nagel. Das sollte ein entscheidender Moment für sein Leben sein.

Sartres Romane – einschließlich *Der Ekel* und die Trilogie *Wege der Freiheit* – erforschen die Erfahrungswelt, von der auch seine existenzielle Philosophie handelt, einschließlich der Gefühle von Verzweiflung und Entfremdung. Der Existenzialismus entsprang für ihn aus der Reflexion über den Kampf des Einzelnen, seinem Leben trotz aller Einschränkungen einen Sinn zu geben. Er wollte erforschen, was ein authentisches Involviertsein in die Welt bedeutet, im Gegensatz zu einem Dasein, das nur den Erwartungen anderer zu entsprechen sucht und daher unauthentisch ist. Hier entwickelt er Vorstellungen von Heidegger weiter, der sich ebenfalls damit beschäftigte, was es bedeutet, Masken zu tragen und Rollen in der Öffentlichkeit anzunehmen, anstatt authentisch zu handeln.

Angesichts eines Lebens, das sinnlos und völlig vom Zufall bestimmt ist (also begrenzt, andauerndem Wandel unterworfen und angreifbar durch die Handlungen anderer ist), kann es keine ultimative Rechtfertigung für irgendetwas geben: kein absolutes Falsch oder Richtig, das sich in einem Regelbuch findet. Angst kann uns daran hindern, Verantwortung für unser Handeln und unsere Entscheidungen zu übernehmen – und sie damit erklären zu wollen, dass wir von äußeren Umständen beeinflusst wurden – und so akzeptieren wir eine Rolle, die andere uns zuweisen wollen. Und das bedeutet für Sartre *mauvaise foi* – Unaufrichtigkeit. Seine Romane illustrieren diese These, die Protagonisten finden sich in ungewissen und mehrdeutigen Situationen wieder und werden dadurch mit sich selbst und ihren Entscheidungen konfrontiert. Ein klassisches Beispiel ist die Erzählung *Die Mauer* (*Le Mur*, 1939), in der ein Mann vor die Entscheidung zwischen Leben und Tod, für oder gegen den Verrat an seinem Kameraden gestellt ist. Sartre erklärt das Konzept der Unaufrichtigkeit damit, dass man aus Selbsttäuschung heraus handelt, vor allem weil unbewusste Wünsche vom Selbst abgetrennt werden. Unaufrichtigkeit heißt, eine Rolle zu spielen und sich nicht selbst treu zu bleiben. Sartre kritisiert außerdem die Versuchung, stets das zu befördern, was man werden möchte, und nicht das, was man schon ist; auf diese Weise könne die Fantasie über die Realität dominieren. Gleichzeitig entsteht die Gefahr, dass wir so werden, wie wir annehmen, dass andere uns haben wollen, anstatt wir selbst zu sein.

Sartre stellt der Unaufrichtigkeit eine Ethik der Ernsthaftigkeit entgegen. Der Mensch soll integer handeln und nicht nur dem entsprechen, was von ihm erwartet wird. Feste Regeln fand er ganz offensichtlich beengend, aber er war bereit, die Ernsthaftigkeit persönlicher Entscheidung anzuerkennen, was dem früheren Existenzialismus von Kierkegaard ähnelt. Kierkegaard hatte die spekulative Philosophie verworfen und einen Ansatz befürwortet, der auf den individuellen Konflikten und Ängsten des Menschen und seinen Lebensentscheidungen basiert.

Das Sein und das Nichts erschien 1943 und ist das Schlüsselwerk zum Verständnis des französischen Existenzialismus. Hier entwickelt Sartre Ideen von Kierkegaard und Heidegger weiter und beschreibt das Dilemma der menschlichen Freiheit und des Strebens nach Authentizität. Sein Erfolg, und der des Existenzialismus ganz allgemein, bestand darin, dass er sich ganz konkret auf die Situation all derer bezog, die während des Krieges gezwungen waren, nur für den Moment zu leben, weil sie ständig einer unbekannten Gefahr ausgesetzt waren.

Zentral in Sartres Denken ist der Kontrast zwischen zwei Formen der Existenz: das aktive, selbstreflektierte, denkende, fragende Für-sich *(pour-soi)* und das unpersönliche, materielle An-sich *(en-soi)* der Objekte, etwa vergleichbar mit Descartes' grundlegender Aufteilung der Wirklichkeit in Geist und Materie. Wir sind verantwortlich für unser Denken und unsere Entscheidungen – deshalb ist unsere Existenz Für-sich. Aber das kann auch bedrohlich sein, denn das Für-sich ist auch ein Nichts: Es hat nicht die solide, physische Realität wie die Welt des An-sich. Deshalb ist man immer versucht, der Bedrohung durch das Nichts dadurch zu entgehen, dass man ein unpersönliches, stereotypes Bild des Selbst akzeptiert und es so zu einem Objekt, nicht zu einem denkenden Subjekt macht. Sich selbst verstehen zu wollen, indem man sich nur als »einen Kellner« oder »einen Philosophen« zu begreifen sucht, heißt, das individuelle, denkende, wählende Selbst zu verleugnen. Das nennt Sartre unaufrichtig handeln, und es ist das Gegenteil des existenzialistischen Ideals, des authentischen Handelns.

Auch wenn sie tief verborgen unter der ontologischen Analyse in *Das Sein und das Nichts* schlummern, so offenbart das Buch auch ganz klare Hinweise auf Sartres Sexualität und die Tatsache, dass er die Liebesbeziehung immer als entweder sadistisch oder masochistisch ansieht, nie als etwas Gleichwertiges oder Ausgewogenes. Er spricht vom Weiblichen als dem, das »klafft«, und von dem männlichen Bedürfnis, es zu füllen.

Das Weibliche repräsentiert das An-sich, während das Männliche das Für-sich ist. Frauen sind deshalb unfrei; und Männer müssen der Gefahr, vom An-sich erstickt zu werden, entgegentreten, um ihre Freiheit zu bewahren.

Um seine Angst vor den Versuchungen des Inzests zu überwinden, macht Sartre das An-sich so unattraktiv wie nur irgend möglich. In dem Kapitel über »Machen und Haben« beschäftigt er sich damit, was es bedeutet, etwas zu begegnen, das »klebrig« – soll heißen: weich und formbar – ist und an den Fingern haften bleibt. Während das Für-sich normalerweise affirmativ und aktiv ist, im Kontrast zum passiven, fixierten und definierten An-sich, führt dieser »klebrige« Aspekt des An-sich dazu, dass es am Für-sich haftet und es absorbiert. Das Klebrige, das Sartre wie Honig beschreibt, der von einem Löffel tropft, ähnelt einer nicht aufgeblasenen Gummipuppe oder der Verflachung der weiblichen Brust, wenn eine Frau sich zurücklehnt. Das Schleimige erscheint fügsam, aber wenn man es besitzen will, merkt man, dass es einen besitzt.

> Die Seinsweise des Klebrigen ... ist eine Art weicher, teigiger, weibischer Aktivität des Aufsaugens, es lebt verborgen unter meinen Fingern, und ich fühle eine Art Schwindel, es zieht mich an sich, wie der Grund einer Schlucht mich anziehen könnte. Es gibt eine Art Berührungsfaszination des Klebrigen ... In einem Sinn ist es wie die höchste Fügsamkeit des Besessenen, wie die Treue eines Hundes, der sich anbietet, selbst wenn man nichts von ihm wissen will, und in anderem Sinn gibt es unter dieser Fügsamkeit eine versteckte Aneignung des Besitzenden vom Besessenen.

Dies ist wahrscheinlich die größtmögliche Annäherung, die eine abstrakte ontologische Analyse an den Orgasmus haben kann.

Aber es ist keine freudige sexuelle Erfüllung, sondern vielmehr die Furcht des Mannes, dass ihm seine Lebenskraft von der Frau entzogen wird. Sartre nennt dies eine »fade weibische Rache«, beschreibt das Weibliche als »zuckrig« und »anhaftend«. Er fürchtet auch, dass der Mann während des Aktes kastriert werden könne. Also befreit sich das Für-sich vom An-sich durch rationales Denken, das als eine ausschließlich männliche Aktivität dargestellt wird. Dies scheint die männliche Perspektive zu unterstreichen, dass das Rationale dem Manne entspricht, während die Frau immer emotional aussaugend und klebrig sein wird.

Dieser sexuelle Aspekt findet sich auch in *Geschlossene Gesellschaft* wieder. Drei Menschen sind in einem fensterlosen Raum eingeschlossen. Bezeichnenderweise sind zwei von ihnen Frauen, von denen die eine, Estelle, vor allem jung ist, während die andere, Inez, eine größere Herausforderung für den einzigen Mann, Garcin, darstellt. Schon bald sagt dieser zu Estelle: »Ich will nicht in deinen Augen versacken. Du bist klebrig! Du bist wabblig. Du bist ein Krake, du bist ein Sumpf« – Sätze, die die Beschreibung des weiblichen An-sich in *Das Sein und das Nichts* widerspiegeln. Außerdem beschreibt Inez den Moment des Todes, wenn man erkennen muss, dass alle Träume unverwirklicht bleiben, mit den Worten: »Du bist dein Leben – und nichts anderes« und gibt somit den existenzialistischen Kerngedanken wieder: Die Existenz geht der Essenz voraus.

Ganz am Ende des Stückes, als die Beziehungen zwischen den dreien längst unerträglich geworden sind, kommt der berühmte Ausspruch: »Schwefel, Scheiterhaufen, Rost … Was für Albernheiten! Ein Rost ist gar nicht nötig, die Hölle, das sind die andern.« Sartre sollte es wissen, denn die Besetzung des Stückes entsprach ja den höllischen Dreiecksbeziehungen, die er und de Beauvoir inszenierten, mit Olga oder später mit Bianca Lamblin. Deutlicher kann man sich die Verbindung von Sartres Leben und seinen verquälten Beziehungen zu Frauen mit seinem literarischen Werk und seiner Philosophie kaum vorstellen.

Weil er sich keiner Frau gegenüber offen zeigen konnte, wurde es für ihn unmöglich, eine gleichberechtigte Beziehung zu führen. In den Interviews mit de Beauvoir kurz vor seinem Tod gab er zu, dass das An-sich ihm egal sei, da er selbst ja das aktive Prinzip verkörpere. Er behandelte die Frau als Objekt, auch wenn er erkannte, dass ein gegenseitiger Austausch in Wirklichkeit besser wäre. Man gewinnt den Eindruck, dass Sartre gegen Ende seines Lebens die Mängel von *Das Sein und das Nichts* erkannte und auch das Ausmaß, in dem seine Philosophie von seinen Beziehungen zu Frauen geprägt worden war.

Andere Mängel von *Das Sein und das Nichts* fielen Heidegger auf, jenem Philosophen, der weite Teile von Sartres Werk beeinflusst hatte. Obwohl er Sartres literarisches Talent sowie seine Beschreibungen menschlichen Verhaltens bewunderte, fand er das Buch unlesbar. Damals zeugten viele Bücher stolz von ihrer Jungfräulichkeit, denn da die Seiten als Druckbögen zusammengeheftet wurden, mussten sie erst an den Rändern aufgeschnitten werden, bevor man sie lesen konnte. Man konnte also nicht behaupten, irgendetwas gelesen zu haben, wenn man nicht wenigstens mit einem Papiermesser zugange gewesen war. Heidegger hat nur vierzig Seiten von *Das Sein und das Nichts* aufgeschnitten. Als Sartre ihn 1953 in Freiburg besuchte, kam er in scheußlicher Laune zurück und beklagte sich entnervt, dass Heidegger wie ein Oberst im Ruhestand aussehe und er die ganze Zeit zu einem Jägerhut mit Gamsbart gesprochen habe. Danach erwähnte er Heidegger nur noch selten. Man kann sich vorstellen, was der alte Nazi von dem französischen Existenzialisten hielt.

Im Oktober 1945 markierte Sartres Vortrag *»Ist der Existenzialismus ein Humanismus?«* (*L'Existentialisme est un humanisme,* publizert 1946) seinen ersten öffentlichen Auftritt auf der Bühne der französischen Nachkriegskultur. Nachdem er sich einen Weg durch den überfüllten Raum und eine chaotische Menge gebahnt hatte, sprach er mit Nachdruck, aber ohne Notizen, zu einem begeisterten und gefesselten Publikum. Der Existenzialismus war geboren, und in seinem Vortrag unterstrich er noch einmal seine Kernthese: Die Existenz geht der Essenz voraus. Das heißt, jeder Mensch ist in der Lage, sich selbst zu konstruieren, sein eigenes Leben zu wählen, und nichts ist festgelegt oder vorgegeben.

Das entsprach ganz dem Zeitgeist und wurde so schnell zur großen Mode, selbst bei denen, die nie eine klare Vorstellung davon hatten, was Existenzialismus eigentlich sei. Die Freiheit der Wahl, die Möglichkeit, seine eigene Zukunft zu gestalten, seinen eigenen Lebensstil zu wählen und jegliche Tradition abzulehnen, war geschaffen. Die Konservativen sahen in Sartre natürlich einen Verführer der Jugend, der eine neue und gefährliche Lehre in Umlauf brachte. 1948 wurden alle seine Werke auf den Index der katholischen Kirche gesetzt. Das kann kaum überraschen, denn eine Grundthese von Sartres Werk ist ja, dass es keine eigentliche menschliche Natur gibt (weder gottgegeben noch sonst wie), sondern dass der Mensch sein eigenes Dasein bestimmen soll. Nicht nur Moral und Ethik werden so hinfällig, sondern auch die Idee einer absichtsvoll gestalteten Welt, sei es durch Gott oder die Menschheit. Aus der Sicht der Katholiken schien Sartre moralische Anarchie zu propagieren. Bernard-Henri Lévy erwähnt in seiner Biografie noch vieles andere, dessen man Sartre damals beschuldigte, zum Beispiel seine Obsession für Schmutz und Sex. *Geschlossene Gesellschaft* wurde auch in England verboten.

Weil die Selbsterfindung des Individuums durch Handeln vonstattengehen sollte, war für Sartre politisches Engagement besonders wichtig. Die Entwicklung seines Denkens lässt sich anhand zahlreicher Kommentare zu politischen und sozialen Themen nachvollziehen. Es ist eigenartig, dass jemandem, der Selbstverwirklichung und Entschlossenheit als wesentlich empfand – die Kernthesen des Existenzialismus –, die automatische Ablehnung aller bürgerlichen Werte so leicht fiel. Obwohl er selbst alle Privilegien seiner Herkunft genossen hatte, schien er entschlossen, gerade jene Verhältnisse zu zerstören, denen er seinen Erfolg verdankte. Während er sich auf das Individuum konzentrierte, hat er (bewusst oder unbewusst) die Tatsache ignoriert, dass die soziale Matrix es dem Einzelnen erst ermöglicht, seine Stimme zu finden. Genau diese Engstirnigkeit führte dazu, dass Michel Foucault und andere postmoderne Denker ihn kritisierten. Denn das Individuum findet sich und seine Bedeutung erst in einem sozialen Umfeld oder einer konkreten Situation – wie jene Gefangenen in *Die Mauer*, die erst über den Tod nachdenken, als ihnen gesagt wird, dass sie am nächsten Morgen erschossen werden sollen.

Als sich Ruhm und Macht einstellten, erwies sich Sartre als ausgesprochen unsensibel und versuchte stets, sich seinen Vorteil auf Kosten anderer zu verschaffen. Er verhielt sich auf eine Weise, die er für richtig hielt, auch wenn sein Handeln anderen Verletzungen zufügte. Jean Genet ist ein gutes Beispiel.

1952 wollte Sartre ein Vorwort für Genet schreiben (der, obwohl ein Schriftsteller, gleichzeitig der ultimative Bürgerschreck war: ein homosexueller Krimineller aus der Arbeiterklasse, und das zu einer Zeit, die weder Homosexualität noch Verbrechen besonders guthieß). Es erstreckte sich bald auf 690 Seiten und erschien unter dem Titel *Saint Genet, Komödiant und Märtyrer* (*Saint Genet, comédien et martyr*, 1952). Sartre pries Genet und machte ihn zu einer heroischen Gestalt, aber zugleich verschlang er ihn. Scheinbar von Genet, handelt das Buch in Wirklichkeit von Sartre selbst – Genet ist nur ein Vorwand für einen erneuten Marathon von Selbsterforschung und Beweihräucherung. Genet selbst gab 1964 zu, dass er sich von Sartres Buch völlig entblößt fühlte; es verursachte bei ihm eine fast vollständige Schreibblockade, die sechs Jahre anhielt. Sartre begann das Buch mit einem Bericht über Genets Angst vor dem Blick der anderen; er wusste nur zu gut, welche Auswirkungen eine solche Bloßstellung auf seinen Protagonisten haben könnte – aber er schrieb diesen Teil trotzdem. Das war vielleicht nicht vorsätzlich grausam, denn er hoffte wohl auch, etwas für Genet erreichen zu können. Aber es beweist doch seine Arroganz, solch eine Medizin zu verschreiben, die dem Patienten bitter aufstoßen muss.

Noch schlimmer war die Arroganz und äußerste Grausamkeit, mit der er letztlich die Freundschaft zu Albert Camus beendete. Camus hatte einen eigenen existenzialistischen Denkansatz entwickelt, indem er feststellte, dass das Leben »absurd« sei, um daraufhin die moralischen und politischen Implikationen dieser Ausgangslage zu untersuchen. Die beiden Schriftsteller waren bereits seit einigen Jahren befreundet. Sartre genoss Camus' Gesellschaft auf Partys, sie teilten den gleichen zotigen Humor, und er bewunderte dessen Werk. Sartre schrieb *Geschlossene Gesellschaft* für Camus und forderte ihn auf, Mitherausgeber von *Les Temps Modernes* zu werden. Aber Spannungen zwischen den beiden waren vorprogrammiert, weil sich ihr Werk und ihre Interessen so stark überschnitten. Dazu kam, dass Camus unter gewissen Umständen sehr impulsiv sein konnte.

Zum endgültigen Bruch kam es, als Camus' Essaysammlung *Der Mensch in der Revolte* (*L'Homme révolté*, 1951) erschien. Camus protestierte gegen die negative Kritik in *Les Temps Modernes* im folgenden Jahr. Sartre reagierte darauf mit einem offenen Brief, in dem er nichts als Verachtung für Camus ausdrückte und alles, was er über seine Schwächen wusste, gegen ihn verwendete. Es war das Machwerk eines intellektuellen Despoten, der jeden vernichten wollte, der es wagte, ihn zu kritisieren. Voller Bitterkeiten und absichtlicher Kränkungen, zeigte der Brief, dass Sartre, mit seiner privilegierten Herkunft und Erziehung an der École Normale Supérieure, durchaus dazu fähig war, einen literarisch begabten und ernsthaft an Politik interessierten Autodidakten aus der Kolonie Algerien einfach abzukanzeln. Aber es war auch ein Zeichen von Unaufrichtigkeit. Was hatte ihm die Freundschaft mit Camus, ihre Zusammenarbeit in den vergangenen Jahren eigentlich bedeutet? Wenn er solche Verachtung für Camus' Werk verspürte, warum hatte er sich die Mühe gemacht, über einen so langen Zeitraum Respekt für ihn zu heucheln? In der Heftigkeit, in der er die öffentliche Erniedrigung von Camus betrieb, zeigt sich Sartres eigene Doppelzüngigkeit. Nach Jahren der Freundschaft und Zusammenarbeit war dies, in den Worten von Lévy, »ein Musterbeispiel nicht nur von Verachtung, sondern von *mauvaise foi.*«

Aber Sartres Gehässigkeit hatte einen anderen Grund. Camus sah umwerfend gut aus und hatte Erfolg bei den Frauen, er hatte auch das Interesse Wandas erweckt, der Schwester von

Olga, in die Sartre verliebt war. Als Sartre Camus' Werk als »Pseudo-Philosophie« abtat (ein geradezu grotesker Vorwurf), versuchte er in Wirklichkeit, eine ernsthafte Bedrohung seiner sexuellen Vormachtstellung innerhalb seines Harems abzuwehren. Bedauerlicherweise erst acht Jahre später, nach Camus' tragischem Tod bei einem Autounfall, verwarf Sartre seine frühere Kritik und schrieb einen Nachruf, der einem Autor von Camus' Format angemessen war.

Ein weiterer Grund für die Spannungen zwischen Sartre und Camus (und Merleau-Ponty, diesem äußerst ernsthaften Philosophen und Kollegen, der eine wichtige Rolle als politischer Redakteur und Mitherausgeber von *Les Temps Modernes* spielte) war der fast unerklärliche Umschwung in Sartres Haltung zur Sowjetunion.

Vor 1952 war Sartre ein Kritiker der kommunistischen Sowjetunion gewesen, was sich sowohl in seinem Stück *Die schmutzigen Hände* (*Les Mains sales*, 1948) als auch in diversen Artikeln für *Les Temps Modernes* ausdrückte (in denen er die Arbeitslager kritisierte); er suchte nach einer Form des Sozialismus, die sich vom Kommunismus unterscheiden würde. Dann kann die Wende: Von 1952 bis 1956 schien er sich in ein Sprachrohr der Sowjetpropaganda verwandelt zu haben, er äußerte sich hochgradig kritisch gegenüber den Vereinigten Staaten – und das zu einer Zeit, als sich in der Öffentlichkeit gerade ein Bewusstsein über die Gulags und andere Gräueltaten des Sowjetregimes entwickelte. Sartres Gesinnungswandel zeichnete sich zunächst in den drei Essays ab, die unter dem Titel *»Der Kommunismus und der Frieden«* (*Les Communistes et la paix*, 1952) zuerst in mehreren Teilen in *Les Temps Modernes* erschienen und in denen Sartre Stalins UdSSR verteidigte und die Existenz der Gulags leugnete. Dann reiste er 1954 in die UdSSR und behauptete anschließend in einer Reihe von Interviews in der linken Zeitung *Libération*, dass dort vollständige Meinungsfreiheit herrsche. Man kann ihm vorwerfen, dass er unaufrichtig (oder einfach nur dumm genug) war, die sowjetische Realität unkritisch zu akzeptieren und gegenteilige Beweise einfach zu ignorieren. 1956 rügte er Chruschtschow für seine kritische Haltung gegenüber Stalin und ging sogar so weit, Alexander Solschenizyn, den berühmtesten Kritiker der Sowjetunion in der Nachkriegszeit, anzugreifen. Soweit es Sartre in diesen Jahren betraf, waren alle sowjetischen Dissidenten einfach nur Kriminelle.

Seine Bewunderung für ein so totalitäres Regime legt die Vermutung nahe, dass er sich von Macht und Kontrolle stark angezogen fühlte – genau jenen Dingen, die er vorher im Namen der individuellen, existenziellen Freiheit abgelehnt hatte. Das Ausmaß dessen, was er bereit war zu akzeptieren, war enorm. Wenn man all seine Äußerungen aus dieser Zeit in Betracht zieht, billigte er einige der grausamsten Regimes überhaupt und tat dies aus dem Glauben heraus, der Marxismus sei gewissermaßen der Lichtstreifen am Horizont modernen politischen Denkens. Seine Sicht schien sich so verengt zu haben wie die des Autodidakten in *Der Ekel*, der sich systematisch und in alphabetischer Reihenfolge durch eine Bibliothek liest.

Und doch, jemand von Sartres Intelligenz wäre kaum so getäuscht worden, wenn er es nicht selbst bewusst zugelassen hätte. Er hatte die Grenzen menschlicher Freiheit erforscht und diese für sich selbst beansprucht, und doch liegt alldem eine Faszination mit Macht und Autorität zugrunde, einer Macht, die über die Gulags und die Dissidenten verfügen kann. Und die ganz offensichtlich die Essenz (in diesem Fall politische Ideologie) über die Existenz stellt – eine Haltung, die alles in Frage stellt, was er vorher in seinem früheren Existenzialismus vertreten hatte. Kann Sartres Verbrüderung mit den marxistischen Regimes anders genannt werden als – um seinen eigenen Begriff zu verwenden – unaufrichtig?

Erst nach der sowjetischen Intervention in Ungarn im November 1956 nahm Sartre eine kritischere Haltung ein, und es sollten noch volle zwanzig Jahre vergehen, bis er zugab, dass er tatsächlich gelogen hatte über die Zustände in der Sowjetunion. Er räumte ein, er hätte Dinge geäußert, die er niemals selbst geglaubt habe, nicht mal zu jenem Zeitpunkt, entschuldigte sich aber damit, er habe nichts Schlechtes sagen können über ein Land, das ihm Gastfreundschaft gewährt hatte. Das scheint eine ziemlich fadenscheinige Ausrede zu sein, vor allem für jemanden, der immer bereit war, seine Gegner anzuprangern.

Es gab einen wesentlichen Unterschied zwischen Sartres Existenzialismus und der Sorte Marxismus, der er in der Sowjetunion begegnete. Alles geschah hier im Namen des Klassenkampfs, und die Handlungen des Individuums waren damit Teil eines historischen Prozesses – und deshalb auch in diesem Kontext gerechtfertigt. Es scheint unglaublich, dass Sartre Stalins Regime unterstützen konnte, während er gleichzeitig der Vorkämpfer eines Existenzialismus war, der einen Grad von persönlicher Freiheit voraussetzte, den Stalin seinen Opponenten und Kritikern verweigerte.

Es ist verführerisch, sich mit der Frage zu beschäftigen, ob Sartre persönliche Gründe hatte, die repressiven Kräfte, die in der kommunistischen Sowjetunion in jener Zeit am Wirken waren, einfach zu ignorieren. Nachdem er sein eigenes Über-Ich nie anerkannt hatte und selbst nie eine Autoritätsfigur sein wollte (sein Verhalten gegenüber Camus und anderen spricht eine ganz andere Sprache), zog er es vor zu behaupten, dass in der Sowjetunion Freiheit herrsche, anstatt sich einzugestehen, dass jede Autorität – sei es in einer Nation oder nur innerhalb einer intellektuellen Gruppe – die Macht hat, das Individuum zu vernichten. Wenn eine so grundlegende These wie die vom An-sich und Für-sich in *Das Sein und das Nichts* von seinen Schwierigkeiten mit Frauen inspiriert wurde, ist es zumindest vorstellbar, dass seine Sicht auf die Sowjetunion von einer Fehleinschätzung der eigenen Autorität und seiner steten Bereitschaft, andere zu zensieren und zu verurteilen, getrübt wurde.

Seine späte Kritik am Sowjetkommunismus formulierte er 1957 in dem Essay *»Marxismus und Existenzialismus. Versuch einer Methodik«*, der unter dem Titel *»Questions de méthode«* in *Les Temps Modernes* veröffentlicht wurde. Auch wenn er dem Marxismus die Vorreiterrolle unter den zeitgenössischen Philosophien zubilligte, räumte er doch ein, dass die Wahrheit nie statisch, sondern immer nur in Entwicklung begriffen sein kann. Das bedeutet, dass kein System jemals für sich behaupten kann, die absolute Wahrheit gepachtet zu haben, sondern immer wandlungsfähig bleiben sollte.

Sartres *Kritik der dialektischen Vernunft* (*Critique de la raison dialectique*, 1960) ist eine Auseinandersetzung mit dem Verhältnis von Marxismus und Existenzialismus und war in jeder Hinsicht ein großer Wurf. Es ist die wichtigste Publikation aus seinem Spätwerk, ebenso bedeutend, wie es *Das Sein und das Nichts* für sein Frühwerk gewesen war. Beide beschäftigen sich mit der Freiheit des Menschen. Aber dieses Mal erkannte Sartre, dass unsere Freiheit beschnitten wird von Dingen, die außerhalb von uns existieren und Einfluss und Bedeutung haben, die jenseits unserer Kontrolle liegen. Anders ausgedrückt, verband er den dialektischen Materialismus mit einem Begriff von individueller Freiheit. Er versucht, das eigene Interesse am Marxismus und linker Politik mit seinem früheren Existenzialismus in Einklang zu bringen, indem er untersucht, welche Verbindung zwischen den materiellen Bedingungen, in denen wir leben (der Ausgangspunkt für die Marxisten), und der Freiheit des Menschen zur Wahl (der Ausgangspunkt für die Existenzialisten) besteht. Er beschreibt, auf welche Weise die Geschichte der Menschheit vom Zusammenleben und Agieren in Gruppen geprägt ist. So bekommt der Existenzialismus seinen Platz in einem hauptsächlich marxistisch geprägten theoretischen System. Er war sehr zufrieden mit dieser Arbeit und hielt das Buch für eines seiner besten.

In den sechziger Jahren wurde Sartre zu einem regelrechten politischen Globetrotter und besuchte die UdSSR noch oft. Er wurde in Belgrad von Tito und in Kuba von Castro empfangen. Er unterstützte sogar Mao, der für die Säuberungen während der so genannten Kulturrevolution verantwortlich war. Aber die Sechziger begannen eigentlich damit, dass er gegen das Vorgehen der französischen Regierung während des algerischen Bürgerkriegs protestierte und bald zum Symbol für diesen Widerstand wurde. Zweimal gingen in seiner Wohnung Bomben hoch. Er trat vehement gegen den Kolonialismus ein. Einige Regierungsvertreter waren dafür, dass all jene, die ein Manifest zur Unterstützung des algerischen Freiheitskampfes unterschrieben hatten, als Landesverräter eingestuft werden sollten, aber es war klar, dass gegen Sartre nichts unternommen werden konnte. Präsident Charles de Gaulles berühmter Kommentar dazu war: »Einen Voltaire verhaftet man nicht.« Es war Sartres große Stunde.

Die Sechziger waren eine Zeit, in der man politisch Stellung beziehen musste. 1964 lehnte Sartre den Nobelpreis für Literatur ab, weil er keine solchen Ehrenbezeugungen annehmen wollte (oder es nicht über sich bringen konnte, einen Preis zu akzeptieren, den vor ihm schon Camus erhalten hatte, dem er ja mangelnde Ernsthaftigkeit vorgeworfen hatte). 1966 trat er dem »Internationalen Tribunal gegen Kriegsverbrechen in Vietnam« bei, das Bertrand Russell ins Leben gerufen hatte. Er fuhr nach Ägypten und Israel, hielt einen Vortrag über Vietnam und unterstützte die französische Studentenrevolte von 1968. Er verurteilte sogar den Einmarsch der Sowjets in Prag im Anschluss an den »Prager Frühling« unter Alexander Dubček. Sartre hatte gehofft, dass sich anhand der Veränderungen, die in der Tschechoslowakei stattfanden, eine neue Form von Marxismus entwickeln könnte, und die Unterdrückung dieser Reformen war für ihn ein schwerer Schlag. Im folgenden Jahr fuhr er nach Prag. Er war immer noch Marxist, aber er hatte sich jetzt gegen die Sowjetunion gewandt.

Seit vielen Jahren hatte er seine immense Produktivität durch eine Reihe von Stimulanzien angeregt, dazu gehörten Zigaretten und Rotwein, und wenn der Arbeitstag nicht mehr durch Whiskey und Kaffee verlängert werden konnte, dann kamen die Schlaftabletten an die Reihe. Alkohol und Tabak waren schon immer die Genussmittel seiner Wahl gewesen. Seine einmalige Einnahme von Meskalin (ein Halluzinogen) in den dreißiger Jahren war unangenehm gewesen, und er hatte nicht den Wunsch, dieses Erlebnis zu wiederholen. Es waren Spätfolgen aufgetreten, er wurde von Halluzinationen und seltsamen Metamorphosen ganz alltäglicher Dinge heimgesucht, die sich wohl in jener Episode in *Der Ekel* widerspiegeln, als Roquetin den Kastanienbaum betrachtet.

Als Autor war Sartre ein Besessener, und seine Arbeitsleistung war enorm. Manchmal sprach er und machte sich zugleich Notizen, anscheinend ganz unbeeindruckt davon, dass er nie eine Pause einlegte und also niemandem die Chance gab, eine Unterhaltung mit ihm zu führen. Auch die Anzahl seiner Beziehungen war so respekteinflößend, dass einer seiner Biografen einen Index für »Sartre, Freundinnen von« erstellte. Bereits erwähnt wurden de Beauvoir, Olga, Wanda und Bianca, aber da war auch die zwanzigjährige Sängerin Juliette Gréco – für die der einundvierzigjährige Sartre 1946 seinem Stück *Geschlossene Gesellschaft* ein Lied hinzufügte –, Dolorès, seine große amerikanische Liebe, und kurz darauf Michelle Léglise-Vian, mit der er befreundet blieb – von all seinen Jugendabenteuern mal ganz abgesehen. Frauen waren seine Musen, und er zog sie immer männlicher Gesellschaft vor.

Später im Leben musste Sartre feststellen, dass die Philosophie sich zu verändern begann und von seinem eigenen Ansatz wegbewegte. Foucault und andere lehnten seine »modernistische« Vorstellung vom kreativen Subjekt ab; sie beschäftigten sich mit den Strukturen des Denkens und der Sprache, die Kreativität erst möglich machen. Für sie wurde Sartre, bei dem das Individuum immer im Vordergrund stand, der sozialen und intellektuellen Matrix, innerhalb der Sprache erst Sinn bekommt, nicht gerecht. Foucault beschrieb die *Kritik der dialektischen Vernunft* als den großartigen und zugleich zum Scheitern verurteilten Versuch eines Denkers aus dem 19. Jahrhundert, das 20. zu verstehen, und hielt Sartre für den letzten Hegelianer und zugleich auch für den letzten Marxisten.

Sartre wurde mit der Zeit immer unwilliger, sich mit solcher Kritik auseinanderzusetzen und zog sich aus dem vorherrschenden intellektuellen Diskurs zurück. Er blieb politisch aktiv, sowohl als Kritiker der Sowjetunion als auch des Vietnamkrieges, aber sonst vermied er Diskussionen zu aktuellen intellektuellen oder politischen Themen immer mehr und konzentrierte sich fast obsessiv auf sein Buch über Flaubert.

In den siebziger Jahren verschlechterte sich sein Gesundheitszustand immer mehr; in den Jahren 1971 und 1973 erlitt er Schlaganfälle. 1974 war er bereits erblindet und auf die Hilfe anderer angewiesen, vor allem auf de Beauvoir und Arlette Elkaïm, eine Studentin, die ihn sehr liebte und die er 1965 adoptiert hatte. Er arbeitete weiter, unterstützt und ermutigt von Benny Lévy. Schließlich musste er ins Krankenhaus gebracht werden, wo er am 15. April 1980 starb.

Unaufrichtigkeit? Das maßgebliche ethische Prinzip des Sartre'schen Existenzialismus ist Authentizität. Auf eine Weise zu handeln, die den eigenen persönlichen Entscheidungen entspricht, und all die Rollen abzulehnen, die andere einem auferlegen wollen, das ist die Aufgabe eines Existenzialisten. Offensichtlich hatte Sartre selbst einige traditionelle Rollenvorstellungen verworfen, was zum Beispiel in seiner Ablehnung des Nobelpreises, jenes Symbols für literarische Leistung, deutlich wird. Aber sein Verhalten denen gegenüber, die nicht seiner Meinung waren oder gar die Kühnheit besaßen, ihm offen zu widersprechen, zeugt vom Despotismus eines Mannes, der – mit oder ohne Auszeichnungen oder Universitätsposten – sich seiner Position innerhalb der intellektuellen Hierarchie nur allzu bewusst war. Kontrolle auszuüben, zur Manipulation zu neigen und vor allem mit Autorität, aber ohne Überzeugung zu sprechen (wie er es im Falle der Sowjetunion tat), das alles verrät eine Arroganz, hinter der sich eine ganz bestimmte Vorstellung, wenn nicht sogar eine Verblendung hinsichtlich der eigenen Machtposition verbirgt. Und das, so möchte man meinen, sollte wirklich als Unaufrichtigkeit gelten.

Ein weiterer Anklagepunkt, der sowohl auf Sartre als auch de Beauvoir zutrifft, ist das Ausmaß, in dem sie ihre Liebesbeziehungen bewusst als Material für ihr Schreiben ausschlachteten. Es ist nur angebracht, hier Husserl zu folgen und die persönliche Erfahrungswelt als die Grundlage der Philosophie zu bezeichnen, und es ist vielleicht auch unvermeidlich, dass ein Autor sein oder ihr eigenes Erleben dazu verwendet, um ein Buch zu schreiben. Aber es erscheint trotzdem unnötig grausam, dies so offensichtlich auf Kosten jener zu tun, mit denen man intime und private Erlebnisse geteilt hat, oder die Gefühle anderer absichtlich der Lächerlichkeit preiszugeben.

Sartre war nicht makellos, und trotzdem kann kein Zweifel darüber bestehen, dass er einer der ganz großen Philosophen war. Er konnte außerdem charmant, amüsant und mitreißend sein – er hatte sowohl die Fähigkeit, Freunde zu gewinnen, als auch, sie zu verprellen. Er wurde in extremer Weise zugleich geliebt und gehasst, verachtet und verherrlicht. Außerdem besaß er die Fähigkeit, sich in jeder Form ausdrücken zu können. Für jene, die wenig Neigung zu philosophischer Spekulation verspüren, eröffnen seine Stücke und Romane einen Zugang zu der Vorstellung von der Freiheit des Menschen zur Wahl. Anderen, die die Kernthesen seiner Philosophie kennen lernen wollen, können Texte wie *»Ist der Existenzialismus ein Humanismus?«* als eine unkomplizierte Einführung dienen. Für die Anhänger gelehrter und zugleich gut verständlicher philosophischer Darstellungen bieten seine Hauptwerke endlose Möglichkeiten, sich zu vertiefen. Und er war als Philosoph immer auch ein Künstler und Kulturschaffender, er konnte sein rationales Denken in Drama und Roman umsetzen und so jene Thesen vermitteln, die für ihn grundlegend für die Freiheit und Selbsterkenntnis des Menschen waren.

Was über Philosophinnen zu sagen ist

Wir haben keine Frau in unseren Reigen irrender Philosophen aufgenommen, und zwar aus gutem Grund. Auch wenn Frauen sich schon immer für Philosophie interessiert haben mögen, hatten sie doch bis vor kurzem sehr wenig Einfluss auf diesem Gebiet. Daran sind die üblichen historischen und kulturellen Faktoren schuld: der minderwertige Status der Frau in der antiken Welt, der nur von den Epikureern in Frage gestellt wurde, sowie der typische Sexismus der jüdisch-christlichen Tradition. (Platon räumte der Frau zwar eine beinahe gleichgestellte Position in seiner idealen Republik ein, aber nicht in der Akademie, die er tatsächlich gründete.) Obwohl zu den letzten antiken Philosophen eine Frau zählte, nämlich Hypathia (370–415 n.Chr.), eine Vertreterin der neoplatonischen Schule, die für ihre Überzeugungen von einem christlichen Mob im vierten Jahrhundert n.Chr. in Alexandria ermordet wurde, blieb die Philosophie lange Zeit eine Zitadelle phallokratischer Arroganz, die von dezidierten Frauenfeinden wie Aristoteles, Rousseau und Schopenhauer dominiert wurde. Héloïse, ebenso intellektuell begabt wie unglücklich, bleibt eine Ausnahmeerscheinung weit über das Mittelalter hinaus.

Wenn es Philosophinnen in der Neuzeit nicht gelungen ist, mit dem offensichtlichen Fehlverhalten ihrer männlichen Kollegen wettzueifern, soll das nicht bedeuten, dass sie in konventioneller Rechtschaffenheit lebten. Mary Wollstonecraft, die während der Französischen Revolution *Die Verteidigung der Rechte der Frau (A Vindication of the Right of Women*, 1792) veröffentlichte, formulierte radikale Ansichten zu den Themen Erziehung und weibliche Emanzipation; ihr Buch hatte einen enormen, wenn auch verzögerten Einfluss auf feministisches Denken. Und sie ignorierte alle gesellschaftlichen Normen mit ihren vielen Affären, ihren unehelichen Kindern und in ihrer Feststellung, dass die Ehe eine Form der Sklaverei sei. Mit einem politischen Bewusstsein ausgestattet, überzeugend und dynamisch in ihrem Denken, war sie dennoch verwundbar in ihren Liebesbeziehungen, zeitweilig depressiv und immer sehr unangepasst.

Ebenso unkonventionell war Iris Murdoch, die sich vor allem als Schriftstellerin einen Namen machte, obwohl sie in erster Linie Philosophin war. Ihr Liebesleben verletzte niemanden, auch wenn es vielseitig und unstet war, und es fehlte ihr ganz an der intellektuellen Arroganz ihrer männlichen Kollegen.

Vielleicht ist die einzige ernsthafte Mitbewerberin unter den Philosophinnen des 20. Jahrhunderts um den Titel der erotisch unersättlichen Egozentriker und Ausbeuter Simone de Beauvoir, die vor allem für ihr Buch *Das andere Geschlecht (Le deuxième sexe*, 1949) und ihre lebenslange Beziehung zu Sartre berühmt ist. Sie teilte und unterstützte Sartres literarischen Voyeurismus in offenherzigem Austausch über ihre zahlreichen Affären und war sich auch nicht zu schade, Dreiecksbeziehungen mit ihren Freundinnen zu initiieren (sie war bisexuell und hatte eine Vorliebe für Schülerinnen). Sie kommt Rousseau gleich in ihrem exhibitionistischen Bedürfnis, ihre sexuellen Eroberungen der Öffentlichkeit preiszugeben, sowie in ihrer Missachtung jener, die sie damit verletzte.

Somit haben wir keinerlei Anlass anzunehmen, dass Philosophinnen, wären sie so zahlreich vertreten wie ihre männlichen Kollegen, in irgendeiner Weise weniger zu dieser Auflistung menschlicher Irrtümer beigetragen hätten.

Michel Foucault (1926–84)
Wahnsinn, Sex und Strafe

»In einem gewissen Sinne wollte ich immer, dass meine Bücher eine Art fragmentarische Autobiographie sind. Meine Bücher haben immer meine persönlichen Probleme mit Wahnsinn, mit Gefängnissen, mit Sexualität thematisiert.«

Michel Foucault, Mai 1981

Einige Zeit nachdem Foucault am 25. Juni 1984 in Paris gestorben war, kam die Wahrheit ans Licht. Michel Foucault, Professor für Geschichte der Denksysteme am renommierten Collège de France, war an Aids gestorben. Seine Homosexualität war zwar kein Geheimnis gewesen, aber sogar sein langjähriger Freund Daniel Defert war sich über Foucaults Zustand nicht im Klaren. Im Rückblick waren die Anzeichen nicht zu übersehen: Ein hartnäckiger Husten plagte ihn im vorangegangenen Sommer, aber hinderte ihn nicht daran, im Herbst das Leben ganz auszuschöpfen – er hielt Vorlesungen in Berkeley und besuchte die SM-Clubs und Badehäuser von San Francisco, deren Anonymität es ihm erlaubte, völlig unpersönlichen und harten Sex zu haben.

Foucault war in gewisser Weise ein sehr zugeknöpfter Mensch, er schrieb keine Autobiografie und war nicht willens, alle Aspekte seines Lebens mit anderen zu teilen, auch nicht mit jenen, die ihm nahestanden. Aber er hatte die Begabung, sich völlig auf denjenigen konzentrieren zu können, mit dem er gerade sprach, und war immer gastfreundlich; sein Tod wurde von vielen Freunden betrauert. Als Wissenschaftler war er in seinen Recherchen äußerst akribisch und konnte brillant verschiedene Disziplinen miteinander verknüpfen, er kannte sich genauso gut in Philosophie aus wie in Psychologie und Geschichte; und auch die akademische Welt trauerte um ihn. Sein glatt rasierter Schädel und die ewigen Rollkragenpullover hatten in den Intellektuellenzirkeln weltweit einen unmittelbaren Wiedererkennungswert, so wie Leder und Ketten innerhalb der verdeckteren SM-Szene. Wie er selbst offen zugab, spiegeln seine Schriften sein Leben und seine sexuellen Vorlieben wider, einfach deshalb, weil er als Autor alles von sich in sein Werk einfließen ließ. Sie zeugen von den Themen, die ihn am meisten beschäftigten: Wahnsinn, Macht, Disziplin, Strafe und Sex. Er war ganz offensichtlich ein Philosoph, dessen Lebensstil seinem Denken entsprach und der sein Verhalten wohl – im Sinne Nietzsches – als »jenseits von Gut und Böse« sah.

Geboren am 15. Oktober 1926 in Poitiers, wuchs Foucault in gutbürgerlichem Wohlstand auf. Neben ihrem Wohnhaus in Poitiers besaß die Familie ein Haus auf dem Lande, das seine Mutter geerbt hatte, und ein Ferienhaus am Meer in La Baule. Der Vater, ein Chirurg, scheint streng gewesen zu sein, aber ansonsten hatte Michel eine durchschnittliche und glückliche Kindheit, zusammen mit seiner älteren Schwester Francine und seinem jüngeren Bruder Denys. Als Jugendlicher begehrte er allerdings dagegen auf, Medizin zu studieren, wie es von ihm erwartet wurde. Er hatte bereits seine Homosexualität entdeckt, die unvereinbar mit dem Klischee vom respektablen Familienleben in Poitiers war. Die Behaglichkeit seiner Jugendzeit fand ein jähes Ende, als der Krieg ausbrach und die Familie sich unter deutscher Okkupation wiederfand. Die Villa am Meer wurde beschlagnahmt, und die Foucaults lernten den Wert von selbst angebautem Gemüse in ihrem Haus auf dem Lande zu schätzen – dort sollte Foucault auch später regelmäßig seine Sommerferien verbringen.

Da er in eine bürgerliche Familie in der Provinz geboren worden war, verbrachte Foucault später viel Zeit damit, gegen alles Provinzielle und Bürgerliche zu rebellieren. Das kann kaum überraschen. Dass er auch gegen den traditionellen Stil und Inhalt der Philosophie Sturm laufen würde, indem er es vorzog, die Bedeutung von Wahnsinn, Sex und Macht zu beschreiben, ist ebenso wenig erstaunlich, wenn man seine eigenen extremen Neigungen in Betracht zieht. Foucault war kurzsichtig, brillant, gewalttätig und unersättlich; sein Werk umfasste die Disziplinen (ein Wort, das er schätzte) Philosophie, Psychologie, Soziologie und Geschichte, und er gab der Philosophie einen ganz neuen Beigeschmack, der zwar nicht jedem gefiel, aber perfekt zu seinem sorgsam konstruierten Image passte.

Mit zwanzig konnte er sich einen Platz an der École Normale Supérieure (ENS) in Paris sichern, was ihn in Kontakt mit gleichgesinnten Intellektuellen brachte und ihn von seinem provinziellen Hintergrund befreite. Er studierte bei Jean Hippolyte, einem bekannten Hegelianer, und bei Merleau-Ponty. Zunächst war Foucault fasziniert von Hegel, und bald fand er heraus, dass sich historische Prozesse mit einer zugrunde liegenden Ratio verbinden lassen, und er konnte seine erste Liebe – Geschichte – mit Philosophie verbinden, indem er die Strukturen des Denkens untersuchte, die gesellschaftlichen Veränderungen zugrunde liegen.

Es war unvermeidlich, dass Foucault wie die meisten Pariser Philosophen von Heidegger und Sartre beeinflusst wurde, Letzterer hatte gerade den Zenit seiner philosophischen Kaffeehauskarriere erreicht. Von Hegel und Heidegger übernahm Foucault den Gedanken, dass die Gegenwart von historischen Prozessen geprägt ist, die es aufzudecken gilt. Vom modischen Sartre – und auch von Nietzsche – stammte die Erkenntnis, dass die Wirklichkeit bis zu einem gewissen Grad durch die eigene Existenz und die eigenen Entscheidungen erst definiert wird. Für jemanden, der aus der Enge einer bürgerlichen Jugend entkommen wollte, muss die Aussicht darauf, dass man sich durch authentische Entscheidungen selbst neu erschaffen und dabei alles Konventionelle ablegen könne, wie eine frische Brise gewirkt haben.

Foucaults Studentenzeit wurde überschattet von Depressionen, die wahrscheinlich von Schuldgefühlen ob seiner zwanghaften sadomasochistischen Bedürfnisse verursacht wurden. Dazu kamen immer häufiger auftretende psychosomatische Erkrankungen. Einmal schnitt er sich die Brust mit einem Rasiermesser auf, dann wieder unternahm er 1948 einen Selbstmordversuch mit einer Überdosis Tabletten. Weitaus mehr dem Konsum von Alkohol und Drogen zugeneigt, als es in den Jahren unmittelbar nach dem Zweiten Weltkrieg *en vogue* war, neigte er zu Gewaltausbrüchen und musste dann von seinen Freunden gezügelt werden. Es scheint, dass er damals einen äußerst intensiven und aggressiven Diskussionsstil entwickelte, der zur Folge hatte, dass die meisten seiner Kommilitonen einen großen Bogen um ihn machten. Sein Vater vereinbarte eine Konsultation mit Jean Delat, einem führenden Psychiater am Krankenhaus Sainte-Anne; Foucault bekam ein eigenes Zimmer im Sanatorium der ENS und konnte so unliebsamer Gesellschaft entgehen und in Ruhe lesen.

Einer seiner Lehrer war dort ebenfalls Patient. Louis Althusser litt an Schizophrenie und manisch-depressiven Psychosen. Nachdem sie sich angefreundet hatten, riet ihm Althusser davon ab, sich einweisen zu lassen – er selbst hatte ausreichend Erfahrung mit Sanatoriumsaufenthalten –, und ermutigte ihn stattdessen, der französischen Kommunistischen Partei beizutreten. Althusser unterrichtete noch über dreißig Jahre an der ENS, wo er seine spezielle Version des Marxismus verbreitete, bis er im November 1980 seine Frau Hélène erdrosselte. Die letzten zehn Jahre seines Lebens verbrachte er in einer geschlossenen Anstalt – wegen des Mordes, nicht aufgrund seiner hartnäckigen marxistischen Überzeugungen –; ein weiterer Philosoph, der bedauerlicherweise vom Irrationalen beherrscht wurde.

Das Hauptproblem jener Zeit war die Frage, was man in der Philosophie noch leisten könne. Für große Teile der angloamerikanischen Welt – unter dem Einfluss von Wittgenstein, A. J. Ayer, Gilbert Ryle und anderen – war die Philosophie gerade dabei, zusehends jegliches Gespür für die eigenen charakteristischen Inhalte zu verlieren. Sie wurde immer mehr zu einem Ausleseverfahren, das die linguistischen und logischen Fehler in anderen Disziplinen aufspüren sollte. Die wichtigste Alternative zu diesem Ansatz – die man gemeinhin »kontinentale Philosophie« nennt – entsprang den Werken Husserls und in seiner Nachfolge Heideggers und Sartres. Es war die Untersuchung der Erfahrungswelt, die Phänomenologie. Selbst wenn die Außenwelt an sich nicht erkennbar ist, kann uns doch die eigene Erfahrung eine sichere Grundlage für ein Verständnis von ihr geben.

Besonders von Heidegger beeinflusst, wollte Foucault verstehen, wie die Menschen über die Jahrhunderte ihre Erfahrungen der Außenwelt interpretiert hatten. Er war dabei, ein Amalgam von Philosophie, Geschichte, Psychologie und Soziologie zu produzieren, und zögerte stets, sich strikt als Philosophen oder Historiker zu bezeichnen, denn seine Arbeit führte ihn weit über die herkömmlichen Parameter dieser Disziplinen hinaus. So untersuchte er historische Dokumente hinsichtlich der Denkstrukturen, die ihnen zugrunde liegen. Auf diese Weise gelang es ihm, unterschiedliche Formen des menschlichen Selbstverständnisses herauszuarbeiten – in einem Prozess, den er später als »Archäologie« bezeichnete. Wittgenstein hatte gezeigt, dass Sprache immer mit einer bestimmten Absicht benutzt wurde – und dass man, um ihre Bedeutung zu verstehen, ihren Gebrauch berücksichtigen sollte. Foucault verfolgte eine ähnliche Strategie. Er untersuchte die Strukturen des Denkens und ihre Anwendung – besonders im Kontext von Wahnsinn, Strafe, Macht und Sexualität.

1949 schloss er die ENS mit einem Diplom in Psychologie ab, nahm regelmäßig an der Untersuchung von Psychiatriepatienten im Krankenhaus Sainte-Anne teil und fuhr auch fort, dort informell zu arbeiten, nachdem er sein Studium beendet hatte. Als Tutor an der ESN verteilte er psychologische Tests unter seinen Studenten, und seine erste Dozentenstelle, die er 1952 in Lille antrat (er verbrachte hier nur etwa zwei oder drei Nächte in der Woche, da er das Pariser Leben vorzog), beinhaltete auch, Philosophiestudenten in Psychologie zu unterrichten. Zu dieser Zeit scheint er sich unsicher gewesen zu sein, welche Richtung er einschlagen sollte, und hätte sich beinahe für eine Karriere als Psychiater entschieden.

1953 sah Foucault eine Aufführung von Samuel Becketts *Warten auf Godot* und hatte den Eindruck, dass dieses Stück es ihm ermöglichen würde, mit dem vorherrschenden philosophischen Ethos zu brechen, das von Marxismus, Phänomenologie und Existenzialismus dominiert wurde. Die Vagabunden auf der Bühne, die frei von jeder metaphysischen oder moralischen Bedeutung waren, warteten nur auf irgendetwas oder auf gar nichts – oder auf den Tod. Während seiner Ferien in Italien las er Nietzsches *Unzeitgemäße Betrachtungen*. Es war nicht seine erste Begegnung mit Nietzsche, aber diese Lektüre entpuppte sich als eine Offenbarung. Vor allem scheint ihn Nietzsches Vorstellung überzeugt zu haben, dass wir uns selbst erschaffen, dass die Macht der Schlüssel zu unserem Handeln ist und dass unter den apollinischen Strukturen der Vernunft ein Drang zum Dionysischen brodelt. Er war besonders beeindruckt von Nietzsches frühem Essay *»Schopenhauer als Erzieher«*, in dem Nietzsche von dem »Rätsel« spricht, das der Mensch lösen muss, nämlich man selbst zu werden, indem man seinem Leben eine Bestimmung gibt. Im Kontrast zu dem nihilistischen Hintergrund von Becketts *Godot* wurde Foucault so zu seiner großen nietzscheanischen Suche inspiriert.

Andere, weniger tiefschürfende Ideen Nietzsches könnten ihn auch gereizt haben. Nietzsche sagte, man solle die Peitsche nicht vergessen, wenn man zu einer Frau geht, doch es ist sehr unwahrscheinlich, dass er selbst jemals eine solche benutzt hätte. Foucault allerdings nahm diesen Hinweis (wenngleich mit umgekehrtem Vorzeichen) freudig an und setzte ihn auch in die Tat um. Das entspricht sicherlich ganz Nietzsches Vorstellung, dass jeder Mensch von einem Dämon getrieben wird. Für jene, deren Dämon ein guter ist, liegt das Glück nicht fern, für die anderen wird es desaströs, aber man sollte seinem Dämon immer folgen, denn um das größtmögliche Glück zu erreichen, muss man »gefährlich leben«. Es ist bekannt, dass Foucault damals vom Suizid besessen war und sich vorstellte, dass der Tod die Erfüllung der Existenz wäre. Auch die Schriften von Georges Bataille inspirierten ihn, der ebenfalls vom Dionysischen bei Nietzsche fasziniert war, vom Marquis de Sade und von der Sexualität als Überschreitung gesellschaftlicher Grenzen. Nietzsche, Bataille und de Sade erwiesen sich als berauschendes Gebräu, das ganz Foucaults Temperament entsprach.

Zu dieser Zeit begann Foucault eine leidenschaftliche sexuelle Beziehung mit dem Komponisten Jean Barraqué, der sich intensiv mit Trinken und mit Nietzsche beschäftigte. Ihr Leben bestand hauptsächlich aus sadomasochistischem Sex, Trinkgelagen und heftigen Diskussionen. So ging es einige Jahre, bis die Beziehung von Barraqué beendet wurde, der sich zurückzog aus jenem »erotischen Theater der Grausamkeit«, wie es der Foucault-Biograf James Miller genannt hat, und sich außerdem weigerte, weiterhin »erniedrigt« zu werden, wahrscheinlich eine Anspielung auf Foucaults Sadomasochismus. Aber als die Beziehung mit Barraqué schließlich am Ende war, hatte Foucault schon eine Dozentur in Schweden angenommen.

In Uppsala unterrichtete er von 1954 bis 1958 Französisch, aber den Unterricht gestaltete er ganz nach seinen eigenen Vorlieben. Dazu gehörte ein Kurs über »Die Liebe in der französischen Literatur; vom Marquis de Sade bis Jean Genet«. Während seiner Zeit in Uppsala beginnt Foucault seine Arbeit an der Geschichte des Wahnsinns in der Neuzeit, und es gibt fortlaufende Hinweise auf seine Faszination mit Suizid und Tod; er stellte sich vor, dass das Verlöschen des Lebens am Ende einer Schlinge ein unaussprechlicher Genuss sein müsse. Aber er fand auch unterhaltsamere Beschäftigungen. Er kaufte sich einen weißen Jaguar und raste gerne darin herum, manchmal auch betrunken. Es mangelte ihm auch nie an Liebhabern. Zu jener Zeit konnte von einer akademischen Karriere allerdings noch nicht die Rede sein, und er lebte größtenteils von der Unterstützung durch seine Familie.

Nach Uppsala ging er für ein Jahr nach Warschau, als Direktor des Centre Français an der Universität, wo er Französisch unterrichtete und später als Ersatz für den Kulturattaché einsprang. Aber ein junger Mann, für den er sich interessierte, entpuppte sich als Polizeispitzel, und Foucault war gezwungen, das Land so schnell wie möglich zu verlassen. Seine letzte ausländische Station war am Institut Français in Hamburg, wo er wiederum Französisch unterrichtete und sich mit den sattsam bekannten Unterhaltungsmöglichkeiten, die diese Stadt zu bieten hat, vertraut machte.

1960 kehrte er nach Frankreich zurück und unterrichtete für die nächsten sechs Jahre in Clermont-Ferrand, wo er Leiter der Philosophischen Abteilung wurde. Er ging jedoch nur einmal die Woche zur Uni und verbrachte den Rest seiner Zeit in Paris. Während dieser Jahre wuchs seine Reputation, unterstützt von dem Erscheinen seines ersten Buches, *Wahnsinn und Gesellschaft: Eine Geschichte des Wahns im Zeitalter der Vernunft* (*Folie et déraison. Histoire de la folie à l'âge classique*, 1961). Foucault analysiert die Art und Weise, in der sich das gesellschaftliche Verständnis des Wahnsinns nach 1500 verändert hat. Vorher wurden die »Verrückten« mit Respekt behandelt, und oft nahm man an, dass sie bestimmte spirituelle Fähigkeiten hätten, während der Wahnsinn in späterer Zeit als eine Krankheit behandelt wurde, die soziale Kontrolle und medikamentöse Behandlung erfordert. In einem Interview von 1982 sagte Foucault: »Nachdem ich Philosophie studiert hatte, wollte ich sehen, was Irresein ist: Ich war verrückt genug gewesen, die Vernunft zu studieren; ich war vernünftig genug, das Verrücktsein zu studieren.«

Wahnsinn und Gesellschaft zeigt Foucaults anhaltendes Interesse für das Verhältnis von Vernunft und den gewalttätigeren, primitiveren menschlichen Trieben, ein Verhältnis, das Nietzsche durch Apoll und Dionysos verkörpert sah. Er sagt: »Durch de Sade und Goya erhielt die abendländische Welt die

Möglichkeit, in der Gewalt ihre Vernunft zu überschreiten.« Der entscheidende Punkt für Foucault ist, dass die Vernunft überschritten wird; seine Annahme ist offensichtlich, dass die Wirklichkeit ihre Geheimnisse in der Gewalt auf eine Weise offenbart, die der Vernunft nicht zugänglich ist. Und das ist natürlich der psychologische Schlüsselreiz des Sadomasochismus – ins Innere des anderen zu gelangen und durch die Erfahrung des Schmerzes zu einer tieferen persönlichen Realität vorzudringen. Millers Zusammenfassung der ethischen Implikationen von *Wahnsinn und Gesellschaft* legt nahe, dass für Foucault die »verrückte« Person unschuldig ist, während die Gesellschaft sich schuldig gemacht hat, und jene ungezügelten Impulse und Fantasien jener, die als »verrückt« angesehen werden, sind das Ergebnis der Unterdrückung der natürlichen dionysischen Triebe durch die Gesellschaft.

Foucaults Arbeiten aus den sechziger Jahren beschäftigen sich hauptsächlich mit einer Methode der historischen Forschung, die er »Archäologie« nennt und die eine akribische Untersuchung historischer Dokumente beinhaltet. Foucault liebte Fakten, und seine Bücher sind voll von ihnen – darin unterscheidet sich sein Werk deutlich von dem der meisten anderen Philosophen des 20. Jahrhunderts. Er benutzt die Fakten, um einen Eindruck von der Matrix des Denkens zu bekommen, die jede Generation benutzt, um ihre Erfahrungen zu interpretieren. Er sagt, dass jede Aussage nur innerhalb eines solchen Bezugsrahmens Bedeutung erlangen kann. Seine Archäologien untersuchen die unterschiedlichen Phasen in der Geschichte des Denkens – in diesem Fall die unterschiedliche Art und Weise, in der die Gesellschaft den Wahnsinn verstanden hat. Die Schlussfolgerung ist, dass es keine allgemein gültige oder absolute Beschreibung von Wahnsinn geben kann, sondern dass alles in Beziehung zu jener Denkstruktur steht, die er später *Episteme* nennen wird. Wie ein richtiger Archäologe, der jeden noch so kleinen Fund mit der Erdschicht und der Umgebung in Beziehung setzt, so verknüpft Foucault alle gesammelten Fakten mit ihrem geistesgeschichtlichen Hintergrund. Dabei entsteht eine Studie, die zeigt, wie Gesellschaft und Sprache die Wahrnehmung bestimmen und ihr ein historisches *a priori* verleihen.

Es ist diese Vorgehensweise, die Foucaults Philosophie so andersartig als die der meisten anderen Philosophen erscheinen lässt, denn sie liest sich mehr wie eine Geschichtsdarstellung, die sich auf die konzeptionellen Bezugssysteme konzentriert, die den Kontext für jedes Ereignis und jede Äußerung darstellen. So beleuchtet er zum Beispiel die Rolle der Hospitäler im 18. Jahrhundert sowie die Entwicklung von Ambulanzen für die Armen, damit sie sich zu Hause selbst behandeln konnten. Oder er untersucht die Kriterien, die angewandt werden, um zu entscheiden, ob eine Person »bedürftig« ist, ob sie arbeiten kann und so fort. Auf diese Weise arbeitet er nach und nach die Konzepte von Gesundheit, Krankheit, Armut, Arbeit etc. innerhalb des Kontexts der jeweiligen Epoche heraus. Foucaults Vorgehensweise – sowohl in den Archäologien als auch später in den Genealogien – ermöglicht eine relativistische Sichtweise. Der Prozess des Verstehens ist kein absoluter, sondern entwickelt sich mit der Zeit zu einem allumfassenden, künstlich hergestellten Begriffsrahmen. So entwickeln sich die Wissenschaften, verändert sich die allgemeine Sicht auf die Natur der physischen Realität – und so kann sich auch das gesellschaftliche Verständnis vom Wahnsinn wandeln.

Foucaults Untersuchung zur Geschichte des Denkens bezieht sich auch auf das Werk zweier Männer, die ihn seit seinen Studententagen beeinflusst haben. Hegel kritisierte Kant dafür, dass er seine Moralphilosophie ohne Beachtung des geistigen Hintergrunds entwickelt hätte, der erst den Kontext für jede moralische Entscheidung darstellt. Hegel formulierte auch den Gedanken, dass es eine »Geschichtsmacht« gibt, die den Hintergrund für alle sozialen und kulturellen Errungenschaften der jeweiligen Epoche darstellt. Heidegger betonte ebenfalls, dass wir in diese Welt »geworfen« sind und deshalb alle unsere Wahlmöglichkeiten sich auf diese spezifische Situation beziehen. Heidegger untersuchte sogar das Problem, dass eine unendliche Anzahl von Hintergrundinformationen in Betracht gezogen werden müsste, um eine Sache tatsächlich zu verstehen.

Anfang der sechziger Jahre begegnete Foucault Daniel Defert, der sein Lebensgefährte werden sollte und zu dem er eine enge Bindung entwickelte, jedoch keine, die auf sexueller Exklusivität basierte. Defert, jünger als Foucault, war ein politischer Aktivist, und das verstärkte Foucaults eigenes politisches Engagement.

1963 veröffentlichte Foucault *Die Geburt der Klinik: Eine Archäologie des ärztlichen Blicks (Naissance de la clinique: Une archéologie du regard médical)*. In diesem Text erforscht er die Geschichte der Medizin an der Wende vom 18. zum 19. Jahrhundert und konstatiert einen grundlegend neuen, rationalen Umgang mit Krankheit und Tod. Foucault behandelt hier Themen, die auch in seinem Leben immer mehr an Bedeutung gewinnen sollten. 1965 folgt *Die Ordnung der Dinge. Eine Archäologie der Humanwissenschaften (Les mots et les choses: Une archéologie des sciences humaines)*, die Entwicklung des menschlichen Selbstverständnisses wird anhand einer Analyse von Wissenschaft, Ökonomie und verwandten Disziplinen im 18. und 19. Jahrhundert dargestellt. Foucault führt hier die *Episteme* ein – ein übergeordneter Erkenntnisraum, anhand dessen die Welt interpretiert wird. Eine solche *Episteme* entwickelt sich während einer bestimmten Epoche und kann sich dann verändern und einer Alternative Raum geben. Der amerikanische Wissenschaftstheoretiker Thomas Kuhn hat ähnlich argumentiert; für ihn entwickeln sich die Wissenschaften anhand von wissenschaftlichen Revolutionen oder Paradigmenwechseln, die von Phasen »normaler Forschung« abgelöst werden, in denen es systematischen Fortschritt innerhalb eines bereits bestehenden Paradigmas gibt.

Das Buch endet in einem seltsamen, fast poetischen Tenor mit der Prophezeiung, dass der Mensch eines Tages »verschwindet wie am Meeresufer ein Gesicht im Sand«. Hier kündigt sich das Ende eines Konzepts an, das die gesellschaftliche Wahrnehmung über die vergangenen Jahrhunderte hin beherrscht hat. Es ließe sich eine interessante Parallele zu Nietzsche ziehen. Denn für Nietzsche bestand ein maßgeblicher Unterschied zwischen dem letzten Menschen, schwach und fügsam, dem jedes Gefühl für sich selbst oder sein Schicksal fehlt, und dem *Übermenschen*, dessen Wesen danach strebt, über alles bisher Dagewesene hinauszugehen. In *Morgenröthe* formuliert Nietzsche diesen Gegensatz in der Frage: »Wollen wir für [die Menschheit] ein Ende im Feuer und Licht oder im Sande?« Offensichtlich bezieht sich der poetische Klimax von Foucault auf genau dieses Problem. Jahrhunderte gesellschaftlicher Unterdrückung haben zur Entstehung des letzten Menschen, wie ihn Nietzsche beschreibt, beigetragen, und Foucault, der immer das Dionysische dem Apollinischen vorzog, sehnte sich nach dem *Übermenschen*.

Um zwei Jahren Wehrdienst in der französischen Armee zu entgehen, entschloss sich Daniel Defert, eine Lehrerstelle in Tunesien anzunehmen. Foucault folgte ihm 1966 und unterrichtete an der Universität von Tunis. Er genoss die entspannten Vergnügungen Nordafrikas und entwickelte gleichzeitig zunehmend ein politisches Bewusstsein.

Im Mai 1968 fanden Demonstrationen gegen die Regierung statt und führten zu dramatischen Konfrontationen zwischen Studenten und Polizei; die Studentenrevolte hatte begonnen. In dieser politisch aufgeladenen Atmosphäre kehrte Foucault nach Paris zurück und übernahm den Lehrstuhl für Philosophie an der neu gegründeten Universität von Vincennes. Defert folgte ihm und hielt Vorlesungen in Soziologie. Die Universität war eine linke Hochburg und wurde bald eines der Zentren des neuen Zeitgeists. Foucault sagte später, dass die Studentenrevolte von 1968 ihn aus seiner Beschäftigung mit dem Diskurs herausgerissen und sein aktives Interesse für politische und gesellschaftliche Belange initiiert habe. Er engagierte sich für diverse politische Kampagnen, besonders für Gefängnisreformen. Vincennes wurde schnell zum Schauplatz von Demonstrationen und Straßenkämpfen – und der Dekan für Philosophie übernahm die Rolle des Rebellen, warf mit Pflastersteinen und stieg auf die Barrikaden. Für die Polizei stellten die Demonstranten keinen ernsthaften Gegner dar, und bald fanden sich Foucault und Defert zusammen mit Hunderten anderen in der Arrestzelle wieder, die Augen rot vom Tränengas.

Foucaults Image hatte sich eindeutig gewandelt, er war jetzt ein radikaler Intellektueller und trat für politische Ziele ein. So sah er auch aus: Mit zweiundvierzig begann er kahl zu werden und rasierte sich deshalb den Kopf. Man könnte behaupten, dass er bewusst seine eigene Realität konstruierte und sich in einem sehr nietzscheanischen Prozess der Selbstverwirklichung befand; oder aber, dass er nur dem Zeitgeist folgte und das Beste aus seiner Lage machte.

Was Foucault jedoch von vielen anderen Philosophen unterscheidet, ist die Art und Weise, in der er kontinuierlich seine konkrete Lebenserfahrung hinterfragte. Im Mai 1984, kurz vor seinem Tod, beschrieb er diesen Reflexionsprozess in einem Interview mit Paul Rabinow:

> Das Denken wohnt nicht einer Verhaltensführung inne und verleiht ihr Sinn; es erlaubt vielmehr, gegenüber dieser Tätigkeits- und Reaktionsweise auf Abstand zu gehen, sie für sich zum Denkgegenstand zu machen und sie auf ihren Sinn, ihre Bedingungen und ihre Zwecke hin zu befragen. Das Denken ist die Freiheit gegenüber dem, was man tut, die Bewegung, durch die man sich davon loslöst; man konstruiert es als Objekt, und man reflektiert es als Problem.

Diese Aussage unterstreicht seine frühere Versicherung, dass seine ganze Arbeit autobiografisch und in ihr all seine objektive Reflexion über sich selbst und sein Handeln beinhaltet sei.

Trotzdem wäre es falsch anzunehmen, dass sich Foucault während dieser Zeit nur seinen Studenten oder seinen politischen Zielen widmete. Im Grunde war er immer ein ziemlich konventioneller Akademiker, und bald verbrachte er weniger Zeit in Vincennes und mehr in der Bibliothèque Nationale, um dort seine minutiösen Recherchen fortzuführen, die all seinen Werken zugrunde liegen. Ein weiteres Hauptwerk, *Die Archäologie des Wissens (L'archéologie du savoir)*, erschien 1969. Foucault liefert hier den geschichtsphilosophischen Horizont für eine allgemeine Theorie des kulturellen Gedächtnisses, indem er systematisch die Bedingungen und Möglichkeiten historischer Erkenntnis untersucht.

Ein Jahr später wird der radikale Philosoph, der eben noch auf den Barrikaden stand, zum Professor am Collège de France berufen, die wohl prestigeträchtigste französische Lehrinstitution, und wählt für sich den Titel: Professor für Geschichte der Denksysteme. Von der Bürde des Lehrens befreit, konnte er nun in seinem selbst gewählten Forschungsbereich arbeiten und von Zeit zu Zeit öffentliche Vorlesungen halten. Sein Platz im Mittelpunkt der französischen Philosophie war nun gesichert.

Aber sein neuer Status führte nicht etwa dazu, dass Foucault weniger radikal geworden wäre. In einer Debatte mit dem amerikanischen Politphilosophen und Aktivisten Noam Chomsky, die 1971 für das niederländische Fernsehen aufgezeichnet wurde, machte er deutlich, dass er durchaus auf jedes Gerechtigkeitsprinzip verzichten könne. Chomsky vertrat die Ansicht, dass der Staat zwar gelegentlich in Frage gestellt werden müsse, man dafür aber das Prinzip der Gerechtigkeit nicht aufgeben dürfe. Foucault insistierte, dass es im Klassenkampf darum ginge, zu siegen, und nicht darum, Gerechtigkeit zu etablieren. Wenn das Proletariat an die Macht käme, würde es eventuell durchaus blutig und gewalttätig gegenüber den Besiegten handeln, und er selbst habe daran auch nichts auszusetzen. Chomsky wurde ganz blass und sagte, er könne nicht mit jemandem diskutieren, der nicht einmal im gleichen moralischen Universum leben würde. Im nächsten Jahr entwickelte Foucault diesen Standpunkt weiter, trat für »Volksjustiz« anstelle eines Rechtssystems ein und bezog sich dabei anscheinend auf die Septembermorde von 1792, eine der blutigsten Episoden der Französischen Revolution, während der mehr als tausend politische Gefangene – Priester, Adlige und vermeintliche Verräter – vom Mob in Paris ermordet wurden. Offensichtlich gab es für Foucault keine akzeptable Einschränkung von Gewalt: Anstatt den Weg über die Gerichte einzuschlagen, war er dafür, den Menschen mehr Informationen zu geben und dem Bedürfnis der Menge nach Rache und Vergeltung einen Platz einzuräumen. Wenn er herausgefordert wurde, war es ihm anscheinend ein Vergnügen, derart zu provozieren; vielleicht befriedigte er gleichzeitig sein Bedürfnis, alle Arten von Tabus zu brechen.

Er hatte außer akademischen Ehren auch noch andere Dinge im Blick. Von seiner Wohnung im achten Stock eines Wohnblocks konnte er seinen voyeuristischen Neigungen mithilfe eines Fernglases nachgehen und junge Männer in ihren Wohnungen beobachten. Aber die tatsächliche Verwirklichung seiner sexuellen Vorstellungen fand er erst auf der anderen Seite des Atlantiks. Als er 1970 nach San Francisco kam, entdeckte er die Freizügigkeit der Badehäuser. Im Vergleich mit den deutlich begrenzteren Möglichkeiten der Pariser Szene waren die endlosen Orgien in Kalifornien eine berauschende Befreiung, die ihn in die Lage versetzte, endlich seine Fantasien ausleben zu können.

Überwachen und Strafen (*Surveiller et punir*, 1975) beginnt mit einer ausführlichen und detaillierten Schilderung von Folter in der Mitte des 18. Jahrhunderts und beschreibt anschließend, wie Gefängnisse zu einer Alternative wurden, mit den Körpern der Straftäter zu verfahren – sie wurden weggeschlossen anstatt hingerichtet. Foucault sieht darin ein Muster für Beschränkung und gesellschaftliche Kontrolle. Indem er die Entwicklung des modernen Gefängnisses nachzeichnet, zeigt er, dass das, was vielleicht wie Güte und Humanität aussieht, nur einen zunehmenden Grad von gesellschaftlicher Kontrolle bemäntelt; eine weitere Gelegenheit für ihn, die Beschaffenheit und die Anwendung von Macht innerhalb der Gesellschaft zu untersuchen. Die Seele wird gewissermaßen als das Gefängnis des Körpers gesehen (um Platon auf den Kopf zu stellen), und so ist die Gesellschaft das Gefängnis, in das der Körper (der seines dionysischen Aspekts beraubt wurde) eingesperrt ist. Der unbedarfte Philosophiestudent könnte zwar meinen, dass die vielen grausamen Details nur sehr wenig zur Argumentation beitragen, aber für all jene, die Foucaults Vorlieben teilen, ist seine Philosophie doch sehr ergötzlich.

Während der siebziger Jahre verlagerte sich Foucaults Ansatz von der Archäologie zur Genealogie, ein Begriff Nietzsches. Foucault beschäftigte sich nun mit dem Veränderungsprozess, dem Vorstellungen und Konzepte innerhalb einer sich wandelnden gesellschaftlichen Struktur unterliegen. Foucault interessierte sich in allen Phasen seines Werks für Denksysteme (wie ja auch der Titel, den er für sich selbst am Collège de France gewählt hat, nahelegt); der vornehmliche Unterschied besteht darin, dass die früheren Archäologien strukturalistisch geprägt waren – die Matrix der Ideen und der Sprache definieren die Wirklichkeit –, während die späteren Arbeiten zeigen, wie sich Ideen im gesellschaftlichen Kontext verändern und sich diese Wandlungen gegenseitig bedingen. In den späteren Arbeiten kommt er besonders auf ein Thema zurück: Macht. Er sah sich selbst eher als einen kritischen Historiker als einen Gesellschaftstheoretiker, und als solcher führt er vor, wie wesentlich Macht und gesellschaftliche Kontrolle (offene oder versteckte) für das Verständnis von Strafe, Gefängnis und – später – Sexualität sind. Für ihn war gesellschaftliche Kontrolle und die Aburteilung von Menschen als »normal« oder »abartig« eine Form der Disziplinierung, die er grundsätzlich ablehnte.

1975 hielt er Vorlesungen in Berkeley, Kalifornien und besuchte wieder die Badehäuser und andere SM-Etablissements von San Francisco. Seit Mitte der siebziger Jahre war Sex zwischen erwachsenen Männern nicht länger verboten, und die

Schwulenszene in San Francisco wuchs. Es entstanden Bars und Clubs und sogar ganze Stadtviertel für *Gays*. Einige Badehäuser hatten so genannte »Orgienräume«, in denen man vielfältige sexuelle Kontakte mit Fremden haben konnte. Foucault genoss diese Erfahrungen, die durch Anonymität ermöglicht wurden, in vollen Zügen. Er interessierte sich besonders für die Lederszene und war sehr erstaunt, eine Subkultur vorzufinden, die sich schnellem Sex und Drogenkonsum verschrieben hatte. Ihn faszinierte die Möglichkeit der »Entsexualisierung der Lust«, wie er den Lustgewinn durch Einsatz des ganzen Körpers und nicht nur der Genitalien nannte. Befreit von jeglichen Bedenken über die eigene subjektive Identität, wollte er auch herausfinden, wie sich Lustgewinn auf einer rein physischen Ebene ausdrücken kann. Foucault beschreibt, wie er während eines LSD-Trips ein einschneidendes Erlebnis im Death Valley hatte. Er war so überwältigt von den Auswirkungen der halluzinogenen Droge, dass er bemerkte: »Das einzige in meinem Leben, mit dem ich diese Erfahrung vergleichen kann, ist Sex mit einem Fremden.« Nicht gerade die Art von Kommentar, die man von einem Professor des Collège de France erwartet.

Es gab auch eine andere Seite von Foucault. Nach dem Tod seines Vaters 1959 verbrachte er jeden Sommer im Landhaus der Familie, Le Piroir. Hier arbeitete er in dem Arbeitszimmer, das er im ehemaligen Dienstbotentrakt eingerichtet hatte, spielte mit seinen Nichten und Neffen, erntete Obst und Gemüse und half seiner Mutter, den Garten zu bewässern – das tat er jedes Jahr bis 1983, als sein schlechter Gesundheitszustand es ihm nicht länger erlaubte.

Sein letztes großes Werk, von dem drei Bände publiziert wurden, ist *Sexualität und Wahrheit* (*Histoire de la sexualité*) – eine Studie, die ihm sehr am Herzen lag. Der erste Band,

Der Wille zum Wissen (La Volonté de savoir), erschien 1976, der zweite und der dritte Band kamen erst wenige Tage vor seinem Tod heraus. Foucault ging es hier um das Verständnis der Ethik im gesellschaftlichen Kontext – wie konnten die Menschen vergangener Epochen die ethischen Implikationen ihrer Handlungen verstehen? Während sich der erste Band mit der Sexualität in der Neuzeit befasst, behandeln der zweite und der dritte Band die Sexualität im antiken Griechenland und Rom. Ein vierter Band stand kurz vor der Fertigstellung, als Foucault starb, wurde aber nie veröffentlicht. In diesem kehrte er wieder zum Gebrauch der Macht in der Gesellschaft zurück, denn er glaubte, dass die Beschränkungen, die den Menschen auferlegt werden, sie davon abhalten würden, Macht auszuüben, die sich dann in sexuellen Fantasien entlädt. Aber in dieser letzten Phase scheint es ganz so, als ob er der Rolle des Individuums mehr Platz einräumte – sowohl in der *Sexualität und Wahrheit* als auch in den Berkeley-Vorlesungen in seinem letzten Lebensjahr. Er untersuchte die Vorstellung der Stoiker und der Kyniker, dass eine bestimmte Geste oder auch ein absichtlicher Verstoß gegen die Konventionen ein Statement sein kann.

Als Foucault eines Tages im Juli 1978 unter starkem Opiumeinfluss stand und gerade die Rue de Vaugirard vor seiner Wohnung überqueren wollte, wurde er von einem Auto angefahren. Er dachte, er müsse sterben, und beschrieb diese Erfahrung als eine der glücklichsten in seinem Leben. Es ist offensichtlich, dass er sich nach intensiven Erlebnissen sehnte, egal wie schmerzhaft sie sein mochten – oder gerade, weil sie schmerzhaft waren. Vor dem Tod brauchte man keine Furcht zu haben, denn er bestätigte nur viele der Erfahrungen, die er bereits gemacht hatte. Seine Vorstellung von Glückseligkeit war ganz eng mit dem Tod verbunden.

Während der siebziger Jahre engagierte er sich gemeinsam mit Daniel Defert politisch, unterstützte die Revolution im Iran gegen den Schah und bereiste 1978 auch das Land. Im Juni 1979 reichte er mit Sartre und anderen eine Petition an den französischen Präsidenten ein, den vietnamesischen Bootsflüchtlingen mehr Hilfe zukommen zu lassen. Es gelang ihm, als Aktivist in einem humanitären Rahmen aktiv zu sein, ohne linksextreme Positionen zu vertreten, wie er es früher getan hatte. Er hatte eine entspanntere Haltung eingenommen und hielt nicht länger jedes Gesetzesprinzip für repressiv und einengend.

Ende der siebziger Jahre verlagerten sich seine Interessen erneut. Er interessierte sich jetzt hauptsächlich für klassische Philosophie – besonders die Stoiker hatten es ihm angetan – und wollte das menschliche Selbst verstehen. Er tauschte seinen üblichen Arbeitsplatz in der Bibliothèque Nationale (wo er sich ständig über die langsame Buchausgabe beschwert hatte) gegen die Bibliothèque du Saulchoir, die von Dominikanern geleitet wurde und in der er einen bequemeren Zugriff auf frühchristliche Texte hatte. Er begann nun, die Werke des heiligen Augustinus, Ambrosius, Hieronymus und Benediktus zu lesen und die frühchristliche Kirche und ihre spirituelle Praxis im Kontext des damaligen politischen Denkens zu untersuchen. Er dachte sogar daran, seinen Posten am Collège de France ganz aufzugeben und aufs Land zu ziehen.

Die Manuskripte für den zweiten und dritten Band von *Sexualität und Wahrheit* erreichten den Verlag Anfang 1984. Zu dieser Zeit war Foucault schon mindestens ein Jahr an Aids erkrankt. Er erlitt einen Zusammenbruch in seiner Pariser Wohnung, kam ins Krankenhaus und starb dort am 25. Juni. Er war siebenundfünfzig Jahre alt.

Zunächst deuteten die Aussagen der Ärzte nicht auf Aids

hin, und auch die Zeitungen hielten sich mit ihren Spekulationen zurück. Aids war erst seit zwei Jahren zu einem Begriff geworden, und jede Erwähnung der Krankheit klang für weite Teile der Bevölkerung und der Presse nach Schuld oder göttlicher Bestrafung. Es sollte noch weitere zwei Monate dauern, bis der Tod von Rock Hudson es möglich machte, überhaupt von Aids zu sprechen, ohne dass solche Untertöne mitschwangen. Manch einer hat es später bedauert, dass Foucaults Tod nicht genutzt werden konnte, um derartige Vorurteile zu überwinden. Tatsächlich hieß es in der ursprünglichen Sterbeurkunde, dass die Todesursache Aids gewesen war, aber Foucaults Familie sorgte dafür, dass diese Information nicht an die Öffentlichkeit gelangte. Bleibt die Frage, ob Foucault überhaupt wusste, dass er Aids hatte. Aber nach seinem Tod wurde er von der Schwulenszene dafür kritisiert, dass er Stillschweigen über seine Erkrankung bewahrt hatte.

Im vorangegangenen Sommer hatten einige seiner Freunde sich für »Safe Sex« entschieden und ihm nahegelegt, das Gleiche zu tun. Aber er hatte diesen Rat ignoriert und damit bewusst die Leben anderer in Gefahr gebracht. Er ging weiterhin ungeschützt in die Badehäuser – die nur ein Jahr später einer Überprüfung unterzogen oder ganz geschlossen wurden. Aber 1983 konnte anscheinend sogar ein Denker von Weltklasse noch so unklug sein, mit seinem und den Leben anderer Roulette zu spielen. Foucault war schon immer von Tod und Suizid besessen gewesen. Vielleicht verwirklichte er in diesem verzweifelten letzten Jahr seines Lebens, in dem er ungeschützten und hemmungslosen Sex hatte, etwas, nach dem er sich insgeheim immer gesehnt hatte. Er kannte die Risiken und konnte doch von der köstlichen Umwandlung von Schmerz in erotische Freuden nicht ablassen.

Wieder eine andere Seite von Foucault zeigt sich in jenem

Herbst 1983. Er hielt eine Reihe von Vorlesungen in Berkeley über *parrhesia*, der griechische Begriff steht für »Freimütigkeit«, mit Anklängen von wahrhaftigem oder auch offenem Sprechen. Er erweiterte die Vorlesungen für das Collège de France im nächsten Frühjahr – es sollten seine letzten sein. Detailliert erklärte er den Studenten an Beispielen die Bedeutung des Begriffs in der klassischen griechischen Literatur und Philosophie und erörterte, wie ein solches Sprechen zur ganzen Lebenshaltung in Beziehung steht und welche Risiken es mit sich bringt, aufrichtig zu sein. Dann kommt er zu den Kynikern, einer viel geschmähten Gruppe von Denkern, die nicht davor zurückschreckten, öffentlich zu onanieren (Diogenes) oder sogar öffentlichen Suizid zu begehen (Peregrinus), um ihre Verachtung sozialer Normen und gleichzeitig ihre Entschlossenheit, wahrhaftig und natürlich zu leben, zum Ausdruck zu bringen. Über sie heißt es in *Diskurs und Wahrheit: Parrhesia und öffentliches Leben*:

> Der hohe Wert, den die Kyniker der Lebensweise einer Person beimaßen, bedeutet nicht, daß sie kein Interesse an theoretischer Philosophie hatten, sondern spiegelt ihre Sicht wider, nach der die Art und Weise, wie eine Person lebte, ein Prüfstein ihrer Beziehung zur Wahrheit sei – was, wie wir sahen, ebenfalls der Fall in der sokratischen Tradition war. Der Schluß, den sie aus dieser sokratischen Idee zogen, war jedoch, daß sie dachten, ihr Unterricht müßte in einer eher öffentlichen, sichtbaren, spektakulären und manchmal skandalösen Lebensweise bestehen, um die von ihnen akzeptierten Wahrheiten in einer jedem zugänglichen Weise zu verkünden. Die Kyniker lehrten somit mit Hilfe von Beispielen und den mit ihnen verbundenen Erklärungen. Sie wollten, daß ihre eigenen Leben ein *Blason* wesentlicher Wahrheiten sind, der dann als Leitfaden

> oder Beispiel für andere dienen würde, dem es zu folgen gilt. In dieser kynischen Betonung der Philosophie als einer Lebenskunst gibt es also nichts, was der griechischen Philosophie fremd wäre … die kynische Haltung in ihrer Grundform [ist] nur eine extrem radikale Version der sehr griechischen Konzeption der Beziehung zwischen der Lebensweise einer Person und ihrem Wissen der Wahrheit. Die kynische Idee, daß eine Person nichts außer ihrer Beziehung zur Wahrheit ist und daß diese in ihrem eigenen Leben Form oder Gestalt annimmt, ist ganz und gar griechisch.

Und vielleicht liegt hier, im Hörsaal der Universität, in all der Genauigkeit und Detailversessenheit, die ihn als einen Gelehrten ersten Ranges auswiesen, der Schlüssel dafür, warum er seine eigene *parrhesia* auch in jenem Tanz mit dem Tod in den Badehäusern erforschen musste. Er riskierte ganz bewusst alles, um seine eigene Wahrheit verkünden zu können.

Bei der Untersuchung von Foucaults Verhalten in Bezug zu seinem Werk steht eine grundsätzliche Frage im Vordergrund: Folgte er dem Zeitgeist, oder setzte er einen Trend? Als er sich den Kopf rasierte und in Vincennes auf die Barrikaden ging, agierte er da im Sinne einer echten Überzeugung, oder war er nur ein Mitläufer und auf der Suche nach einem neuen Publikum? Wurde er in den letzten zehn Jahren seines Lebens vom Lifestyle der Schwulenszene Kaliforniens in Versuchung geführt, oder handelte er aus einer persönlichen Überzeugung heraus und als ein Individuum? Kalifornien hat es ihm ermöglicht, Entscheidungen zu treffen und auszuleben, wie er es sich im provinziellen Poitiers buchstäblich nicht hätte träumen lassen.

Kann man sein Verhalten nur innerhalb der *Episteme* der Badehauskultur verstehen? Oder sollte das Individuum in absolutem Sinne für seine Handlungen verantwortlich gemacht werden? Dies war nicht nur der Punkt, an dem Hegel Kant kritisierte, er findet sich auch in Foucaults eigenem Werk wieder, denn zum Ende seines Lebens begann er die Fähigkeit des Individuums zu untersuchen, sich zu positionieren und die Normen seiner (oder ihrer) Kultur ostentativ zu missbilligen. Gehorchte Foucault nur einer kulturellen Ordnung, oder wagte er eine große – lebensgefährliche – Geste der Verachtung in der Tradition der Kyniker? Aber vielleicht ist es auch zu viel erwartet, dass über solche Fragen eindeutig entschieden werden kann.

Foucault hinterließ zwar kein Testament, aber eine Notiz, dass Defert seine Wohnung bekommen und nach seinem Tod nichts mehr veröffentlicht werden sollte. Er hat auch dafür gesorgt, dass viele seiner Notizen und Papiere vernichtet wurden. Welches traurige Vermächtnis er auch in den Badehäusern von San Francisco hinterlassen haben mag, zu den Dominikanern von der Bibliothèque du Saulchoir, wo er während seiner letzten Jahre gearbeitet hatte, war er jedenfalls sehr großzügig gewesen, wie Defert nach seinem Tod herausfand. Dieser Ort mönchischer Einfachheit beherbergt nun das Foucault-Archiv. Foucault war ein Mann mit vielen Leben.

Trotz seines Hangs zu mönchischer Disziplin war Foucault immer fasziniert von Tod, Suizid und Risiko. Im letzten Jahr vor seinem Tod sagte er bei einer Diskussion über Aids: »Was könnte schöner sein, als für die Liebe zu Knaben zu sterben?«

Demetrios, der Philosophenkönig von Athen

Die Geschichte wiederholt sich und tut dies gewöhnlich in Form einer Farce. Fünfundzwanzig Jahre nachdem Platon in seinem Studierzimmer tot aufgefunden wurde, das unvollendete Manuskript zu den *Gesetzen* auf dem Tisch, seine letzte und grimmigste Meditation über das menschliche Dilemma, wurde die Demokratie Athen schließlich von den mazedonischen Heerführern zerstört, die in der Nachfolge von Alexander dem Großen die Welt untereinander aufteilten. In Athen war der unerwartete Nutznießer dieser Umwälzungen ein schurkischer Philosoph namens Demetrios von Phaleron, eher ein Nachfolger von Aristoteles als von Platon, obwohl er wahrscheinlich die Werke von beiden kannte.

317 v.Chr. hatte General Kassander, der damals Griechenland beherrschte, Demetrios als *epimetheletes*, das heißt als Aufseher oder Führer von Athen, der damals größten griechischen Stadt, eingesetzt. Demetrios ist später als Kollaborateur, sogar als Faschist geschmäht worden, denn er löste die langjährige griechische Demokratie auf, aber er war auch eine schillernde Persönlichkeit, und seine Regierungszeit weist beinahe surreale Aspekte auf. Nur wenige gesicherte Fakten über seine Regierungszeit sind bekannt, aber es existiert eine Vielzahl von Anekdoten. So gab es während seiner Herrschaft Prozessionen, die von einer mechanischen Schlange angeführt wurden, die Speichel spuckte. Schmeichelhafte Attribute wie *heliomorphos* (sonnenförmig) oder *lampito* (strahlend) kamen ihm gerade recht. Vermutlich war er vorübergehend erblindet, bis er von dem griechisch-ägyptischen

Gott Sarapis geheilt wurde. Demetrios führte strenge Gesetze gegen den Luxus in Athen ein (es waren wirtschaftlich schwierige Zeiten), während er selbst wilde Feste veranstaltete. Zu solchen Anlässen färbte er sich die Haare purpurrot und benutzte Make-up – ein ungewöhnliches Benehmen sowohl für einen Philosophen als auch für einen Diktator. Außerdem war er sexuell unersättlich und lungerte täglich nach dem Mittagessen in der Straße der Tripoden herum, wo die hübschesten Jünglinge sich versammelten, in der Hoffnung, von ihm bemerkt zu werden. Die Straße existiert heute noch, und auch ihr Ruf ist derselbe geblieben. Schließlich ließ er 1500 Bronzestatuen zu seinen Ehren errichten. Nach seiner Vertreibung hat man sie zu Nachttöpfen umgeschmolzen. Das macht deutlich, was die Athener wirklich von ihm hielten.

Auch wenn Demetrios oft als Philosophenkönig bezeichnet wird, handeln seine überlieferten Werke in Wirklichkeit von allem anderen als Philosophie; ihn beschäftigten vielmehr Literatur, gehobene Küche, Frisurenkunde, Mode und dergleichen mehr. Als sein Beschützer 307 v.Chr. die Macht verlor, ging Demetrios als Ratgeber von Ptolemäus I. nach Ägypten und half dort, die riesige neue Bibliothek von Alexandria einzurichten. Auch in Ägypten verlor er die Gunst der Mächtigen, aber die Bibliothek mit ihren 600 000 Bänden, eines der sieben Weltwunder der Antike, ist ohne Zweifel auch sein Werk gewesen. *Si momentum requiris, circumspice* (Wenn du ein Denkmal suchst, sieh dich um).

Nachwort

Natürlich hat die ganze Angelegenheit zwei Seiten. Wenn wir unsere acht missratenen Philosophen in einem nicht gerade schmeichelhaften Licht gezeigt haben, soll das nur verdeutlichen, dass ein Leben, das der Vernunft gewidmet ist, im Allgemeinen nicht automatisch ein vernünftiges Leben ist. Die Zunft der Philosophen ist niemals immun gegen menschliche Schwächen gewesen; auch sollten wir keinesfalls erwarten, dass jene, deren Denken außergewöhnlich ist, ebensolche Größe in ihren persönlichen Gefühlen oder Beziehungen zeigen. Welchen Aberwitz ihre Lebensläufe auch offenlegen mögen, ihr Beitrag zur Geistesgeschichte und zum Selbstverständnis der Menschheit ist dennoch enorm.

So formulierte Rousseau, wenn er nicht gerade zu sehr mit sich selbst beschäftigt war, Grundsätzliches zu Erziehung und Demokratie sowie Vorstellungen über unseren Umgang mit Natur und Umwelt, die von anderen weiterentwickelt werden konnten und von durchschlagender Wirkung für unser modernes Bewusstsein waren.

Schopenhauer erkannte, wie sehr die eigene Vorstellung unsere Erfahrungen prädisponiert. Wenn er nicht gerade düster vor sich hin brütete, war er in der Lage, unter Berücksichtigung der östlichen Philosophien eine stichhaltige und maßgebliche Analyse über das Wesen der Dinge und die Erkenntnismöglichkeit des Menschen vorzulegen.

Und was Nietzsche angeht, so ist es fast unmöglich, in Kürze zu beschreiben, welchen Einfluss, gut oder schlecht oder jenseits dieser Kategorien, er auf nachfolgende Denker hatte. Kränklich an Geist und Körper mag er gewesen sein, aber seine Einsichten, die er gerne in Aphorismen ausdrückte, haben unsere Sicht auf die Zukunft der Menschheit geprägt. In einer Welt, die sich von den Fesseln prädeterminierter Werte gelöst hat, fordert er uns heraus, »Ja« zu einer frei gewählten Zukunft zu sagen.

Russell, ein brillanter logischer Analytiker, verhalf der Philosophie dazu, aus ihrem Elfenbeinturm herauszutreten, und er sorgte mit seinem journalistischen Engagement dafür, dass sie sich aktuellen und brisanten Themen zuwenden und die breite Öffentlichkeit erreichen konnte. Trotz vornehmer Herkunft und ewiger häuslicher Querelen war er ein ebenso unablässiger wie nonkonformistischer Denker.

Es ist verlockend, über Wittgenstein zu sagen, dass er mit reiner Geisteskraft dazu fähig war, die Philosophie wie ein Hündchen bald in die eine, bald in die andere Richtung zu führen. Die Leine, die er dabei benutzte, war so kurz wie sein Geduldsfaden, aber die Philosophie hat seither ihren Weg aus diesem ziemlich engen Labyrinth gefunden, und hoffnungsvolle Aspiranten auf ernsthaftes Denken sind nicht länger dazu verpflichtet, am Kragen aufgeknöpfte weiße Hemden zu tragen.

Heidegger hat maßgeblich die Art und Weise geprägt, wie wir uns im Hinblick auf Vergangenheit und Zukunft in der Welt begreifen, und seine späteren Thesen über Technik und Ökologie sind äußerst relevant für das neue Jahrtausend. Sein Denken kann man nicht völlig von seinem großen politischen Irrtum trennen, aber man kann ihm trotzdem Anerkennung zollen.

Und Sartre, der die Philosophie aus dem Hörsaal ins Café

brachte und den Existenzialismus (sogar für jene, die nur wenig davon begriffen haben) zu einem Trend gemacht hat, dem man auch in den Abendstunden oder zwischen den Laken huldigen kann, schrieb auch wunderbare literarische Texte. In seine Arbeiten brachte er mit seiner Obsessivität alles von sich selbst ein. Man kann ihn lieben oder hassen, er bleibt ein Gigant des 20. Jahrhunderts.

Und Foucault, den man leicht für seine Exzesse kritisieren kann, sollte zumindest genauso gefeiert werden für den Mut und die Courage seines Denkens und seinen unbeirrbaren Blick für die Wahrheiten, die sich in den sich wandelnden Denk- und Sprachmustern verbergen. Wahnsinn, Strafe und Sex mögen vielleicht nicht die üblichen Themen der Philosophie sein, aber ihre Erforschung ist grundlegend für das Verständnis der facettenreichen menschlichen Natur.

Und so können wir abschließend sagen, dass die Fehlbarkeit der Philosophen uns ermutigen sollte, selbst das Wagnis des Denkens einzugehen – wie bewusst wir uns über unsere eigene Dummheit und Beschränktheit auch sein mögen.

Zitierte Literatur

Rousseau

Jean-Jacques Rousseau, *Bekenntnisse*, Frankfurt a.M.: Fischer, 1961

Jean-Jacques Rousseau, *Briefe*, hrsg. von Friedrich M. Kircheisen, Stuttgart: Greiner und Pfeiffer, 1908

Jean-Jacques Rousseau, *Emile oder Über die Erziehung*, Paderborn: Schöningh, 1991

Jean-Jacques Rousseau, *Julie oder Die neue Héloïse,* München: Winkler, 1978

Jean-Jacques Rousseau, *Schriften*, 2 Bde., hrsg. von Henning Ritter, München/Wien: Hanser, 1978

Jean-Jacques Rousseau, *Vom Gesellschaftsvertrag oder Grundsätze des Staatsrechts*, Stuttgart: Reclam, 1977

Georg Holmsten, *Jean-Jacques Rousseau*, Reinbek bei Hamburg: Rowohlt, 1972

20: »Selbst nach erreichter Mannbarkeit«: *Bekenntnisse*, 16 f.
21: »Obwohl ich in gewisser«: *Bekenntnisse*, 145
27: »Ich wage nicht«: *Schriften*, Bd. 1, 39
27: »diese Republik«: ebd., 40
30: »Der erste, welcher«: ebd., 230
30: »Die Vernunft hat«: ebd., 220
31: »Ich habe gefunden«: ebd., 265
31: »Ich habe, mein Herr«: *Voltaire, Leben und Werk*, hrsg. von Rudolf von Bitter, Frankfurt a.M.: Insel, 1978, 243
32: »Voltaire hat«: *Bekenntnisse*, 347
33: »Die Frau liebt im allgemeinen«: *Schriften*, Bd. 1, 439
36: »Ewige Erinnerung an Unschuld«: *Bekenntnisse*, 360
38: »Alles ist gut«: *Emile*, 9
39: »Ich meditiere über«: *Emile*, 310 ff.

39: »Der Mensch ist frei«: *Vom Gesellschaftsvertrag*, 5
40: »die völlige Entäußerung«: ebd., 17
40: »Wenn es ein Volk von«: ebd., 74
41: »seine natürliche Freiheit«: ebd., 22 f.
45: »Er hat nur gefühlt«: Gerhard Streminger, *David Hume. Sein Leben und sein Werk*, Paderborn: Schöningh, 1994, 550
48: »So bin ich denn nun allein«: *Schriften*, Bd. 2, 639
49: »Er griff die Tyrannei«: Holmsten, 165
50: »In ihm war tiefe«: Lord Byron, *Ritter Harolds Pilgerfahrt*, Übersetzung von A. H. Taubert, Meyers Volksbücher: Leipzig, 1908, 78 f.

Schopenhauer

Arthur Schopenhauer, *Sämtliche Werke*, 5 Bde., hrsg. von Wolfgang Frhr. von Löhneysen, Frankfurt a.M.: Cotta-Insel, 1987 (3. Aufl.)
Die Welt als Wille und Vorstellung (WWV), Bd. I und II
Kleinere Schriften, Bd. III
Parerga und Paralipomena (PP), Bd. IV und V
Arthur Schopenhauer, *Der handschriftliche Nachlass*, 7 Bde., hrsg. von Arthur Hübscher, Frankfurt a.M.: Kramer, 1966–1974
Ludger Lütkehaus, *Die Schopenhauers. Der Familien-Briefwechsel*, München: dtv, 1998
Rüdiger Safranski, *Schopenhauer und die wilden Jahre der Philosophie*, Reinbek bei Hamburg: Rowohlt, 1990

53: »der Geschlechtstrieb«: WWV, II, 657
54: »Wenn nämlich vor den Augen eines Menschen«: WWV, I, 514 f.
54: »Um allezeit einen sicheren Kompaß«: PP, II, 356 f.
56: »Dabei ist die Hauptquelle der ernstlichsten Uebel«: WWV, II, 739 f.
57: »Die Natur hat ein übriges getan«: Safranski, 424 f.
57: »Die Weiber eignen sich zu Pflegerinnen«: PP, II, 720 ff.
61: »das reine, von allem Willen befreite«: WWV, I, 285
61: »[D]ann ist die auf jenem ersten Wege des Wollens«: WWV, I, 280
61: »weshalb gerade die vortrefflichsten Werke«: WWV, I, 329
61: »Im Einzelnen stets das Allgemeine zu sehn«: WWV, II, 489
62: »[D]er, in welchem«: WWV, I, 462
63: »[S]o ist die Musik, da sie die Ideen übergeht«: WWV, I, 359
67: »In meinem 17ten Jahre«: *Der handschriftliche Nachlass*, Bd. 4/1, 96

69: »Mitten in einer stürmischen Nacht«: *Der handschriftliche Nachlass*, Bd. 1, 5
70: »Das Leben ist«: Safranski, 160
78: »Die Begierde des Geschlechts«: WWV, II, 655 f.
78: »[Der Akt] ist«: WWV, II, 730 f.
78: »Den Anfechtungen deiner Sinnlichkeit«: *Der handschriftliche Nachlass*, Bd. 1, 24

Nietzsche

Friedrich Nietzsche, *Werke, Kritische Gesamtausgabe*, hrsg. von Giorgio Colli und Mazzino Montinari, Berlin: Walter de Gruyter, 1969 ff. (KGW)
Friedrich Nietzsche, *Briefwechsel, Kritische Gesamtausgabe*, hrsg. von Giorgio Colli und Mazzino Montinari, Berlin: Walter de Gruyter, 1981
Friedrich Nietzsche, *Freundesbriefe*, Leipzig: Insel, 1940
Elisabeth Förster-Nietzsche, *Der junge Nietzsche*, Leipzig: Kröner, 1912
Curt Paul Janz, *Friedrich Nietzsche*, Biografie, 3 Bde., München/Wien: Hanser, 1979
Lou Andreas-Salomé, *Lebensrückblick*, Zürich: Insel, 1951

83: »Seht, ich bin ein Verkündiger«: *Also sprach Zarathustra*, KGW VI 1.93
84: »Das Leben«: ebd., 1.120
84: »Alle Lust will«: ebd., 1.391
84: »Auf dem Baume Zukunft«: ebd., 1.120
84: »Wahrlich, keine Speise«: ebd., 1.120
84: »Müßiggang ist«: *Götzen-Dämmerung*, KGW VI-3.53
84: »Wie? Ist der Mensch nur«: ebd., 3.54
84: »Inmitten einer düstern Sache«: ebd., 3.51
84: »Der Buddhismus verspricht nicht«: *Der Antichrist*, KGW VI-3.213
84: »Von allem das geschrieben wurde«: *Also sprach Zarathustra*, KGW VI-1.44
87: »Philosophie, wie ich sie«: *Ecce Homo*, KGW VI-3.256
87: »Und wirklich schien«: *Der Fall Wagner*, KGW VI-3.7
88: »Es ist etwas ganz Erstaunliches«: *Die fröhliche Wissenschaft*, V-2.104
89: »Mit dem geringsten Rest von Aberglauben«: *Ecce Homo*, KGW VI-3.337

89: »Der protestantische Pfarrer«: *Der Antichrist*, KGW VI-3.174
91: »sah ich mich plötzlich umgeben«: Janz, Bd. 1, 138
92: »Ich nahm es als mir«: Janz, 179
92: »Ich gehörte zu den Lesern«: *Schopenhauer als Erzieher*, KGW III-1.337
94: »Er ist ... ein fabelhaft lebhafter«: Janz, Bd. 1, 250
95: »Über *unsern* Himmel ist nie eine Wolke«: *Ecce Homo*, KGW VI-3.286
96: »... jene dionysischen Regungen«: *Geburt der Tragödie*, KGW III 1.21
98: »Von allen schlimmen Folgen aber«: *Unzeitgemäße Betrachtungen*, KGW III-1.115
98: »In dem Moment, wo Deutschland«: *Götzen-Dämmerung*, KGW VI-3.100
100: »Ich halte die jüdische Rasse«: Wagner, Brief an Ludwig von Bayern vom 22. Nov. 1881
100: »Das fiel über mich her«: *Nachgelassene Fragmente*, KGW V-2.505
101: »Sternenfreundschaft«: *Die fröhliche Wissenschaft*, KGW V-2.203
102: »Sobald wir merken«: *Menschliches, Allzumenschliches*, KGW IV-3.124
102: »Die unaufgelösten Dissonanzen«: ebd., 2.271
102: »Unart ..., die Juden als Sündenböcke«: ebd., 2.319
103: »Der tägliche Kampf«: *Briefwechsel*, an Franz Overbeck, November 1880
104: »Die Leidenschaften werden böse«: *Morgenröthe*, KGW V-1.69
104: »Ich leugne also die Sittlichkeit«: ebd., 1.89
105: »Habt ihr nicht von jenem tollen Menschen«: *Die fröhliche Wissenschaft*, KGW V-2.158
106: »Ich will immer mehr lernen«: ebd., 2.199
108: »Dieser letzte Bissen Leben«: *Briefwechsel*, an Franz Overbeck, 25. Dezember 1882
108: »Als Zarathustra dreissig Jahr alt war«: *Also sprach Zarathustra*, KGW VI-1.5
109: »Was ist der Affe«: ebd., 1.8
109: »Sagtet ihr jemals ja«: ebd., 1.391
110: »bleibt der Erde treu«: ebd., 1.8
110: »nur eine Ausnahme«: *Die fröhliche Wissenschaft*, KGW V-2.267

111: »Gesetzt, wir wollen Wahrheit«: *Jenseits von Gut und Böse*, KGW VI-2.9; 2.76

111: »Gewaltherrschaft«: Jacob Burckhardt, *Die Kunst der Renaissance*, Stuttgart: Kröner 1985, 94

112: »das Ressentiment solcher Wesen«: *Zur Genealogie der Moral*, KGW VI-2.284

112: »Es ist eine Krankheit«: ebd., 2.343

113: »jene seltsame, krankhafte Welt«: *Der Antichrist*, KGW VI-3.199

113: »Im Grunde gab es nur einen Christen«: ebd., 3.209; 3.205

114: »Diese Musik scheint mir«: *Der Fall Wagner*, KGW VI-3.7

115: »Aber Hässlichkeit«: *Götzen-Dämmerung*, KGW VI-3.98

115: »Goethe – kein deutsches Ereignis«: *Götzen-Dämmerung*, KGW VI-3.145

116: »Der ›Fortschritt‹ ist bloß«: *Der Antichrist*, KGW VI-3.169

116: »Wenn man das Schwergewicht«: *Der Antichrist*, KGW VI-3.169

116: »Der Buddhismus ist«: ebd., 3.184

116: »Ich heisse das Christentum«: ebd., 3.250

117: »An diesem vollkommnen Tage«: *Ecce Homo*, KGW VI-3.261

117: »Reinstes Oktoberlicht überall«: *Freundesbriefe*, 89

118: »Das Merkwürdigste ist hier in Turin«: *Briefwechsel*, an Franz Overbeck, Dezember 1888

118: »Ich habe einen Fürstentag«: *Briefwechsel*, an August Strindberg, Dezember 1888

118: »Die Welt ist verklärt«: *Briefwechsel*, an Meta von Salis, 3. Januar 1889

119: »Ich lasse eben alle Antisemiten«: *Briefwechsel*, an Franz Overbeck, 4. Januar 1889

121: »unsinniges Fasten«: *Morgenröthe*, KGW V-1.22

Bertrand Russell

Bertrand Russell, *Autobiographie*, 3 Bde., Frankfurt a.M.: Suhrkamp, 1984

Bertrand Russell, *Ehe und Moral*, Darmstadt: Darmstädter Blätter, 1984

Bertrand Russell, *Erziehung, vornehmlich in frühester Kindheit*, Düsseldorf/Frankfurt a.M.: Meridian, 1948

Bertrand Russell, *Mystik und Logik*, Wien: Humboldt, 1952

Bertrand Russell, *Portraits from Memory and other Essays*, London: Unwin, 1956

Bertrand Russell, *Probleme der Philosophie*, Erlangen: Weltkreis, 1926
Bertrand Russell, *Philosophie. Die Entwicklung meines Denkens*, München: Nymphenburger Verlagsanstalt, 1973
Bertrand Russell, *Warum ich kein Christ bin*, München: Szczesny, 1963
Ray Monk, *Bertrand Russell 1872–1920: The Spirit of Solitude,* London: Cape, 1996
Ray Monk, *Bertrand Russell 1921–70: The Ghost of Madness,* London: Cape, 2000
George Santayana, *Persons and Places*, Cambridge: The MIT Press, 1987
Katharine Tait, *My Father Bertrand Russell*, London: Gollancz, 1977
Ursula Voß, *Bertrand Russell und Lady Ottoline Morrell*, Berlin: Rowohlt, 1999
Alan Wood, *Bertrand Russell*, London: Unwin, 1957

125: »einfach, doch übermächtig«: Autobiographie, Bd. I, 7
129: »in Reinheit, Frömmigkeit und«: Santayana, 441
137: »Den Kampf um persönliches Glück«: *Mystik und Logik*, 58
138: »Sie schien wie durch eine Mauer«: *Autobiographie*, Bd. I, 226
142: »Gibt es irgendein Wissen«: *Probleme der Philosophie*, 1
143: »Wittgenstein ist ein großes Ereignis«: Monk, 57, 74
143: »Ich sah ein, daß er recht hatte«: *Autobiographie*, Bd. II, 77
144: »Priapus im Gebüsch«: T. S. Eliot, *Mr. Apollinax*, in: Voß, Anhang, Deutsch von Hans-Jürgen Heise
145 »Ich sah die jungen Männer«: *Philosophie. Die Entwicklung meines Denkens*, 220
149: »Ich glaube nicht«: *Autobiographie*, Bd. II, 166
149: »Der Bolschewismus ist«: *Autobiographie*, Bd. II, 183
150: »Es ist ganz selbstverständlich«: *Erziehung*, 28, 29, 56 f.
152: »Den Kindern Freiheit zu gewähren«: *Autobiographie*, Bd. II, 234
157: »vertrockneten, geschiedenen und«: *Warum ich kein Christ bin*, 231
162: »Unser Appell als Menschen: Aufruf zum gewaltlosen Widerstand,« in: *Autobiographie*, Bd. III, 98
168: »Sie sind voller«: Wood, 101; Voß, 151

Ludwig Wittgenstein

Ludwig Wittgenstein, *Schriften*, 8 Bde., Frankfurt a.M.: Suhrkamp, 1969 f.

Ludwig Wittgenstein, *Nachlass*, The Bergen Eletronic Edition, Oxford u.a.: Oxford University Press, 2000

William W. Bartley, *Wittgenstein, ein Leben*, Berlin: Siedler, 1999

Thomas Bernhard, *Wittgensteins Neffe*, Frankfurt a.M.: Suhrkamp, 1982

David J. Edmonds und John A. Eidinow, *Wie Ludwig Wittgenstein Karl Popper mit dem Feuerhaken drohte. Eine Ermittlung*, Frankfurt a.M.: Fischer, 2003

Norman Malcolm, *Erinnerungen an Wittgenstein*, Frankfurt a.M.: Suhrkamp, 1987

Ray Monk, *Wittgenstein. Das Handwerk des Genies*, Stuttgart: Klett-Cotta, 1994

Rush Rhees, *Ludwig Wittgenstein: Porträts und Gespräche*, Frankfurt a.M.: Suhrkamp, 1987

186: »Die Welt«: *Schriften*, Bd. 1, 11 ff.
187: »Wovon man nicht«: *Schriften*, Bd. 1, 83
189: »Denn er redet Unsinn«: Monk, 277
193: »Denk an die Werkzeuge«: *Schriften*, Bd. 1, 29
200: »Die Frage ist doch die«: *Nachlass*, Eintrag im Notizbuch vom 12. April 1951

Heidegger

Hannah Arendt/Martin Heidegger, *Briefe 1925–1957*, hrsg. von Ursula Ludz, Frankfurt a.M.: Klostermann, 1998

Martin Heidegger, *Einführung in die Metaphysik*, Tübingen: Max Niemeyer Verlag, 1958

Martin Heidegger, *Gesamtausgabe*, hrsg. von Hermann Heidegger, Frankfurt a.M.: Klostermann, 1975 ff. (bislang 90 von 102 Bänden erschienen)

Elizabeta Ettinger, *Hannah Arendt and Martin Heidegger*, New Haven: Yale UP, 1995

Hugo Ott, *Martin Heidegger. Unterwegs zu seiner Biographie*, Frankfurt a.M./New York: Campus, 1988

Rüdiger Safranski, *Ein Meister aus Deutschland. Heidegger und seine Zeit*, München/Wien: Hanser, 1994
Richard Wolin, *Seinspolitik. Das politische Denken Martin Heideggers*, Wien: Passagen Verlag, 1990
Ninian Smart, *Weltgeschichte des Denkens*, Darmstadt: WBG, 2002

205: »die Vorsokratiker studieren«: Safranski, 292
213: »Liebe Hannah!«: *Briefe*, 14
222: »immer stärker zum Ausdruck kommenden Antisemitismus«: Safranski, 297
223: »Nicht Lehrsätze und Ideen«: *Gesamtausgabe*, Bd. 16, 184
223: »Diese Revolution bringt«: *Gesamtausgabe*, Bd. 16, 192
226: »Heideggers Denkungsart«: Ott, 316
228: »Ackerbau ist jetzt motorisierte Ernährungsindustrie«: *Gesamtausgabe*, Bd. 79, 27
229: »Ich grüße Sie wie aus«: Safranski, 430 f.
231: »der inneren Wahrheit und Größe«: *Einführung in die Metaphysik*, 152
233: »Die Gefahr droht«: *Gesamtausgabe*, Bd. 16, 575
235: »Er hatte seine eigene Art«: Smart, 374

Sartre

Gesammelte Werke in Einzelausgaben:
Jean-Paul Sartre, *Das Sein und das Nichts*, Reinbek: Rowohlt, 1962
Jean-Paul Sartre, *Geschlossene Gesellschaft*, Reinbek: Rowohlt, 1986
Jean-Paul Sartre, *Die Wörter*, Reinbek: Rowohlt, 1965
Simone de Beauvoir, *Die Zeremonie des Abschieds und Gespräche mit Jean-Paul Sartre*, Reinbek: Rowohlt, 1983
Bianca Lamblin, *Memoiren eines getäuschten Mädchens*, Reinbek: Rowohlt, 1994
Bernard-Henri Lévy, *Sartre. Der Philosoph des 20. Jahrhunderts*, München: dtv, 2005
Axel Madsen, *Jean-Paul Sartre und Simone de Beauvoir. Die Geschichte einer ungewöhnlichen Liebe*, Reinbek: Rowohlt, 1982

241: »Da es mir nämlich nicht gelungen ist«: *Die Wörter*, 195
244: »Ich achte die«: *Die Wörter*, 25

244: »Da ich aus Schauspielerei«: ebd., 21
245: »Hätte mein Vater«: ebd., 14
246: »Ich bin kein Chef«: ebd., 16
254: »Die Seinsweise des Klebrigen«: *Das Sein und das Nichts*, 763
255: »Ich will nicht«: *Geschlossene Gesellschaft*, 54
255: »Du bist dein Leben«: ebd., 57
255: »Schwefel, Scheiterhaufen«: ebd., 59

Foucault

Michel Foucault, *Der anthropologische Zirkel*, Berlin: Merve Verlag, 2003
Michel Foucault, *Die Ordnung der Dinge. Eine Archäologie der Humanwissenschaften*, Frankfurt a.M.: Suhrkamp, 1971
Michel Foucault, *Diskurs und Wahrheit. Berkeley-Vorlesungen 1983*, Berlin: Merve Verlag, 1996
Michel Foucault, *Dits et Ecrits*, *Schriften in vier Bänden*, Frankfurt a.M.: Suhrkamp, 2001–2005
Hubert L. Dreyfus und Paul Rabinow, *Michel Foucault. Jenseits von Strukturalismus und Hermeneutik*, Frankfurt a.M.: Athenäum, 1987
James Miller, *Die Leidenschaft des Michel Foucault*, Köln: Kiepenheuer und Witsch, 1995

280: »Nachdem ich Philosophie studiert hatte«: *Dits et Ecrits*, Bd. IV, 961
280: »Durch de Sade und Goya«: *Der anthropologische Zirkel*, 62
284: »verschwindet wie am Meeresufer«: *Die Ordnung der Dinge*, 462
286: »Das Denken wohnt nicht«: *Dits et Ecrits*, Bd. IV, 732
294: »Der hohe Wert«: *Diskurs und Wahrheit*, 121 f.

Register